"十三五"应用型人才培养规划教材

酒店管理基础教程

王 瑞 主编

北京

《酒店管理基础教程》共分为三篇。上篇从酒店的含义、酒店的发展、酒店的划分、酒店的组织结构和经营模式、酒店的管理体制等五个方面介绍了酒店管理的基础知识；中篇按照酒店的部门划分，介绍了酒店前厅部、客房部、餐饮部、人力资源部、财务部、营销部、工程部、采购部、保安部、康乐部十个部门的管理概况、岗位职责和基本工作流程；下篇主要介绍酒店服务并列举了大型酒店集团的相关知识。本书包括大量案例分析、实训项目和扩展阅读，紧密结合当前社会对应用型人才的需求趋势，从强化培养操作技能的角度出发，体现学以致用的学科培养要求。本书的适用对象为应用型本科、高职高专旅游管理、酒店管理类专业的学生，同时，也可供酒店管理相关从业人员阅读参考。

图书在版编目（CIP）数据

酒店管理基础教程/王瑞主编．—北京：化学工业出版社，2019.11（2023.1重印）
ISBN 978-7-122-35098-5

Ⅰ.①酒⋯　Ⅱ.①王⋯　Ⅲ.①饭店-商业企业管理-高等学校-教材　Ⅳ.①F719.2

中国版本图书馆CIP数据核字（2019）第184368号

责任编辑：蔡洪伟　　　　　　　　　　　　文字编辑：李　曦
责任校对：王鹏飞　　　　　　　　　　　　装帧设计：史利平

出版发行：化学工业出版社（北京市东城区青年湖南街13号　邮政编码100011）
印　　刷：三河市航远印刷有限公司
装　　订：三河市宇新装订厂
787mm×1092mm　1/16　印张13½　字数300千字　2023年1月北京第1版第4次印刷

购书咨询：010-64518888　　　　　　　　　售后服务：010-64518899
网　　址：http://www.cip.com.cn
凡购买本书，如有缺损质量问题，本社销售中心负责调换。

定　　价：39.00元　　　　　　　　　　　　　　　　　　　　版权所有　违者必究

前　言

随着酒店行业的飞速发展，我国酒店高等职业教育水平也突飞猛进。为了更好地满足酒店管理行业人才培养的需要，编者结合高职院校的酒店管理专业职业教育改革和发展现状，以多年从事酒店管理专业教授"酒店管理"课程的经历，经过深思熟虑，总结归纳，形成了本书。

编者认为作为高职院校酒店管理专业的学生，在学习过程中应该以掌握实际的技能为主，当然也要掌握一些基础性的理论知识，但这些理论知识不需要太深奥，应该是服务于学生实际操作的，所以要根据高职院校学生的实际情况来进行知识和技能的传授。本书作为酒店管理专业的专业基础课，既从理论上讲述了酒店管理的基本内容，使初学者对酒店管理有大致的了解，又从实际操作技能上对酒店各个部门不同的服务与管理做出梳理，为学生后期的专业课程学习打下了基础。当然，本书一方面可以作为高职高专旅游管理专业、酒店管理专业的专业教材；另一方面，也可以作为旅游酒店从业人员自学与培训的参考书之用。同时，本书也是编者所承担亳州职业技术学院院级重点课题"'现代学徒制'背景下的高职酒店管理专业实训课程建设研究"的研究成果之一。

本书共分为三篇内容。上篇主要是酒店基础知识，分为五章，包括酒店的含义、酒店的发展、酒店的划分、酒店的组织结构和经营模式、酒店的管理体制等方面。该部分内容的介绍可以使学生对酒店有宏观的了解。中篇共分十章，按照酒店的部门划分，分别介绍了前厅部、客房部、餐饮部、人力资源部、财务部、营销部、工程部、采购部、保安部、康乐部的相关管理与服务的基本情况。中篇的每一章都按照基本内容、实训、案例这三大步骤来编写，使学生从微观上对酒店各部门的职责有充分的了解。下篇分为两章，主要介绍酒店服务和大型酒店集团。本书中包括大量案例分析、实训项目和扩展阅读，力求理论联系实际，体现较强的可操作性。

本书由王瑞主编，负责设计大纲和全书的编写与统稿工作，亳州花海书社酒店综合部经理谢雷、亳州新贵都城市酒店营销总监王长江参与了本书部分内容的编写和资料整理工作。本书编写过程中相关专家和酒店管理人员给予了大力支持和指导，在此表示诚挚的感谢。另外，由于编者水平有限，书中不足之处在所难免，敬请专家与广大读者批评指正。

编　者

2019年5月

目 录

上篇
酒店基础知识

第一章 酒店的含义 2
第一节 酒店的概念及应具备的条件 2
第二节 酒店的主要功能 3
第三节 酒店产品 4

第二章 酒店的发展 8
第一节 世界酒店发展简史 8
第二节 我国酒店发展简史 9
第三节 现代酒店的发展趋势 12

第三章 酒店的划分 17
第一节 酒店的等级 17
第二节 酒店的类型 18
第三节 主题酒店 20

第四章 酒店的组织结构和经营模式 25
第一节 酒店的组织结构 25
第二节 酒店的经营模式 27

第五章　酒店的管理体制 ·· 31

第一节　酒店管理的层次 ·· 31
第二节　酒店管理的原则 ·· 32
第三节　酒店管理十要素 ·· 33

中篇
酒店各部门管理

第六章　前厅部 ·· 38

第一节　前厅部概述 ·· 38
第二节　前厅部的组织结构模式及岗位职责 ·· 41
第三节　前厅部服务流程 ·· 45

第七章　客房部 ·· 51

第一节　客房部概述 ·· 51
第二节　客房部岗位设置及职责 ·· 54
第三节　客房部服务流程 ·· 58

第八章　餐饮部 ·· 74

第一节　餐饮部概述 ·· 74
第二节　餐饮部岗位设置及职责 ·· 77
第三节　餐饮部服务流程 ·· 81

第九章　人力资源部 ······ 96
第一节　人力资源部概述 ······ 96
第二节　人力资源部的主要工作内容 ······ 98

第十章　财务部 ······ 110
第一节　酒店财务部管理概述 ······ 110
第二节　酒店财务部岗位设置及职责 ······ 117

第十一章　营销部 ······ 124
第一节　酒店营销概述 ······ 124
第二节　营销部岗位设置及职责 ······ 127

第十二章　工程部 ······ 137
第一节　工程部概述 ······ 137
第二节　工程部岗位设置及基本职能 ······ 140

第十三章　采购部 ······ 143
第一节　采购部概述 ······ 143
第二节　采购部岗位设置及职责 ······ 147

第十四章　保安部 ······ 150
第一节　保安部工作任务和岗位设置及职责 ······ 150
第二节　酒店安全措施及安全事故处理 ······ 152

第十五章　康乐部 160

第一节　康乐部概述 160
第二节　康乐部岗位设置及职责 163

下篇
酒店服务与酒店集团

第十六章　酒店服务 172

第一节　酒店服务概述 172
第二节　酒店服务质量 175
第三节　酒店服务矛盾处理 180

第十七章　酒店集团 185

第一节　国际酒店集团 185
第二节　国内酒店集团 196

参考文献 207

上篇

酒店基础知识

第一章

酒店的含义

【学习目标】

1. 了解酒店的概念。
2. 熟悉酒店的功能。
3. 掌握酒店产品的内涵及特点。

第一节 酒店的概念及应具备的条件

一、酒店的概念

酒店（hotel）一词来源于法语，当时的意思是贵族在乡间招待贵宾的别墅。在中国的港澳台地区及东南亚地区被称作"酒店"，在中国大陆被称作"酒店""宾馆""旅店""旅馆"。

对"酒店"一词的解释可追溯到很久以前，1800年《国际词典》一书中写道："酒店是为大众准备住宿、饮食与服务的一种建筑或场所。"一般来说酒店就是给宾客提供住宿和饮食的场所。具体地说，酒店是指其功能要素和企业要素达到规定的标准，能够接待商务和其他类型的客人，并为他们提供住宿、饮食、购物、娱乐以及其他服务来获取经济效益的劳动密集型服务企业。

二、酒店应具备的条件

一家具有国际水准的酒店，要有舒适安全并能吸引客人居住的客房，有能提供有地方风味特色的美味佳肴的各式餐厅，还要有商业会议厅，贸易洽谈时所需的现代化会议设备和办公通信系统，旅游者所需要的康乐中心。另外，还可以有游泳池、健身房、商品部、礼品部，以及综合服务部，如银行、邮局、电传室、书店、花房、美容厅等。同时，各部门要有素质良好的服务人员，能够向客人提供一流水平的服务。

归纳起来，现代所谓的酒店，应具备下列基本条件。
① 它是一座设备完善，众所周知且经政府核准的建筑。
② 它必须能为旅客提供住宿与餐饮。
③ 它要有为旅客以及顾客提供娱乐的设施。
④ 它还要提供住宿、餐饮、娱乐方面的理想服务。
⑤ 它是营利的，要求取得合理的利润。

第二节 酒店的主要功能

酒店的功能是指酒店为了满足宾客的需求而提供的服务所发挥的效用。酒店最初的功能只是向宾客提供住宿和餐饮。随着市场的变化，现代酒店的功能也日益多样化。酒店的主要功能有以下几方面。

一、住宿功能

酒店为外出的人们提供舒适安全的客房住宿，这是它的主要功能之一。酒店为客人提供多种类型的客房（标准房、单人房、套房等），客房中有床位，卫生间和其他的生活服务设施，使游客在旅途中得到很好的休息，为其提供很大的便利。

二、餐饮功能

酒店设有不同的餐厅，向客人提供各式可口美味、营养卫生的食物，如中餐、西餐和异域美食。

三、会议接待功能

会议接待功能就是指酒店能够为各种从事商业、贸易、科学讲座等的宾客提供各式场所供集会使用。小至三五个好友的聚会，如同学聚会、答谢会、欢送会等，大至宴会或其他形式的聚会，如周年庆典、公司年会、各种培训会等。

四、休闲度假功能

酒店为外出度假的客人提供舒适的食宿、娱乐等服务，特别是一些度假型酒店通常设置在风景名胜区附近，为顾客提供娱乐、保健、运动休闲等服务项目，如酒店内的健康水疗、保健美容、保龄球馆、健身房等。

五、商业服务功能

酒店为客人从事商务活动提供了各种方便快捷的服务。商务酒店还设有商务中心、商务楼层、商务会议室等为各种商务会议、产品展示会、产品发布会等提供了极大的便利。

同时酒店还提供通信设备、电脑、翻译人员、商场资讯等服务,形成了酒店的商务服务功能。

此外,酒店还有文化服务、商业购物、运动休闲、健身娱乐等功能。酒店通过努力营造家的气氛,使入住的客人感觉像在家里一样舒服。

第三节 酒店产品

一、酒店产品的含义

酒店产品是指酒店在经营过程中为宾客在使用酒店期间提供的各种使用价值的总和。它是由酒店若干个不同部门提供的商品所组成的总体,包括向客人出售或出租的有形的可计量的商品和无形的不便计量的商品。这种无形的"商品"即服务,如接待、礼仪及环境等,有形的物质商品,如餐饮、酒吧、客房等。

二、酒店产品的特点

酒店产品是由有形的产品和无形的服务共同组成的。服务在整个酒店的功能要素中占有很大比重,所以酒店产品的最大特点是以服务为主。

1.时空性

消费者去商店购买商品,当他离开商店时带走的是实物产品;而宾客购买酒店产品,当他离开酒店时并没有带走实物产品,酒店产品被宾客在酒店就地消费了。实物产品的生产、交换、消费在时间和地点上都是分离的;而酒店产品的生产、交换、消费在时间上几乎是同时的,在地点上则由宾客占据酒店空间就地消费。这就形成了酒店产品特有的时空性。

2.不可移动性

空间是酒店产品的外壳,酒店的空间是不能移动的,这就决定了酒店产品具有不可移动性,也决定了酒店产品的销售是把宾客请进来,在一定的空间就地消费。

3.不可储存性

酒店设施一天不利用,就不能创造价值,而且其失去的价值将永远无法弥补。这也是由酒店产品在时间上存在不可储存性来决定的。

4.季节性

酒店产品的供求季节性较为明显,旺季需求旺盛,淡季需求疲软。

5.对信息的依赖性

酒店的主要客人来自外地,因此事先向宾客提供各种准确、及时的酒店产品信息,才有可能促进酒店产品销售。这就要求酒店从业人员及时了解各种酒店信息,并及时向宾客介绍,从而使更多的宾客了解酒店产品。

1. 酒店的功能有哪些？
2. 简述酒店产品的特点。

记住客人的姓名

一位常住某酒店的外国客人从外面回来，当他走到服务台时，还没有等他开口，接待员就主动微笑地把钥匙递上，并轻声称呼他的名字，这位客人大为吃惊。由于酒店工作人员对他留有印象，使他产生了一种强烈的亲切感，旧地重游，如回家一样。

还有一位客人在服务台高峰期进店，前台接待员突然准确地叫出："××先生，服务台有您一个电话。"这位客人又惊又喜，感到自己受到了重视，受到了特殊的待遇，不禁添了一份自豪感。

另外一位外国客人第一次入住某酒店，前台接待员从登记卡上看到客人的名字，迅速称呼他以表欢迎，客人先是一惊，而后作客他乡的陌生感顿时消失，显出非常高兴的样子。简单的贴心问候迅速缩短了彼此间的距离。

此外，一位VIP（非常重要的客人——贵宾）随陪同人员来到酒店前台登记，服务人员通过陪同人员，得悉其身份，马上称呼客人的名字，并递上打印好的登记卡，请他签字，使客人由于受到超凡的尊重而感到格外开心。

学者马斯洛的需要层次理论认为，人们最高层次的需求是得到社会的尊重。自己的名字为他人所知晓就是对这种需求的一种很好的满足。

在饭店及其他服务性行业的工作中，主动热情地称呼客人的名字是一种服务的艺术，也是一种艺术的服务。酒店服务台人员尽力记住客人的房号、姓名和特征，借助敏锐的观察力和良好的记忆力，提供细心周到的服务，给客人留下深刻的印象，客人今后在不同的场合提起该酒店时，等于是酒店的义务宣传员。

目前国内著名的酒店规定：在为客人办理入住登记时，至少要称呼客人名字三次。前台员工要熟记贵宾的名字，尽可能多地了解他们的资料，争取在他们登记入住之前就称呼他们的名字，当再次见到他们时能直称其名。这是作为一个合格服务员最基本的条件。同时，还可以使用计算机系统，为所有在入住酒店的客人做历史档案记录。酒店工作人员要对客人提供超水准、高档次的优质服务，把每一位客人都看成是贵宾，使客人从心眼儿里感到酒店永远不会忘记他们。

【扩展阅读】

酒店之最

1. 全世界最豪华的酒店——迪拜的阿拉伯塔酒店

阿拉伯联合酋长国的迪拜的阿拉伯塔酒店（Burj Al Arab）位于阿联酋迪拜海湾，以金碧辉煌、奢华无比著称，被誉为七星级酒店。因外形酷似船帆，又称迪拜帆船酒店。酒店共有56层，321米高，酒店建在距离沙滩岸边280米的波斯湾内的人工岛上，仅由一条弯曲的道路连接陆地。

2. 世界上最高的旋转式酒店——瑞士Allalin酒店

Allalin酒店建在阿尔卑斯山上，海拔达3500米。整个酒店每1小时旋转一周，顾客在用餐时，可欣赏阿尔卑斯山周围的美景。

3. 世界首家水下酒店——以色列RedSeaStars酒店

RedSeaStars酒店于1993年开业，顾客在这里就餐时可以一边吃着新鲜的海鲜，一边观看海底世界。

4. 最奇特的酒店——西班牙ElBulli酒店

ElBulli酒店的奇特在于，其酒店食物的独特风味，可以说在世界上任何一家酒店都不会品尝到。在这里，顾客可以品尝到世界上工艺最独特和最古怪的丰盛可口的食物。

5. 最大的酒店——泰国曼谷TumNukThai酒店

TumNukThai酒店里的所有服务员都穿着滑轮鞋为顾客服务。其面积有4个足球场大，仅中央大厅一次就可接待5000多名客人。

6. 最古老的酒店——巴黎LeGrandveyour酒店

LeGrandveyour酒店建于1784年，酒店中的摆设都是正宗的法国古董，所有的饭菜一直保持着法国最古老的特色。法国历史上几乎所有著名的人士都曾经到这家酒店就过餐。

7. 最小的酒店——芬兰Kuappi酒店

Kuappi酒店一次只招待两位顾客，因为该酒店只有一个单独的小餐厅，餐厅内仅设两个座位。

8. 最漂亮和最雅致的酒店——莫斯科图兰多特酒店

图兰多特酒店完全是一座仿古建筑，里面设施优雅。该酒店由世界上数十家著名的设计公司设计建造。

第二章 酒店的发展

【学习目标】

1. 了解世界酒店的产生与发展。
2. 了解我国酒店的产生与发展。
3. 掌握现代酒店的发展趋势。

第一节 世界酒店发展简史

人类的旅行活动古已有之，为旅行者提供食宿的住宿实施——酒店也有了漫长的历史。生产力的发展促进了酒店行业的发展，而货币的产生使商品交易及商人的商业活动发展起来，这种商业活动是酒店行业发展的必备条件。可以说，商业发展促进了酒店业的发展，其发展历程大体经历了客栈时期、豪华酒店时期、商业酒店时期、现代酒店时期等主要阶段。

一、第一个时期：客栈时期

客栈时期是指从住宿业产生直到18世纪末的漫长的历史时期。当时它的名称是客栈，设备简陋，安全性差，仅能提供食、宿，服务质量差。其主要设于道路边或驿站附近，接待的对象主要是沿途路过的传教士、信徒、外交官吏、信使、商人等。

二、第二个时期：豪华酒店时期

豪华酒店时期也可以称为大酒店时期，从18世纪末兴起至19世纪末结束。当时英国的产业革命促进了生产力的发展，使人类社会进入工业时代。这一时期最具代表性的酒店是1829年在美国波士顿落成的特里蒙特酒店（Tremont Hotel），它被称为第一座现代化酒店，为整个新兴的酒店行业确立了明确的标准。据说这座酒店是第一座建有前厅的酒店，宾客不再在酒吧柜台上登记。这一时期的酒店经营者中最具代表性的人物是瑞士人恺撒·里兹（Caeser Ritz），他首先提出了"客人永远是对的"的经营格言。此时酒店的接待对象主要是王公贵族、达官显贵、商人、上流社会度假者，经营目的为非营利，常建于城市和铁路沿线。

三、第三个时期：商业酒店时期

商业酒店时期，大约从20世纪初至20世纪50年代。美国的埃乌斯沃思·斯塔特勒被公认为商业酒店的创始人。他高举"平民化，大众化"的旗号，立志建造一种"为一般的公众能够负担得起的价格范围内的提供必要的舒适与方便，优质的服务与清洁卫生的"酒店。1908年，他建造了第一家由他亲自设计并用自己名字命名的酒店，一个带有卫生间的客房的价格仅1美元50美分。商业酒店时期，酒店主要分布在城市中心、公路边，其主要客户是公务旅行者，其特点是设施方便、舒适、清洁、安全、实用，不刻意追求豪华和奢侈。此时随着作为交通工具的汽车的大量使用，汽车酒店开始出现。

商业酒店时期是酒店发展最重要的阶段，也是各国酒店业最活跃的时期，从而为现代酒店业的发展奠定了基础。

四、第四个时期：现代酒店时期

现代酒店时期也可以说是酒店联号阶段，始于20世纪50年代，直到现在。此时的酒店具有一些明显的特点，如酒店连锁经营，特许经营；使用高科技（在客房装上互联网、使用新型的装饰材料等）；同时宾客也可要求酒店提供更为个性化的服务。酒店的市场定位更为专业化，各类型酒店相继出现。一些有实力的酒店公司，以签订管理合同、出售特许经营权等形式，进行国内甚至跨国的扩张，逐渐形成一大批使用同一名称、同一标识，在管理与服务程序上统一标准，联网进行宣传促销、客房预订、物资采购、人才培训的酒店联号公司，如希尔顿喜来登假日。现代酒店主要分布在城市中心、旅游胜地、公路边、机场附近等地方，主要面向大众化旅游市场。其特点是规模扩大，连锁经营和酒店集团占据越来越大的市场；酒店类型多样化，开发了各种类型的住宿设施；服务综合性强。

第二节 我国酒店发展简史

一、中国古代的酒店业

中国是文明古国，也是世界上较早出现酒店的国家之一。在中国古代，3000多年前的殷商时期就出现了官办的"驿站"，它是中国历史上最古老的官办住宿设施。周代，为了便于各诸侯国向周天子纳贡和朝见，在交通要道修筑了供客人投宿的"客舍"。这些"客舍"主要是为了满足办理各种公务、商务、外交和军事人员的基本生存需要——食宿而设立的。战国时期，由于农业和手工业的进步，再加上商业的不断发展，民间的客店业初步形成，并不断发展和完善。两汉中期，对外贸易日益发展，长安城内建造起180多所"群邸"，供外国使者和商人食宿。南北朝时期出现了"邸店"，供客商食宿、存货和交易。唐、宋、明、清时期，是酒店业的大发展时期。宋朝出现了众多的"同文馆""大同馆""来宾馆"等旅馆。这些旅馆不但给客人提供客房，还提供酒菜饭食，晚上还有热水洗身。因此，可以说这些民间的客店和旅馆，是现代意义上的酒店的雏形。

中国古代住宿设施大体可以分为官办设施和民间旅店两种。古代官办设施主要有驿站和迎宾馆两种。驿站是中国古代最古老的一种官办住宿设施，一开始用于专门接待来往的信使和公差人员。到了唐代，驿站广泛接待过往官员和文人雅士。元代时，有的驿站建筑宏伟，设施华丽，除了接待信使、公差人员外，还接待过往商旅及达官贵人。"迎宾馆"的名称最早见于清末，是古代官员用来接待外国使者，外民族代表及商客的馆舍。在历代曾有"诸侯馆""传舍""蛮夷邸""四夷邸""四方馆""会同馆"等称谓。

二、中国近代的酒店业

中国近代由于受到帝国主义的入侵，当时的酒店业除有传统的旅馆之外，还出现了西式酒店和中西式酒店。

西式酒店是19世纪初由外国资本建造和经营的酒店的统称。这类酒店规模宏大，装饰华丽，设备先进，管理人员皆来自英、法、德等国，接待对象主要以来华的外国人为主，也包括当时中国上层社会人物及达官贵人。西式酒店的代表有北京的六国酒店、北京酒店，天津的利顺德酒店和上海的理查德酒店等。这些酒店除了提供基本的食宿外，还具备游艺室、浴室、理发室等，是中国近代酒店业中的外来部分，是帝国主义列强入侵中国的产物，为帝国主义的政治、经济、文化服务。但是西式酒店的出现也对中国近代酒店业的发展起到了一定的促进作用。把一些西式酒店的建筑风格、设备配置、服务方式、经营管理的理论和方法带到了中国。

中西式酒店是在西式酒店的带动下，由中国的民族资本投资兴建的一大批中西方风格结合的新式酒店。这类酒店在建筑样式、店内设备、服务项目和经营方式上都接受了西式酒店的影响，而且在经营体制方面也仿效西式酒店的模式，实行酒店与银行、交通等行业的联营。20世纪30年代，中西式酒店的发展达到了鼎盛时期。在当时的各大城市中，均可看到这类酒店。中西式酒店将输入中国的西方酒店业经营观念和方法与中国酒店经营环境的实际相融合，成为中国近代酒店业中引人注目的部分，为中国酒店业进入现代酒店时期奠定了良好的基础。

三、中国现代的酒店业

我国现代酒店业的发展历史虽然不长，但发展速度却很惊人。中华人民共和国成立后，我国各省会、直辖市和风景区通过改建老酒店，建立了一批宾馆、招待所，其功能主要是干部休养、接待公事访问。营利并不是这些酒店的主要经营目的。自改革开放以来，我国大力发展旅游业，这为我国现代酒店业的兴起和发展创造了前所未有的良好机遇。

在行业规模扩大、设施质量提升的同时，我国酒店业的经营观念也发生了质的变化，经营管理水平得到了迅速提高。从1978年至今，我国酒店业大体经历了四个发展阶段。

1. 第一阶段（1978～1983年）

由事业单位招待型管理走向企业单位经营型管理。这个阶段的酒店，很大一部分是由以前政府的高级招待所转变而来的。在财政上实行统收统支、实报实销的制度，基本没有上缴利润，没有任何风险；服务上只提供简单的食宿，谈不上满足客人要求的各种服务项目；经营上既没有指标，也没有计划。因此，作为一个酒店也就既没有压力，又缺乏活力，与满足国际旅游业发展和为国家增加创汇的要求极不相称。

2. 第二阶段（1984～1987年）

由经验型管理走向科学型管理。1984年，我国酒店业在全行业推广北京建国酒店的科学管理方法，走上了与国际接轨的科学管理的轨道，这是我国酒店业在发展中迈出的第二步。这个阶段，酒店的企业化管理进程开始加快，科学管理体系开始形成，经营方式灵活，管理队伍活力增强，服务质量明显上升，经济效益和社会效益都提高了。

3. 第三阶段（1988～1994年）

酒店管理者借鉴国际上的通行做法，推行星级评定制度，使我国酒店业进入到国际现代化管理新阶段。为使我国迅速发展的酒店业能规范有序地发展并与国际酒店业的标准接轨，1988年9月，经国务院批准，国家旅游局颁布了酒店星级标准，并开始对旅游涉外酒店进行星级评定。我国的酒店星级标准，是在对国内外酒店业进行大量调查研究的基础上，参照国际通行标准并结合我国实际情况，在世界旅游组织派来的专家的指导下制定出来的。1993年经国家技术监督局批准，酒店星级标准被定为国家标准。酒店星级是国际酒店业的通用语言。我国酒店业实行星级制度，可以促使酒店的服务和管理符合国际惯例和国际标准。评定星级既是客观形势发展的需要，也是使我国酒店业进入规范化、国际化、现代化管理的新阶段的需要。

4. 第四阶段（1994年至今）

这个阶段，我国酒店业逐步向专业化、集团化、集约化经营管理迈进。20世纪90年代以来，国际上许多知名酒店管理集团纷纷进入中国酒店市场，向我国酒店业展示了专业化、集团化管理的优越性以及现代酒店发展的趋势。1994年，我国的酒店业已形成了一定的产业规模。1994年，经国家旅游局批准，我国成立了第一批自己的酒店管理公司，这为迅速崛起的中国酒店业注入了新的活力，引导我国酒店业向专业化、集团化管理的方向发展。另外，20世纪90年代中后期，我国酒店业的总量急剧增加。由于受到国际国内经济环境变化的影响，酒店业的经营效益出现滑坡，走集约型发展之路，越来越成为酒店业的共识。这就要求酒店业应从单纯追求总量扩张、注重外延型发展向追求质量效益、强化内涵型发展转变。

这个时期酒店业的特点是：

① 实行多种形式联合。出于经营上的需要，为了提高预订和推销效果，许多酒店实行了多种形式的联合。

② 投资形式多样化。为了满足不断发展的旅游业和对外开放的经济发展需要，酒店业

采取多种渠道的集资形式，建造了一批具有现代化设施和服务的酒店。

③ 设施和服务日趋现代化。为了适应现代旅游多元化的发展，满足多类别的国外旅游者的需要，我国参照国外先进酒店的硬件标准，结合中国民族建筑的特色，建造了一批建筑新颖别致、设施齐全的酒店。它们不仅具有基本的食宿设施，高级的娱乐、健身、购物等设施，而且提供接待外宾应具备的各种服务项目，并且不断地充实和改善。

④ 经营管理日趋先进。新时期的酒店管理引进国外先进的酒店管理理论和经验，结合我国酒店经营的实际情况，吸收我国其他行业企业管理的先进经验，探索和创造了先进的酒店管理体制和方法，并不断改进和完善。

第三节 现代酒店的发展趋势

随着现代经济和科技的发展，酒店行业的竞争日益激烈，并呈现出新的发展态势。目前，世界酒店业呈现以下发展趋势。

一、服务个性化

早在20世纪70～80年代，在经济不发达的条件下，消费者只有一个共同的追求，那就是数量上的满足。到了90年代，随着短缺经济时代的终结，消费者追求的是符合标准的服务，也就是标准化服务。随着经济的快速发展、社会的进步，人们的需求出现多样化，此时的酒店业进入了一个"消费者至上"的时代。目前的酒店业将从标准化服务向个性化服务发展，但并不是说酒店业将要放弃标准化。标准化是酒店提供优质服务必不可少的基础，但标准化服务不是优质服务的最高境界；真正的优质服务是在标准化服务基础上的个性化服务，这才是完全意义上的优质服务。因而，对于酒店而言，在提供各类服务时，就要在标准化服务的基础上，通过"量体裁衣"的方式为每一位消费者提供最能满足其个性需求的产品或服务，即定制化的服务。

酒店服务的个性化要求如下。

① 酒店要充分了解客人的需求，即以客人的需求作为服务的起点和终点，既要掌握客人共性的、基本的需求，又要分析研究不同客人的个性需求；既要注意客人的静态需求，又要在服务过程中随时注意观察客人的动态需求；既要把握客人的显性需求，又要努力发现客人的隐性需求；既要满足客人的当前需求，又要挖掘客人的潜在需求。

② 酒店要强调一对一的针对性服务。

③ 酒店要强调用心服务，真正体现一种真诚的人文关怀精神。

④ 酒店要在服务结果上追求尽善尽美，要求做到尽心和精心。

二、经营管理集团化

随着经济全球化的发展，市场和资源跨国化的影响，世界性的酒店集团每年都处于调整和兼并之中，酒店业的联盟和合并使更大规模的酒店集团诞生。酒店业走集团化发展道路，一方面，可以在科学调研的基础上，合理扩大酒店企业的经营活动领域，走多元化经营之路，降低企业风险。如一些酒店企业将不再单一地走"以酒店养酒店"之路，而是在花木培植、物业管理、西点制作等多个领域拓展发展空间。另一方面，酒店企业也可以与其他竞争对手建立横向战略联盟，组成联合舰队，以"销售联合体"的方式携手共进，在市场经济的大潮中共进共退。如中国名酒店俱乐部，加入者按客房数上缴会费，组成命运共同体。

酒店企业还可以与旅行社、旅游经销商、航空公司等建立纵向的战略联盟，如国外一些著名的酒店集团就是以航空公司为依托，走联合发展的道路。酒店还可以采用现代网络技术，组建相对松散的酒店联合体。

酒店也可以通过购买特许经营权等手段依附于某一著名的集团，借助于集团的品牌优势和营销网络优势进行发展，即进行连锁经营，这也是酒店企业走集团化发展道路的一条捷径。世界上先后出现了诸多跨国酒店集团，如假日、雅高、希尔顿等。一些大的酒店集团基本上垄断了酒店市场或者说是主导了酒店市场。在酒店业的竞争中，酒店集团比独立经营的酒店有明显的优势。现在我国的酒店集团化进程虽然已经取得了可喜的成绩，但是与国际上著名的酒店集团相比，无论在规模、管理理念还是技术手段等方面都还存在明显的不足。

三、广泛应用高新技术

随着社会的发展，科技成为酒店企业生存和发展的资本。高新技术将在酒店业的管理、服务、营销等方面发挥更大的作用。

1. 加强酒店企业的信息管理

酒店企业利用新科技加强信息管理，如办公自动化的实现，互联网的使用。在以信息为主要驱动力量的现代社会，酒店企业可通过互联网拓展酒店业务，开展预订、代办业务的办理；收集来自全球的各类所需信息，满足顾客尤其是商务顾客对信息的强烈渴求。酒店企业可利用新技术加强酒店企业的控制管理，如开发智能卡，加强对客人的安全保护；也可利用各类多功能化的IC卡，方便客人在吃、住、行、娱、购等方面的消费。日本还生产设计出一种采用集成电路控制的小冰箱，能自动记录冰箱内每一种物品的存取，一旦客人结账离开，冰箱就会自动锁上。

2. 提高其服务能力

酒店可将电视与电脑联为一体，实现前台和后台的多项传播，如有客人在前台办理好登记入住手续，客人一进房间，电视上即显示"欢迎某某先生（小姐、太太）"字样；客人外出归来，电视屏幕能自动显示留言、到访、天气等信息。未来酒店借助于新技术，可大大改善各种设施设备，彰显一种无所不在的人性关怀，在提高客人入住舒适程度的基础上提高客人的满意程度。如床头柜可成为集电视、空调、灯光、窗帘启闭于一体的电子控制中心，方便客人操作；旋涡式浴缸、按摩浴缸、温泉浴缸以及可自由调节水压、高级的喷淋设施将带来一个全新的沐浴概念。科学技术还可提高员工的工作效率，使其适时适当地

为客人服务,如服务人员只需坐在楼层的工作室注视红外线感应即可知道客人进出房间的情况,无须敲门、按铃或查看有无"请速打扫"等信息牌。

3.加强酒店企业的营销

酒店企业利用新科技展开营销,如网络营销。网络技术的运用,使得旅游者可以在互联网上十分方便、快捷地查阅酒店信息,获得咨询信息,预订酒店产品。酒店企业一般采用电子信息网络来实现营销目标,它也是酒店实现全程营销的理想工具;它还能极大地简化顾客的购买程序,节约顾客的交易成本,提高顾客的购物效率,在全球范围内拓展客源,为酒店企业走向世界打下基础。现代酒店应充分发挥"互联网络"的互动优势,灵活开展网络营销,促进酒店业的持续发展。

四、创建"绿色酒店"

长期以来,酒店业一直被称为"无烟产业"。事实上,在酒店业的发展过程中也存在着一些浪费行为:每天产生许多一次性消耗品,倒掉大量的食物,成为生产"生活垃圾"的大户等。目前,酒店业作为第三产业的重要组成部分,在全球性绿色浪潮的推动下,酒店企业经营中增强环保意识逐渐成为广大从业人员和消费者的共识。创建"绿色酒店",走可持续发展之路,已成为现代世纪酒店业发展的必然选择。以环境保护和节约资源为核心的"绿色管理"也成为全球酒店业共同关注的大事。"绿色酒店"的提出,使得酒店企业带上了浓厚的社会责任色彩。它要求酒店在发展过程中,不应以短期的、狭隘的利润追求为行为导向,而应具备强烈的社会意识和环保意识,讲义求利,考虑到顾客、酒店、员工、社会等各个方面的利益,将酒店企业、顾客的利益与整个社会的长期利益作为酒店发展的最终目标。

我国酒店业要以节约能源,减少消耗,保护环境,倡导绿色消费,提供绿色服务等为发展战略,提供绿色客房、绿色餐厅、绿色食品等主要服务产品。酒店企业还应有意识地在顾客中进行绿色教育,引导顾客成为资源的节约者、环境的保护者、新生活的健康代表。

1.简述世界酒店发展的历程。
2.掌握现代酒店发展的趋势。

一杯茶的故事

一天晚上,某酒店的中餐厅来了一位姓吕的客人,他是一家公司的总经理。今天他是主人,所以很早就到了房间,服务员小李很热情地询问其需要什么茶水。"那来杯苦丁吧,多放点茶叶。"客人说。服务员泡了茶水，吕总边喝边说："我最喜欢喝这个茶了，可以清热去火，还不影响睡眠。"服务员微笑着点头示意，表示赞同。吕总接着又说："等会儿我的客人来了，就泡一壶算了，每人一杯太浪费了。"

然后吕总就拿起菜单开始点菜，点菜过程中他一直说菜太贵，就只要了一些特色菜，并要求服务员上菜时要把菜介绍得好一点，就说这些菜是这里比较有特色的，以免自己在客人面前丢脸。

客人入席后，一杯杯不带茶叶的茶水放在每一位客人的面前，主宾看了看旁边的吕总，然后巡视了一周，对服务员说："是不是因为我不经常来，所以这茶水里连茶叶都不给我放？你看吕总的茶杯，你是不是知道他今天买单，所以给他放那么多茶叶？快！拿下去，重新泡一杯吧，怎么回事？怎么不泡一样的茶呢？"

服务员并没有着急，望着吕总杯里的片片茶叶，真的很漂亮。双眼巡视了一下整个台面，吕总的杯子在灯光和众多客人的注目下，格外显眼，很快这位服务员微笑着走到主宾面前，用柔和甜美的语调说出了这样泡茶的原因。顿时房间的气氛达到了顶点，有笑声、掌声和称赞声……最终响起了碰杯声。

大家尽兴地喝完了第一杯酒，整个用餐过程都很愉快。从此以后，吕总成了这家酒店的常客，也很少让其他服务员为他服务过，都是小李为他服务。

最后说明一下，服务员小李是这么回答主宾的，她说："今天吕总来得比较早，先点了一杯茶，可是在喝的过程中，总是喝到茶叶，吕总觉得这样很不方便，所以就特别交代我们，准备充足的上等茶叶，提前放在茶壶里，这样避免了茶叶倒在杯中，喝起来也比较浓郁可口。您如果不喜欢这样喝，我马上给您多放些茶叶，您看呢？"说着就拿起托盘要为客人重新冲茶，这时客人决定不换了，说这是吕总的一片心意，并连声向吕总道谢！

此案例中，服务员小李从与吕总的谈话中了解到他是一名不愿多掏钱又非常爱面子的客人。在此事件的处理中，小李的做法充分体现了服务人员的机智灵活，虽然是主人点的茶，但没有给主人难堪，而是用另一种方式化解了尴尬，并取得了非常好的效果。

很多时候，在客人用餐过程中都会遇到一些需要随机应变的问题，作为酒店的服务员，除了服务态度好之外，更重要的是必须做到处处为客人留面子，因为这是很多客人非常看重的一点。做到了这点，客人才会满意，并且很有可能成为回头客。

【扩展阅读】

现代酒店之父——恺撒·里兹

恺撒·里兹被誉为"现代酒店之父"。他出生于瑞士，是一位出色的酒店管理者及创始人。"里兹"在英文中代表豪华、奢华。他创立了全球闻名的奢华酒店，最有名的是巴黎和

伦敦的里兹酒店。瑞士恺撒里兹酒店管理大学是由他的名字、他的酒店和他的管理理念创办的。

恺撒·里兹出生于瑞士南部尼得瓦尔德小村庄的一户贫穷农民家里，是家里13个孩子中最小的一个。在12岁的时候，他就被送到锡安的一所耶稣会学院寄宿。15岁的时候，他到布里格的一家酒店做配酒服务生，那时他已逐渐展现出对酒店工作的喜爱。但工作一年后，他被以不适合从事酒店业为由解雇了。

后来里兹离开瑞士去了巴黎。在巴黎的五年里，里兹从一个服务生、总勤杂工，变成一个总管家、酒店经理。在战争时期，酒店新鲜肉类的供应急剧减少，他就用独特的方法烹饪动物园里的动物尸体，提供酱油象鼻这样的菜式。里兹以出售象肉出名。

1873年维也纳国际博览会时，他转到维也纳的一家饭店工作。在那一年的冬天，里兹担任了当时尼斯的卢塞恩国家大酒店的经理，他辉煌的酒店管理职业生涯就此展开。他曾经同时担任卢塞恩国家大酒店的总经理和摩纳哥国家大酒店的总经理。作为奢华酒店发展的首创者，他知道如何吸引富有的顾客，他独到的品位和优雅的绅士风度也很快为他获得了良好的声誉。他首次提出"客人永远是对的"的观点。如果一个用餐者抱怨一道菜或葡萄酒，服务员应立即撤掉并换上新的，没有质疑可提。里兹把他的服务方法归纳为"看在眼里而不形于色，听在心中而不流于言表，服务周到而不卑躬屈膝，先意承志而不妄作主张"。

里兹和他的朋友在巴登开了一家餐馆，随后被邀请担任萨伏依酒店的第一任经理。再后来，里兹在巴黎旺多姆广场开了自己的酒店，也就是著名的里兹酒店，并在伦敦开了第二家里兹酒店，随后该酒店成为那个时代最受富人和名人欢迎的聚会场所。

里兹去世后，恺撒·里兹家族基金会授权瑞士当时一所优秀的酒店管理学校以恺撒·里兹的名义，向世界传授恺撒·里兹先生首创的特色服务战略和现代奢华酒店管理思想，培养未来酒店行业的专家和领导人才，而这所学校正是今天的瑞士恺撒里兹酒店管理大学。

尽管恺撒·里兹出生在瑞士一个卑微的家庭，但他本人和他的豪华酒店却成了传奇，"ritzy"在英文字典中成了"奢华""顶级"的象征。

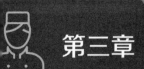

第三章 酒店的划分

【学习目标】

1. 了解酒店的等级。
2. 掌握酒店的类型。
3. 了解主题酒店。

第一节 酒店的等级

酒店的等级是指一家酒店在规模、设施设备水平、服务范围、服务质量、管理水平等各方面反映出来的综合水平。目前酒店分级制度在世界上已经被广泛使用，但不同的国家采用的分级制度各不相同。目前，国际上采用的酒店等级制度与表示法有以下几种。

一、星级制

星级制是指以镀金五角星为符号，用星的数量和颜色表示酒店的等级。星级分为五个等级，即一星级、二星级、三星级、四星级、五星级（含白金五星级）。最低的为一星级，最高的为白金五星级。星级越高，表示酒店的档次越高。预备星级作为星级的补充，其等级与星级相同。这种星级制度在世界上，尤其在欧洲，被广泛采用。我国也采用这种方法对酒店的等级进行评定。

二、字母表示法

一些国家将酒店的等级用英文字母表示，即A、B、C、D、E五个等级，E为最低级，A为最高级。有的用A1、A、B、C、D来表示，A1是最高级或称特别豪华级。

三、数字表示法

用数字表示酒店的等级，一般用豪华级表示最高级，继豪华之后由高到低依次为1、2、

3、4，数字越大，等级越低。

四、钻石表示法

在美国、加拿大、墨西哥等国家用钻石表示法评定酒店的等级。最高级别的酒店是五颗钻石，最低级别的酒店是一颗钻石。

第二节　酒店的类型

世界上酒店的种类繁多，酒店的模式也越来越多样化。根据不同的标准或特点，把酒店划分为不同的类型。目前，世界各地的酒店有以下几种类型。

一、根据计价方式划分

① 欧式计价：只计房租，不包括餐饮费用。
② 美式计价：计算房租并包括三餐在内。
③ 修正美式计价：计算房租且包括两餐费用（早餐、午餐和晚餐中选一餐）。
④ 欧陆式计出价：计算房租且包括欧陆式早餐费。
⑤ 百慕大计价：计算房租，包括美式早餐餐费。

一般团体客人通过旅行社订房时，会在订房上注明计价方式，如果没有注明则均以欧式计价方式计算。客房预订在碰到团体客人订房时要特别加以注意，并在预订单上书写清楚计价方式。明确地向客人出示酒店的价格表，让客人有一定的选择，既是酒店人性化管理的体现，也是酒店长久发展的需求。

二、根据酒店规模大小划分

酒店的大小没有明确的规定，一般是以酒店的房间数、占地面积、酒店的销售数额和纯利润的多少为标准来衡量酒店的规模，其中主要是房间数。目前国际上通行的划分标准有以下三种。

① 小型酒店，客房数少于300间（有的划分为200间以下）。
② 中型酒店，客房数在300～600间（有的划分为200～700间）。
③ 大型酒店，客房数多于600间（有的划分为700间以上）。

三、根据酒店地理位置划分

1.市中心酒店

这种酒店是以接待大众旅游者、商务旅行者或休闲旅游客人为主的酒店。其位于城市中心，交通十分方便，靠近市区最繁华的商业中心或著名的旅游景点。此类酒店可以给客人提供优良的设施和服务。

2.机场酒店

这类酒店设立在机场附近，便于接待乘机客人。多数住客是由于某种原因，如飞机故障、气候变化、飞机不能按时起飞，或客人只是转机，不想进城等造成必须在机场滞留而住店。机场酒店的设施与商业酒店大致一样。

3.公路酒店或汽车酒店

这类酒店多数坐落于主要公路旁或岔路口，向住店客人提供食宿和停车场，其设施与商业酒店大致一样，所接待的客人多数是利用汽车旅行的游客。这类酒店在公路发达的西方国家较为普遍。

4.风景区酒店

这类酒店以接待暂住的旅游者为主。其一般建在旅游点附近，为了使旅游者在物质和精神上获得满足，酒店除了要有高级的吃、住设施外，还要能为提供客人娱乐、保健、购物等服务设施。

四、根据市场特点划分

1.商务型酒店

商务型酒店也称暂住型酒店。它主要以接待从事商务活动的客人为主，是为商务活动服务的。因此，该类型的酒店对商务服务要求比较高，通常设有商务服务中心，提供如传真、上网、商务秘书、会议、宴会等服务。这类客人对酒店的地理位置要求较高，要求酒店靠近城区或商业中心区。其客流量一般不会受季节的影响而产生大的变化。

2.度假型酒店

它以接待休假的客人为主，多建在海滨、温泉、风景区附近。地理环境是建立度假型酒店的一个重要因素。度假型酒店是一个度假中心，要求有较完善的康乐设备，专门给客人提供娱乐和享受，它一般要有良好的沙滩、游泳池、滑雪场、溜冰场、高尔夫球场和运动场甚至跑马场。度假型酒店的经营受季节的影响较大。

3.长住型酒店

它是为租居者提供较长时间的食宿服务。此类酒店客房多采取家庭式结构，以套房为主，房间大者可供一个家庭使用，小者有仅供一人使用的单人房间。这类酒店一般只提供住宿和餐饮等基本的服务，但服务讲究家庭气氛，亲切、周到，针对性强。

4.会议型酒店

它是以接待会议旅客为主的酒店。会议型酒店通常设在大都市和政治、经济中心，或交通方便的旅游胜地。这种酒店除提供食宿娱乐外，还为会议代表提供接送站、会议资料打印、录像摄像、旅游等服务。这类酒店一般要有较为完善的会议服务设施（大小会议室、同声传译设备、投影仪等）和功能齐全的娱乐设施。

5. 观光型酒店

观光型酒店主要为观光旅游者服务，多建造在旅游点，其经营不仅要满足旅游者食宿的需要，还要求有公共服务设施，以满足旅游者休息、娱乐、购物的综合需要，使旅游生活丰富多彩，也使旅游者得到精神上和物质上的享受。

6. 公寓式酒店

公寓式酒店是吸引懒人和忙人的酒店式服务公寓，最早始于1994年的欧洲，意为"酒店式的服务，公寓式的管理"，是当时旅游区内租给游客，供其临时休息的，由专门的管理公司进行统一上门管理，既有酒店的性质，又相当于个人的"临时住宅"。这种酒店主要集中在市中心的高档住宅区内，集住宅、酒店、会所等多功能于一体。在公寓式酒店既能享受酒店提供的周到服务，又能享受居家的快乐，住户不仅有独立的卧室、客厅、卫浴间、衣帽间等，还可以在厨房里自己烹饪美味的佳肴。早晨可以在酒店餐厅用早餐；房间由公寓的服务员清扫；需要送餐到房间、出差订机票，只需打电话到服务台便可以解决。

第三节　主题酒店

一、主题酒店的概念

主题酒店是以某一特定的主题来体现酒店的建筑风格和装饰艺术，以及特定的文化氛围，让顾客获得富有个性的文化感受，同时将服务项目融入主题，以个性化的服务取代一般化的服务，让顾客获得欢乐、知识和刺激的酒店。

主题酒店的推出在国外已有几十年的历史。世界上最早的主题酒店是1958年兴起于加利福尼亚州的Madonna Inn，首先推出12间主题客房，随后发展到109间，成为当时最早、最具代表性的主题酒店。主题酒店的发展于美国拉斯维加斯。据统计，世界最大的16家主题酒店中，拉斯维加斯就有15家，主题酒店是拉斯维加斯酒店业的灵魂和生命。

二、主题酒店的特征

主题酒店是集独特性、文化性和体验性为一体的酒店。主题酒店的独特性要求酒店要与众不同，文化性体现了主题酒店对内涵的追求，体验性是主题酒店追求的本质和最终目标。独特性、文化性、体验性三者相互渗透。少了独特性和文化性，就没有体验性；少了体验性，独特性和文化性就脱离了主题酒店经营的目的——给顾客独特的体验，从而获得高回报的利润。

1. 独特性

主题酒店之间的差异在于主题之间的差异，以及由此引发的在各个细节上的差别，和给客人带来的体验内容的不同，而对于突出体验的重点则是一致的。

2. 文化性

主题酒店的文化是以酒店文化为基础，体现为以人文精神为核心，以特色经营为灵魂，以超越品位为形式。主题酒店也可称为文化主题酒店。任何一个主题酒店都是围绕主体素材来挖掘相应的主题文化，文化主题酒店更加突出了主题酒店的文化性。

3. 体验性

主题酒店追求差异，但这并不意味着主题酒店之间只有差异，在本质上主题酒店之间是相通的，那就是带给顾客的体验性。标准化、规范化的服务带给顾客良好的体验是现代酒店的核心，主题酒店的发展同样有相同的模式。

三、主题酒店的类型

1. 自然风光酒店

此类酒店超越了以自然景观为背景的基础阶段，把富有特色的自然景观搬进酒店，营造一个身临其境的场景。比如位于野象谷热带原始雨林深处的西双版纳树上旅馆，它的主题创意来源于科学考察队更深入地观察野象的生活习性。

2. 历史文化酒店

此类酒店能让顾客切身感受到历史文化的浓郁氛围。酒店设计者在酒店内构建了一个古代世界，以时光倒流般的心理感受作为吸引游客的主要卖点。如玛利亚酒店推出的史前山顶洞人房，抓住"石"做主题性文章，利用天然的岩石做成地板、墙壁和天花板，房间内还挂有瀑布，而且沐浴喷洒由岩石制成，浴缸也是石制的。

3. 名人文化酒店

此类酒店的主要特色是以人们熟悉的政治或文艺界名人的经历为主题。这些酒店很多是由名人工作或生活过的地方改造的。如西子宾馆，由于毛泽东27次下榻于此，陈云1979～1990年每年来此休养，巴金也曾在此长期休养，推出了主席楼、陈云套房和巴金套房，房间里保留着他们最爱的物品和摆设。

4. 城市特色酒店

这类酒店通常以历史悠久、具有浓厚的文化特点的城市为蓝本，以局部模拟的形式和微缩仿造的方法再现城市的风采，如我国首家主题酒店深圳威尼斯酒店。该酒店以著名水城威尼斯的文化进行包装，利用了众多可反映威尼斯文化的建筑元素，充分展现地中海风情和威尼斯水城文化。

5. 艺术特色酒店

这类酒店通常以艺术领域的音乐、电影、美术、建筑特色等为主题。比如位于八达岭长城脚下的公社酒店则以独特的建筑取胜，它是由亚洲12名建筑师设计的11幢别墅和1个俱乐部组成的建筑群，公社每栋房子均配有设计独特的家具，训练有素的管家随时可以为客人提供高度个性化的服务，住客可以在此充分体验亚洲一流建筑师在这里展现的非同寻常的建筑美学和全新的生活方式。比如Madonna Inn就有以电影《美国丽人》为背景的一种美国丽人玫瑰房可供选择。

6.时尚精品酒店

这类酒店以时尚为主题，以私密、个性、温馨和浪漫的设计风格，将时尚进行到底，每一个细节都融入了人性化、细微化、特色化的服务。

1. 简述酒店的划分标准及类型。
2. 简述主题酒店的特点。

善意的谎言

　　一天中午，某五星级酒店天堂鸟包厢在举办常客周先生的私人宴请。服务员小王做餐前准备时，已经按周先生的习惯和喜好配好了菜单，其中当然少不了他爱吃的椒盐花生和水果沙拉。客人到后，周先生很快确认了菜单，并点好了酒水和饮料。这时，小王听到有客人提议刘先生今年刚好49岁，所以今天喝酒一定要喝49瓶酒才能尽兴！小王暗暗吃惊，虽然客人有十位，但49瓶酒，这可怎么喝啊！

　　席间，客人们你敬我、我敬你的，好不热闹，很快就喝到第30瓶、第31瓶、第32瓶……到第34瓶时，客人们喝酒的速度明显慢了下来，而且小王看到有几位客人已经满面通红，醉态尽显了！小王看在眼里，急在心里，她的内心非常矛盾：一边关系到酒店的利益，一边关系到客人的身体健康。小王犹豫了一下，不过很快她的心里有了一个主意。

　　于是，在喝到第35瓶的时候，小王走到周先生身边，她拿着酒瓶满面笑容地说："这就是第49瓶酒，现在我为各位分一下，大家一起举杯为刘总祝福吧！"客人们听后很高兴，纷纷向刘总表示祝贺，大家同时举杯一饮而尽，便结束了宴会。在陪周先生去收银处结账的时候，周先生看到账单上酒的消费是35瓶，他狐疑地看了看小王。小王红着脸解释说："周先生，我看你们今晚都喝得很尽兴，但为了你们的身体着想，我刚才就撒了个小谎，说你们已经喝了49瓶，请您原谅！"周先生听后非常感动，一再表示感谢，他连声说今后所有私人宴请一定都会选择该酒店。

　　本案例中的小王"欺骗"了她的客人，却赢得了客人的理解和感激，因为她的服务是真心为客人着想的，既关心他们的健康，同时又很好地顾全了客人的面子。在实践中，这种以客人为中心的服务思想非常难得。对酒店而言，客人要求多喝是好事，因为可以给酒店带来更多的收益，即使客人喝多了，酒店也不会有多大责任。该酒店服务员小王的做法表面上看似乎不妥，因为这会减少酒店的收入，但实际上她却为酒店赢得了一批忠实的顾客，为酒店赢得了声誉。从长远来看，相信她的这次服务可以为酒店带来更多的实实在在的收益。酒店不能仅仅考虑眼前效益，把客人当作一次性消费的客人，也要考虑长远效益，争取赢得回头客。

【扩展阅读】

绿色饭店

"绿色饭店"可以简单地翻译为"GREEN HOTEL"，但国际上又把"绿色饭店"翻译为"ecology-efficient hotel"，意为"生态效益型饭店"。绿色饭店是指那些为旅客提供的产品与服务既符合充分利用资源、保护生态环境的要求，又有益于顾客身体健康的酒店。

从可持续发展理论的角度考虑，"绿色饭店"就是指酒店业发展必须建立在生态环境的承受能力之上，符合当地的经济发展状况和道德规范，即一是通过节能、节电、节水，合理利用自然资源，减缓资源的耗竭；二是减少废料和污染物的生成和排放，促进酒店产品的生产、消费过程与环境相容，降低整个酒店对环境产生危害的风险。

绿色饭店有三大标准——安全、健康、环保。安全指消防安全、治安安全和食品安全；健康指提供给消费者有益于健康的服务和享受；环保指减少和避免浪费，实现资源利用的最大化。目前，我国绿色饭店以银杏叶作为标识。根据饭店在安全、健康、保护环境等方面程度的不同，将绿色饭店分为A级至AAAAA级。

深化理念

绿色饭店的管理也非常注重生态环境的保护，是一种着眼于追求经济效益和环境效益最优化的新型管理。唯有在每一位管理者、每一位员工的心目中确立了绿色管理的思想和观念，才有可能使他们主动地采取各种绿色管理的行为。首先，酒店要将可持续发展观作为经营管理的指导思想；其次，酒店要将循环经济作为管理理念。循环经济是在人、自然资源和科技的大系统内，在资源投入、酒店生产、产品消费及其废弃的全过程中，把传统的依赖资源消费的"资源—产品—污染物"的简单流动的线性增长经济转变为依靠生态型资源的"资源—产品—再生资源—再生产品"的反馈式流动来发展的经济。

完善生产

绿色酒店从生产设计、能源与原材料选用、设备维护管理等各个环节，做到自然资源和能源利用的最合理化，经济效益的最大化，人与环境的危害最小化。要尽可能地节约资源，提高资源的利用率。在整个生产和提供服务的过程中，要强调生态建设和环境保护。妥善处理好经济、资源与环境的关系，依托以信息技术为代表的先进科技，为经济发展中降低资源消耗、减少环境污染提供强大的技术支撑，避免走"先污染、后治理"的老路。

绿色服务

酒店在提供绿色产品的同时，还要大力推进绿色服务。一方面，积极推销绿色产品，比如在餐饮服务中，向客人推荐绿色食品和饮料，点菜时做到经济实惠、营养合理、资源不浪费，餐后主动为客人提供打包服务；另一方面，积极开展绿色咨询服务活动，大力倡导有利于节约资源、保护环境的消费方式以及健康文明的生活方式，激励消费者自觉节能、节水和搞好垃圾分类回收等。

绿色文化

绿色文化是伴随着传统酒店文化的发展和人们的环保意识、健康意识的增强而出现的一种适应饭店可持续发展的酒店文化形态，以其深厚的社会责任内涵和内聚力成为发动广大职工积极参与节约资源、改善环境实践，树立酒店的绿色管理形象，实现生态化目标的重要保证。构建酒店绿色文化，树立生态化价值观是酒店自主积极实施绿色管理的前提，酒店绿色文化不仅要体现在绿色管理的各个方面，而且要以其内在的文化力反作用于绿色管理的各个方面。

要实现酒店的绿色文化，就必须使酒店的利益和员工的利益达成平衡，使酒店的利益和顾客的满意达成一致。酒店要不断向员工宣传绿色管理理念、生态价值观，鼓励员工的环保行为，加大绿色管理的投入，从而形成酒店的绿色文化。走生态化发展道路，培养绿色文化，要靠持之以恒的宣传、教育等活动进行灌输，从而使绿色文化渗透到酒店的一切活动之中，成为推动酒店可持续发展的强大动力。

绿色产品

客房是酒店的主体，也是酒店向客人提供的主要产品。这就要求酒店从设计初始到最终提供产品所涉及的环境行为必须符合环保要求。比如，客房地板用料、床上用品、客房内陈放的物品等务必选取生态的、绿色的、无污染的材料。此外，酒店的餐厅还要提供和推广绿色食品，产品必须符合绿色食物质量和卫生标准，产品包装、储运必须符合绿色食品包装储运标准。

绿色营销

酒店应该将客人视为绿色管理的合作伙伴，向客人宣传酒店的环保计划和创意，营造绿色消费时尚；通过酒店的绿色教育培养消费者的环保意识，通过提高消费质量减少消费数量，实现既定的经济利益和环境目标。酒店应自觉地采用绿色营销技术开展营销活动，如开设绿色商店、替换绿色包装、让利销售等，进一步实现酒店绿色管理的目标。

第四章

酒店的组织结构和经营模式

【学习目标】

1. 了解酒店的组织结构。
2. 掌握酒店的经营模式。

第一节 酒店的组织结构

酒店组织是一个多层次、多部门组合而成的复杂系统。酒店组织结构的设置必须有利于提高酒店组织的工作效率,保证各项工作协调有序地进行。组织结构的设计涉及酒店组织部门的划分、组织结构模式等问题。每一家酒店都应在分析酒店自身特点的基础上确定合适的酒店组织结构模式。

酒店组织结构是描述酒店组织的框架体系。酒店常见的组织结构形式有以下几种。

一、直线制结构

直线制是最简单的组织结构形式,又称军队式结构,其领导关系按垂直系统建立,自上而下形同直线。酒店的命令和信息从酒店的最高层到最底层垂直下达和传递,不设专门的职能机构,或设一个职能部门,如办公室、财务室,这一职能部门可能兼有多种管理职能。

它的特点是酒店各级行政单位从上到下实行垂直领导,下属部门只接受一个上级的指令,各级主管负责人对所属部门的一切问题负责。酒店不另设职能机构(可设职能人员协助主管人工作),一切管理职能基本上都由行政主管自己执行。

直线制结构的优点:结构比较简单,责任分明,命令统一。

直线制结构的缺点:它要求行政负责人掌握多种知识和技能,亲自处理各种业务。在业务比较复杂、酒店规模比较大的情况下,把所有管理职能都集中到最高主管一人身上,其显然是难以胜任的。

因此,直线制结构只适用于规模较小、业务比较单纯的酒店。

二、职能制结构

职能制又称分职制或分部制,指行政组织同一层级横向划分为若干个部门,每个部门业务性质和基本职能相同,但互不统属、相互分工合作的组织体制。

职能制结构的优点:行政组织按职能或业务性质分工管理,选聘专业人才,发挥专业人才的专业特长的作用;利于业务专精,提高管理水平;同类业务划归同一部门,职有专司,责任确定,利于建立有效的工作秩序,防止顾此失彼和互相推诿,能适应现代化工业企业生产技术比较复杂、管理工作比较精细的特点;能充分发挥职能机构的专业管理作用,能减轻直线领导人员的工作负担。

职能制结构的缺点:它妨碍了必要的集中领导和统一指挥,形成了多头领导;不利于建立和健全各级行政负责人和职能科室的责任制,在中间管理层往往会出现有功大家抢,有过大家推的现象。另外,在上级行政领导和职能机构的指导和命令发生矛盾时,下级就无所适从,影响工作的正常进行,容易造成纪律松懈,生产管理秩序混乱。这样不便于行政组织间各部门的整体协作,容易造成部门间各自为政的现象,使行政领导难以协调。

由于这种组织结构形式的明显的缺陷,酒店一般都不采用职能制结构。

三、直线职能制结构

直线职能制结构是目前我国酒店普遍采用的组织形式,也称为"业务区域制"。它把直线制结构与职能制结构结合起来,以直线为基础,在各级行政负责人之下设置相应的职能部门,分别从事专业管理,作为该领导的参谋,实行主管统一指挥与职能部门参谋、指导相结合的组织结构形式。

1. 直线职能制结构的特点

直线职能制把酒店所有的机构和部门分为两大类:一类称业务部门,如酒店的前厅部、客房部、餐饮部、康乐部、工程部等。这类部门可以独立存在,其业务内容具有自身特点。它按直线制组织,结构简单,权责明确,效率高。另一类是职能部门,如酒店人力资源部、保安部、财务部等。这类部门不能独立存在,主要为业务部门服务。它按分工和专业化的原则执行某一项管理职能。

2. 直线职能制结构的优点

把直线制组织结构和职能制组织结构的优点结合起来,既能保持统一指挥,又能发挥参谋人员的作用;分工精细,责任清楚,各部门仅对自己应做的工作负责,效率较高;组织稳定性较高,在外部环境变化不大的情况下,易于发挥组织的集团效率。

3. 直线职能制结构的缺点

部门间缺乏信息交流,不利于集思广益地做出决策;直线部门与职能部门(参谋部门)之间目标不易统一,职能部门之间横向联系较差,信息传递路线较长,矛盾较多,上层主管的协调工作量大;难以从组织内部培养熟悉全面情况的管理人才;系统刚性大,适应性差,容易因循守旧,对新情况不易及时做出反应。

现在国内比较常见的酒店管理是直线职能制管理，在该管理体制中，任何一级领导、管理人员、服务员都要明确自己的业务范围、工作职责及本人应该具备的工作技能和知识。

第二节 酒店的经营模式

一、特许经营

酒店特许经营是指那些名声或成就卓越的酒店集团向其他单体酒店出售集团的特许经营权，而单体酒店向该酒店集团缴纳一定的费用。特许经营不涉及酒店所有权的变化。

特许经营权包括这些单体酒店可以使用酒店集团的名称、标志、酒店设计图纸；采用集团酒店的经营管理程序、服务规范、标准与广告材料，并加入集团的预订网络，以集团的名义进行推销；在单体酒店建造前的选址、酒店的设计、人员的培训和开业后的日常管理中，集团酒店为有特许经营权的酒店业主提供指导咨询，协助解决酒店经营中出现的问题。集团酒店派出专门人员定期视察特许经营酒店，以确保特许经营酒店在各方面都符合酒店集团的标准和要求，否则可以要求特许经营酒店限期整改，甚至取消特许经营权。

单体酒店所缴纳的费用包括两部分：一部分是一次性开办费用；另一部分是每月缴纳的特许经营费用，或每月除了缴纳固定费用之外，再缴纳一定的变动费用，如按从预订系统中获得的客源数中交付费用，按客房营业额的百分比交付费用，按已出租的客房间数交付费用等。

优点：特许经营可以有效地分担成本。对于规模小、财力有限的经济型酒店，发展特许经营可以使酒店有品牌、客源、质量的保证，又无需支付太多的费用，风险也低。另外，在特许经营方式下，单体酒店的管理团队如总经理、销售总监可自己选定，经营的独立性强。

缺点：采取特许经营方式，授权方只负责酒店员工的培训、品牌合法使用以及提供客源，并不向被授权方承诺利润回报。另外，由于缺乏对取得特许经营权酒店的直接控制，授权方的经营质量和水平得不到保证，从而声誉和品牌也会受到影响。

对于大型酒店集团，转让特许经营权是进行品牌扩张、扩大集团规模的有效形式之一。目前世界上真正实行直接经营方式的大集团越来越少，而采取特许经营权转让经营的越来越多，如假日酒店集团，就是通过转让特许经营权发展起来的。我国国内的有"速8""天天酒店"等连锁品牌。

二、合作经营

酒店合作经营是指合作双方按照合同规定的内容进行经营，合同规定了各方的投资条件、收益分配、风险责任、经营方式等。在我国，合作经营一般指中外合作经营酒店，由一方提供土地（使用权）、自然资源、劳动力或现有设备及相应设施等；另一方提供资金、先进设备、管理经验和客源等。

优点：中外合作经营，通过外方的先进服务和管理模式的引进，带动了我国整个服务观念的更新，为我国酒店业培训和输出了大量的服务及管理人才，我国酒店从业人员的整体素质得到了提高。合作期满，产权按约交回中方，成为中方的资产，创造了巨大的经济效益，带动了各方面的变革，如物价、用人制度、管理体制等。

缺点：在我国，酒店合作经营是改革开放后在广州最早出现的。广州中国大酒店、白天鹅宾馆和花园酒店被视为中国改革开放的前沿阵地。其中，白天鹅宾馆是我国第一家中外合资的酒店。

三、租赁经营

酒店租赁经营是指酒店集团采取在本国或他国租赁酒店进行管理的方法，使酒店规模不断扩大。酒店的经营权和所有权分离，即原被租赁酒店仍然拥有酒店的所有权，承租者拥有酒店的经营权。

租赁经营有以下三种形式：一是直接租赁。承租者使用酒店的建筑物、土地、设备等，负责经营管理，每月缴纳定额租金。在租赁时，承租方可以全部租赁，也可以只租赁大楼、土地等。二是盈利分享租赁。承租者愿意将收入和利润挂钩，以这种形式来计算租金。租金不是每月缴纳的固定数额，而是按营业总收入或经营利润的百分比计算。三是出售回租形式。它是指酒店将其产权转让给他方后再将酒店租回继续经营。这也是酒店筹措资金的一种形式。

四、合同管理

酒店合同管理又称为受托管理，是指酒店与管理集团签署管理合同来约定双方的权利、义务和责任。酒店提供土地、建筑、家具、设备等资产，管理集团输出专业技术、管理人才、管理模式等，并向被管理酒店收取一定的费用。

五、自主经营

酒店自主经营是指酒店利用自身的财力，以投资或集资的形式去购置土地，建造新的酒店，或购买现成的酒店进行改造，然后调配人力去经营管理酒店的日常业务。酒店既是投资者，又是管理者。

优点：有利于节约费用，如注册费用、经营管理费用（这一集团的酒店可以合用一部分采购人员和维修人员）等。酒店经营自主性大，酒店可根据市场的变化及时调整经营方向。

缺点：风险较大。当酒店规模发展成为集团经营时，如一家酒店经营失败而资产不足以清偿债务时，其他酒店的资产得不到保护。

简述酒店的经营模式有哪些？

叫醒服务风波

一天早晨9点时,上海某酒店大堂黄副理接到住在806房间的客人的投诉电话:"你们酒店怎么搞的,我要求叫醒服务,可到了时间,你们却不叫醒我,误了我乘飞机……",不等黄副理回答,对方就"啪嗒"一声挂了电话,客人非常气愤。黄副理意识到这投诉电话隐含着某种较为严重的势态,于是查询当日806房间的叫醒记录,记录上确有早晨6点半叫醒服务的要求,根据叫醒仪器记录和总机接线员的回忆,6点半时确实为806房间的客人提供过叫醒服务,当时客人曾应答过,黄副理了解清楚情况后断定,责任不在酒店,但黄副理仍主动与806房间客人联系。"孔先生,您好!我是大堂副理,首先对您误了乘飞机而造成的麻烦表示理解。"黄副理接着把了解的情况向客人解释了一下。但客人仍怒气冲冲地说:"你们酒店总是有责任的,为什么不反复叫上几次呢?你们应当赔偿我的损失!"客人的口气很强硬。"孔先生,请先息怒,现在我们暂时不追究是谁的责任,当务之急是想办法把您送到要去的地方,请告诉我,您要去哪儿,最迟必须什么时候到达。"黄副理的真诚,使客人冷静下来,告诉他明天早晨要参加西安的一个商贸洽谈会,所以今天一定要赶到西安。黄副理得知情况后,马上请酒店代售机票处帮客人改签下午去西安的机票,而代售处告知下午去西安的机票已售完。黄副理又打电话托他在机场工作的朋友,请务必想办法改签一张下午去西安的机票,后来又派专车去机场改签机票。

孔先生拿到改签的机票后,才坦陈自己早晨确实是接到过叫醒电话,但应答后又睡着了,责任在自己,对黄副理表示歉意。

  叫醒服务是酒店为方便客人乘飞机、火车或小睡后赴约、洽谈,应客人要求而提供的一项服务,要求客人填写叫醒记录单,话务员在受理此项服务时,应相当认真负责,慎重准时。

  本案例的责任显然不在酒店,而客人又将责任推给酒店,大堂黄副理在接受投诉时并未与客人争论是非,而是站在客人的立场上,设法帮助客人解决首要问题。酒店有一个原则:"客人永远是对的。"本案例中黄副理严格遵循这一原则,有理也要让着客人,同时也表现了黄副理的服务意识强,如当务之急是想办法把客人送到目的地;打电话帮助改签机票。

 【扩展阅读】

希尔顿座右铭:你今天对客人微笑了吗?

被誉为全球旅店业之冠的美国希尔顿饭店,其创始人唐纳·希尔顿被称为"世界旅店业大王"。说起希尔顿的成功历史，其母亲对他的影响是巨大的。他在经数年苦心经营使资本增值到5000万美元时，有一天，他踌躇满志、颇为得意地向母亲谈起他如何赚钱有方。他的母亲淡然一笑说："你拥有5000万资金又有什么了不起，知道还有比这更值钱的东西是什么吗？"希尔顿被问住了，母亲又说："我看，做生意除了要对顾客诚实之外，你还得想出一个简单可行、又不花钱、又行之久远的办法，去争取顾客的反复光临，只有这样，你的旅馆才会前途无量，资金才能不断增加。"母亲的话让希尔顿陷入苦苦思索，想要寻求那"简便""可行""不花本钱""行之久远"四项合一的赚钱之道。最后，他终于悟到了，那就是"微笑"。

希尔顿视微笑为企业生存发展的唯一途径，并以此为基本的企业理念，在员工队伍中大力提倡微笑服务。他说："酒店里一流的设备重要，而一流服务员的微笑更重要，如果缺少服务员的美好微笑，好比花园里失去了春日的太阳和春风。假如我是顾客，我宁愿住进那些虽然只有残旧地毯，却处处可见到微笑的旅馆，而不愿走进只有一流设备而不见微笑的饭店。"希尔顿注重对企业员工礼仪的培养，通过"微笑服务"体现出希尔顿酒店的独有魅力。希尔顿成功的秘诀就在于牢牢确立了自己的企业理念，并把这个理念贯彻到每一个员工的思想和行为之中，在酒店创造了一种"宾至如归"的文化氛围。

希尔顿自己在几十年里不计其数地飞往世界各地，专程去了解希尔顿酒店的员工是否贯彻着"希尔顿的礼仪"。他有一本专著《宾至如归》，而今已成为每个希尔顿员工的"圣经"。而当得知希尔顿要亲自前来视察时，员工们就会立即想到希尔顿肯定会问："今天你对客人微笑了吗？"

微笑同眼神一样是无声的语言，是人际交往中的"润滑剂"，是人们表达愉快感情的心灵外露，是善良、友好、赞美的象征。一种有分寸的微笑，再配上优雅的举止，往往比有声语言更有魅力，在特定场合微笑可以收到"此时无声胜有声"的效果。对服务行业来说，至关重要的是微笑服务。微笑服务并不意味着只是脸上挂笑，而应是真诚地为顾客服务。微笑给人一种亲切、和蔼、礼貌、热情的感觉，加上适当的敬语，会使客人感到亲切、安全、宾至如归。

第五章

酒店的管理体制

【学习目标】

1. 了解酒店管理的层次。
2. 熟悉酒店管理的原则。
3. 掌握酒店管理十要素。

第一节 酒店管理的层次

酒店管理的层次一般都呈金字塔形状,从塔底到塔顶,由宽到窄。酒店管理一般分为四个层次。

一、决策层

决策层由酒店中担任高层管理工作的员工组成,如总经理、副总经理和酒店顾问等。他们的主要职责是对酒店的重要经营活动进行决策,如制定企业的经营方针,确定和寻找酒店的客源市场和发展目标,对酒店的经营战略、管理手段和服务质量标准等重大业务问题做出决策。此外,还要选拔、培训高素质的管理人员,负责指导公关宣传和对外的业务联系,使酒店不断提高美誉度和知名度。总经理对董事会负责。

二、管理层

管理层由酒店中担任中层管理工作的员工组成,如部门经理、经理助理、厨师长等。他们的主要职责是按照决策层做出的经营管理决策,具体安排本部门的日常工作,如本部门的工作分工、领导、指挥和监督,制订本部门的工作计划,向上一级汇报本部门的工作,确定本部门的经营方针和服务标准,以获得最大的经济效益。作为一名部门经理,不仅要有组织管理能力、经营能力、培训能力,熟悉掌握部门的服务标准、服务程序,同时还要具有实际工作经验并具有一定的服务技能。部门经理对总经理负责。

三、督导层

督导层也可以称为执行层,是由酒店里担任基础管理工作的员工组成,如主管、领班等。他们的主要职责是执行部门下达的经营计划,指导操作层的员工完成具体的工作,如安排日常工作,监督本班组服务员的服务工作,随时检查其服务是否符合本酒店的服务质量标准。作为主管(领班)还要随时协助本班服务员进行工作或是代班服务。特别是在服务高峰的时候,或是在服务人员缺少的情况下,领班要亲自参加服务工作,因此领班必须具有较高的服务技能和服务技巧,是本班服务员的榜样,是服务现场的组织者和指挥者,否则他就不具备领导本班服务员的权威。主管对部门经理负责,领班对主管负责。

四、操作层

操作层包括酒店服务人员和担任其他职能部门工作的员工。酒店要为客人提供高质量的服务,必须通过这些员工的基本操作来体现。因此,酒店要提高服务质量,就要注重对操作层人员的素质、个人形象、礼仪、礼貌、语言交际能力、应变能力、工作技能技巧等的培养。总之,操作层人员要根据岗位责任制的规定,明确自己的职责范围、工作程序、工作质量标准和应该具备的工作技能及理论知识,向领班负责。

第二节 酒店管理的原则

酒店是面向社会服务的行业,要完成对客户的服务工作,需要各个部门的密切合作,由各个岗位的人员共同协作来完成。这就需要有统一的管理原则来维护酒店的运作。酒店管理的原则主要包括以下内容。

一、统一指挥的原则

每个员工只有一个上司,只对自己的直接上司负责。由直接上司来指挥安排、检查和督导下属的工作,形成一种一级管一级的垂直领导方式。每个员工只接受一个上司的指令,下级不越级反映,上级不越权指挥,各安职守,各尽其责。

二、二线为一线部门服务的原则

一线部门处于对接客人的前沿,他们视客人的需求为己任,客人的需求就是命令。为了保证对客服务机制的畅通,二线部门要树立大局意识、服务意识,要保障一线部门的工作顺利进行。

三、授权的原则

为了提高管理效率,调动下属的积极性,上司不要大事小事都揽在自己手上,要学会授权，要授权给那些有责任心、工作能力强的下属，要相信他们的能力。每一位员工都可按照授权，对自己分担的工作全面负责。

四、时间管理原则

酒店的工作特点决定了任何一项服务活动都是有时间要求的。时间管理原则包括两方面内容：一是对客服务有时间标准；二是酒店内部的运行也要有时间规定。这就要求管理人员要牢固树立"时间就是金钱"的观念。

五、沟通协调原则

酒店的沟通协调十分重要，该原则强调要加强上下级、部门间、部门内的有效沟通、主动沟通，保证沟通顺畅。

六、目标原则

目标是每个管理人员都要遵守的要求，对于确立的目标，每个管理者要认真完成。目标是一种追求，也是一种压力。

第三节 酒店管理十要素

一个宗旨：顾客是上帝、回头客。
二个态度：用心、微笑。
三让、三轻：让座、让路、让电梯（楼梯）；走路轻、说话轻、动作轻。
四勤：眼勤、口勤、脚勤、手勤。
五净：工装净、个人净、布草净、服务用品净、环境净。
六到：客人到、微笑到、热情到、欢迎到、敬语到、服务到。
六个一样：外客和内客一个样，生客与熟客一个样，闲时与忙时一个样，检查与不检查一个样，领导在场与不在场一个样，宾客态度不同服务一个样。
七声：欢迎声、问候声、敬语声、致谢声、道歉声、回答声、送客声。
八服务：站立服务、微笑服务、主动服务、敬语服务、灵活服务、亲情服务、推销服务、跟踪服务。
九规范：服务要规范、仪表要规范、站立要规范、蹲姿要规范、手势要规范、语言要规范、引导要规范、待客要规范、技能要规范。
十主动：主动迎送、主动打招呼问好、主动带客引路、主动介绍情况、主动为宾客服务、主动推销、主动照顾老弱病残、主动提行李、主动按电梯、主动征求宾客意见。

思考题

1. 简述酒店管理的层次。
2. 简述酒店管理十要素。

案例分析

一卷卫生纸的麻烦

某日傍晚,一香港旅游团结束了"广州一日游"后,回到了下榻的酒店。然而,不到十分钟,旅游团的一位中年女领队就光着脚来到大堂,怒气冲冲地向前台投诉客房服务员。

原来,早晨出发时,这位女领队要求楼层客房服务员为房间加一卷卫生纸,但客房服务员却只将这位客人的要求写在了交班记录本上,并没有向接班服务员特别强调指出。结果,下一班次的服务员看到客房卫生间内还有剩余的半卷卫生纸,就未再加。结果,这位客人回来后,勃然大怒。无论前台的几个服务员如何规劝、解释,她依旧坚持光着脚站在大堂中央大声说:"你们的服务简直糟透了。"这一行为引来许多客人好奇的目光。值班经理和客房部经理很快赶到了,看到此情此景,他们一边让服务员拿来一双舒适的拖鞋,一边安慰客人说:"我们的服务是有做得不够好的地方,请您消消气,我们到会客室里面坐下来谈,好吗?"这时客人的态度渐渐缓和下来,值班经理耐心地向客人询问了整个事件的经过和解决问题的具体意见,最后值班经理代表酒店为旅游团的每个房间都派送了一卷卫生纸,并向这位客人赠送了果盘致歉。事后,经向该团导游了解,这位领队因对旅行社当天的行程等一些事情安排不满,心情不好,亦是其中原因之一。

点评

从心理学的角度来分析,此案例首先是消费者心理个性的特殊反映。因为消费者的心理随时会受到社会环境及个人情感、情绪的影响。当他们将个人的情感、情绪带到酒店后,就必然会影响到整个消费过程。客房服务员之间的沟通出现了问题,导致客人因为一卷卫生纸而大动肝火。事情虽小,但由于客人心情和心理原因,出现的后果和产生的不良影响却很严重。正所谓心随境转,可能客人在情绪比较正常的状态下,打电话与客服中心联系就可以解决问题,但这时候,客人的心里不舒服、正憋着气,房间里的这半卷卫生纸无疑就成了客人宣泄不良情绪的一条导火索。

在酒店对客服务中,应时刻关注客人消费时的"求平衡"心理状态:一方面,客人要通过来酒店消费、放松,以舒缓日常生活中的压力。以经营度假村而闻名于世的"地中海俱乐部"的创始人之一特里加诺说过:"以前,人们注意的是使身体得到调理,增强体力,以便重新投入工作。今天,身体状况已经得到改善,头脑却过于紧张,主要的问题是精神高度疲劳。所以，人们需要用另一种生活方式来加以调剂。"现代人为什么要求得到心理平衡？因为现代人最沉重的负担，不是体力上的，而是精神上的。对于这一点，作为酒店的经营者和服务人员，都应给予足够的重视。千万不要小看客人对一卷卫生纸、一个指甲锉、一张创可贴的需求，酒店向客人提供的，也正如特里加诺所说的，是"另一种生活方式"。另一方面，在酒店消费过程中，客人也需要保持必要的心理平衡，借此获得社会的尊重，并体现自我的尊严或体现自己的社会地位。所以客人都希望能在整个消费过程中获得轻松、愉快的享受，借此来舒缓日常生活中的压力。

此外，我们在处理客人的投诉时，应有正确的认识，才能做出正确的处理。首先，必须认识到客人肯来投诉，对酒店而言，实在是一次纠正错误的好机会。千万不能把客人的投诉当作有意挑剔或鸡蛋里面挑骨头，应尽可能满足客人的要求。如此案例中的客人投诉酒店说："你们的服务简直糟透了。"值班经理和客房部经理没有因这样极端的话而生气，反而先为客人拿来拖鞋，并真诚地向客人道歉，以此来缓和客人的态度。

在处理投诉时，还必须做到诚恳耐心地倾听投诉，在听的同时表示出同情，争取在感情上和心理上与投诉者保持一致，千万不要话还没听完就开始为自己做解释或辩解，这很容易引起投诉者的反感。

应该说，多数客人都是讲道理的，即使遇到个别因不了解情况产生误会或爱挑剔的客人，酒店服务人员也要本着"宾客至上""宾至如归"的宗旨，以平常心去对待客人和理解客人，在不影响其他客人的情况下，有意让客人发泄，使其不平静的心情逐渐平静下来，这样有利于弄清事情的来龙去脉和问题的顺利解决。

酒店要想使客人满意，就要让他们在这里获得轻松愉快的经历，就必须让客人在与酒店工作人员的交往中真正获得一种"就像回到自己家里"的感觉，特别是要让客人在消费过程中经历轻松愉快的人际交往。

【扩展阅读】

如何理解"顾客永远是对的"

"顾客永远是对的"不是一句简单的口号。不论事情表面看来是不是顾客的错，不论在任何时间、任何地点发生的任何问题，错的一方永远只能是商家，永远不是顾客。

"顾客永远是对的"是有前提条件的。从一般意义上讲，顾客作为一个自然人，他的行为不可能永远是对的。为便于正确理解这个经营理念，我们应该明确一个前提条件，即顾客的行为首先必须是符合法律、法规和社会道德的，任何人都不能够违背这样的行为规范。如果没有这一前提，一切便无从谈起。

"顾客永远是对的"的理念体现了对顾客的尊重。顾客对酒店产品质量有发言权，他们的判断、取舍和选择具有权威性。在市场经济条件下，顾客是第一位的。当酒店与顾客发生矛盾时，要将"对"让给顾客；如果酒店只强调自己是对的，顾客不对，实际上是将顾客拒之门外。酒店的产品主要是服务，如果酒店与顾客发生争执，势必会使顾客对酒店的服务感到不满意，从而影响酒店的形象。

"顾客永远是对的"的经营理念可以使我们摆正心态，冷静地看待矛盾，从矛盾中获取新的信息。而这些信息往往是宝贵的，它能促进酒店得到改进和创新，从而不断发展。

中篇

酒店各部门管理

第六章 前厅部

【学习目标】

1. 了解前厅部的地位、作用及主要任务。
2. 了解和掌握前厅部的组织机构及其设置的原则。
3. 熟悉并掌握前厅部工作流程。
4. 掌握前厅部主要岗位的工作职责。

第一节 前厅部概述

前厅部是为宾客提供各种综合服务的部门,负责接待宾客,销售酒店客房及餐饮娱乐等产品和服务,协调酒店各部门的对客服务,为酒店高级管理决策层及各相关职能部门提供各种参考信息。前厅部是给客人留下第一印象和最后印象的地方,对内具有协调作用,是酒店的"神经中枢"。

一、前厅部的地位及主要任务

1. 前厅部的地位

前厅部工作的重要性是与它所担负的职能任务相联系的,主要体现在以下五个方面。

(1) 前厅部是酒店的营业橱窗,反映了酒店的整体服务质量

一家酒店的服务质量和档次的高低,从前厅部的服务与管理中就可以反映出来。前厅被誉为酒店的"门面",而这门面是否漂亮,不仅取决于前厅大堂的设计、装饰、布置、灯光等硬件设施的豪华程度,更取决于前厅部员工的精神面貌、服务态度及效率、礼貌礼节以及组织纪律性。

(2) 前厅部是酒店业务活动的中心

客房是酒店最主要的产品。前厅部通过客房的销售来带动酒店其他各部门的经营活动,为此,前厅部应积极开展客房预订业务,为抵店的客人办理登记入住手续及安排住房,积

极宣传和推销酒店的各种产品。同时，前厅部还要及时地将客源、客情、客人需求及投诉等各种信息通报有关部门，共同协调全酒店的对客服务工作，以确保服务工作的效率和质量。

同时，前厅部自始至终是为客人服务的中心，是客人与酒店联络的纽带。前厅部人员为客人服务，从客人抵店前的预订、入住，直至客人结账，建立客史档案，贯穿于客人与酒店交易往来的全过程。

（3）前厅部是酒店管理机构的代表

前厅部是酒店的神经中枢，在客人心目中是酒店管理机构的代表。客人入住登记在前厅，离店结算在前厅，客人遇到困难寻求帮助找前厅，客人感到不满时投诉也找前厅。

前厅工作人员的言语举止将会给客人留下深刻的第一印象。最初的印象极为重要，如果前厅工作人员能以彬彬有礼的态度待客，以娴熟的技巧为客人提供服务，或妥善处理客人的投诉，认真有效地帮助客人解决疑难问题，那么客人对酒店的其他服务也会感到放心和满意。反之，客人对酒店的一切都会感到不满。

由此可见，前厅部的工作直接反映了酒店的工作效率、服务质量和管理水平，会直接影响酒店的总体形象。

（4）前厅部是酒店管理机构的参谋和助手

作为酒店业务活动的中心，前厅部能收集到有关整个酒店经营管理的各种信息，并对这些信息进行认真的整理和分析，每日或定期向酒店管理机构提供真实反映酒店经营管理情况的数据和报表。前厅部还定期向酒店管理机构提供咨询意见，作为制订和调整酒店计划和经营策略的参考依据。

（5）前厅部是建立良好的宾客关系的重要环节

酒店服务质量的高低最终是由宾客做出评价的，评价标准就是宾客的"满意度"。建立良好的宾客关系有利于提高宾客的满意度，赢得更多的回头客，从而提高酒店的经济效益。前厅部是宾客接触最多的部门，其员工与宾客接触频繁，最容易获知宾客的需求，因此，应尽最大可能提高宾客对酒店的满意度，以建立良好的宾客关系。

2. 前厅部的主要任务

（1）推销客房

前厅部的首要任务是销售客房。目前，我国有相当数量酒店前厅部的利润占整个酒店利润总额的50%以上。前厅部推销客房数量的多与少，达成价格的高与低，直接影响着酒店的收入；而住店人数的多少和消费水平的高低，也间接地影响着酒店餐厅、酒吧等部分的收入。

（2）掌握客房状况

前厅部必须在任何时刻都正确地掌握每个房间的状况——住客房、走客房、待打扫房、待售房等，为客房的销售和分配提供可靠的依据。

（3）为宾客提供各种综合服务

前厅部必须向客人提供优质的订房、登记、邮件、问询、电话、留言、行李、委托代办、换房、钥匙、退房等各项服务。

(4）整理和保存业务资料

前厅部应随时保存最完整、最准确的业务资料，并对各项资料进行记录、统计、分析、预测、整理和存档。

(5）协调对客服务

前厅部要向有关部门下达各项业务指令，然后协调各部门解决在执行指令过程中遇到的新问题，联络各部门为客人提供优质服务。

(6）负责客房账务

建立客账是为了记录客人与酒店间的财务关系，以保证酒店及时准确地得到营业收入。客人的账单可以在预订客房时建立（记入定金或预付款）或是在办理入住登记手续时建立。

二、前厅设置的基本原则及大堂设计

1. 前厅设置的基本原则

尽管前厅的设置随着酒店业的发展在不断更新，各类酒店在前厅设计上都突出自己的特点，但是前厅的设计都要遵循这些基本的原则，以利于前厅的运转。

（1）经济性

前厅一般是设在酒店的大堂，而大堂是酒店的寸金之地。酒店可以充分利用这一客流量最大的地方，设置获利设施。因此，前厅的设置要尽量少占用大堂空间。

（2）安全性

前厅的设置要遵循安全性原则。其含义一方面是指前厅的设置必须确保"收银处"的安全，预防有害酒店现金和账务活动的事情发生；另一方面，前厅的设计要能够为客人保密，不能让人轻易得知客人的情况。因此，酒店的前台以直线形、半圆形为多，而圆形较少。

（3）明显性

前厅的位置应该是明显的，也就是前厅的可见度比较高。客人一进入酒店就能看到前厅，同时前厅的员工也能够看清酒店大堂出入的过往客人。如果一家酒店的前厅不易让客人找到，那么其设置是不合理的。此外，前厅的明显性原则还包括前台各业务处应有明确的中英文标识。

（4）效益性

前厅的设置还应该注意各工作环节的衔接，确保前台接待人员工作效率的提高和节省客人的时间与体力，绝大多数酒店的前台都是以"客房控制架"为中心进行设计的。这种方法最利于提高前厅接待的工作效率。"时间与动作研究"是设计前厅必须要进行的工作。

（5）美观性

前厅不仅要高效、准确地完成客人的入住登记手续，而且要能够给客人留下深刻的良好形象。因此，前厅的布局、灯光、色彩以及气氛都是不容忽视的内容。

2.大堂设计

大堂是客人办理住宿登记手续、休息、会客和结账的地方,是客人进店后首先接触到的公共场所。大堂必须以其宽敞的空间、华丽的装潢,创造出一种能有效感染客人的气氛,以便给客人留下美好的第一印象和难忘的最后印象。

传统的酒店大堂大都追求一种宽敞、华丽、宁静、安逸、轻松的气氛,但现在越来越多的酒店开始注重充分利用酒店大堂宽敞的空间,开展各种经营活动,以求贯彻"在酒店的每一寸土地都要挖金"的经营理念。

从酒店的装修布置而言,一个良好的酒店大堂应该具备下列条件。

① 酒店入口处要有气派。
② 大堂宽敞舒适,其建筑面积与整个酒店的接待能力相适应。
③ 大堂要有一定的高度,不会使人感到压抑,最好为天井式的,采光良好。
④ 大堂的整体布局要合理,装饰要华丽。
⑤ 空气清新,温度适宜,空调不会使人感到头疼。
⑥ 有良好的隔音效果。
⑦ 背景音乐适宜。最好给客人播放各种轻音乐、民族音乐等,音量适中。
⑧ 灯光柔和。
⑨ 温度适宜。
⑩ 地面美观。最好为大理石或优质木地板,既豪华美观,又便于清洁。
⑪ 位于大堂的部门招牌显而易见。
⑫ 星级酒店要有能够显示世界主要客源国(或城市)时间的时钟。

大堂的设计要注意利用一切建筑或装饰的手段,创造一个亲切、宜人、欢悦、静谧、有文化气韵、有现代气息、主题突出、功能合理、组织高效、人群集散便捷的空间。大堂的设计要特别注意以下两点:一是不要盲目追求空间的气派、宏伟;二是要强化文化氛围。

第二节 前厅部的组织结构模式及岗位职责

一、前厅部的组织结构模式

根据酒店的接待规模,前厅部的机构形态分为大型酒店前厅部组织结构模式、中型酒店前厅部组织结构模式和小型酒店前厅部组织结构模式。

1.大型酒店前厅部组织结构模式

大型酒店设房务部,下设前厅部、客房部、洗衣部和公共卫生部四个部门,统一管理预订、接待及住店过程中的一切住宿业务,实行系统管理。在前厅部内部通常设有部门经理、主管、领班和服务员四个层次。

将前厅部、客房部合二为一，可以降低管理费用，加强这两个部门之间的联系与合作，如图6-1所示。

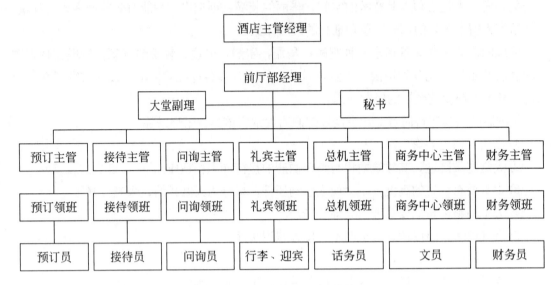

图6-1 大型酒店前厅部组织结构图

2. 中型酒店前厅部组织结构模式

前厅部作为一个与客房部并列的独立部门，直接受酒店总经理领导。前厅部设有部门经理、领班、服务员三个层次，如图6-2所示。

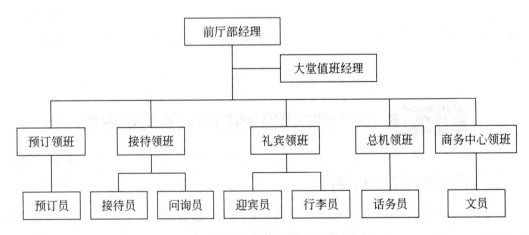

图6-2 中型酒店前厅部组织结构图

3. 小型酒店前厅部组织结构模式

前厅部不单独设立部门，其功能由总服务台来承担。总服务台作为一个班组隶属于客房部，只设领班和总台服务员两个层次，如图6-3所示。

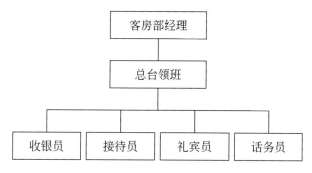

图6-3 小型酒店前厅部组织结构图

二、前厅部主要岗位的职责认知

1. 前厅部经理岗位职责

① 主管前厅业务运转,协调前厅各部门的工作,负责制订前厅的各项业务指标和规划。

② 每天检查有关的报表,掌握客房的预订和销售情况,并负责安排前厅员工班次及工作量。

③ 掌握每天旅客的抵离数量及类别;负责迎送、安排重要客人的住宿。

④ 严格按照前厅各项工作程序,检查接待员、收银员、行李员等的工作情况。

⑤ 配合培训部对前厅员工进行业务培训,提高员工素质,并具体指导员工各项工作。

⑥ 与财务部密切合作,确保住店客人入账、结账无误。

⑦ 协调销售、公关、客房、餐饮以及工程维修部门,共同提高服务质量。

⑧ 负责监督营业报表,并进行营业统计分析。

⑨ 负责处理和反映跑账、漏账等特殊问题。

⑩ 收集客人对客房、前厅以及其他部门的意见,处理客人投诉。

⑪ 与保安部联系,确保住店客人安全,维持大堂的正常秩序。

⑫ 组织和主持前厅部务会议和全体员工会议。

为了确保前厅部工作的顺利进行,前厅还设值班经理。这样,前厅每时每刻都有经理主管,任何重要问题都能及时得到解决或反馈。值班经理具有与前厅部经理一样的职责与权力,前厅部经理缺席时,他可以代理其主持前厅工作。

2. 前厅部主管岗位职责

① 掌握前厅营业的基本情况,如客人到离人数、客房出租率、客房状况、订房情况等,发现问题及时向前厅部经理汇报。

② 协调前厅与客房、餐饮以及工程维修部门的关系,共同做好服务工作。

③ 严格按照酒店规定对前厅询问、接待、行李、结账等环节的服务态度、服务方式、服务质量等方面进行督导。

④ 了解员工的思想、学习、工作、生活情况,协助前厅部经理做好员工的技术培训与

业务考核工作。

3. 大堂副理岗位职责

① 检查前厅部岗位工作人员的仪表和工作效率，将所发生的事件向前厅部经理报告。

② 保持管理者和客人之间的和谐关系，尽快解决客人的投诉，同时尽量满足客人的要求。

③ 按照规定工作程序批准放置水果、鲜花和礼品。

④ 检查为重要客人安排的房间，并通知客房部需修理和清洁的项目，确保被批准的赠品申请单上各项要求的落实。

⑤ 酒店客满时，要根据情况向已确认其预订而未能入住的客人介绍同类酒店，并提供交通工具。

⑥ 检查酒店的大厅及公共区域，并将发现的问题及时通知有关部门。

⑦ 协助保安部人员处理异常事件和谢绝不受欢迎的客人进入酒店。

⑧ 每天坚持记录酒店当天的经营活动情况并上报前厅部经理。

⑨ 负责酒店内发生的与住店客人、员工和非住店客人有关的事故报告，以及有关客人的财产损失和人身伤害的情况报告。

⑩ 需要时，负责实施有关紧急情况处理程序的规定。

⑪ 执行前厅部经理或者其他领导人员所交给的其他工作。

4. 预订部主管岗位职责

① 按照前厅部经理的指示工作。

② 负责预订的全面工作，了解酒店的订房情况、文件处理和预订控制。

③ 负责制作、保存和分送周报表、月报表，反映房间、订房情况。

④ 负责整个预订部的档案存放工作。

⑤ 督导预订部职员，负责培训、招募预订部员工，对违纪员工提出处理意见。

⑥ 完成总经理或前厅部经理的一些特殊安排，如参加会议等。

⑦ 核对团体订房和散客订房的变更和取消的房间数字。

⑧ 负责发出各种信件、备忘录和印制报表等给各部门。

⑨ 与旅行社落实旅游团体的具体情况，分派职员工作。

⑩ 每月安排本组的备用品使用。

⑪ 与销售、接待、公关等部门联系。

⑫ 每月底做房间销售分析（room sales analysis）表，分送总经理、前厅部、销售部。

⑬ 做好档案工作。

5. 礼宾部主管岗位职责

① 认真检查行李的存放、分配、运送，确保无误。

② 向领班布置每日的具体工作任务。在酒店接待特殊宾客时，亲自指挥门前服务工作，保证贵宾安全、满意。

③ 管理行李员和门童，督导其按照规定的工作程序操作，疏导大门前的车辆。

④ 编排员工班次，组织本组培训工作，做好工作日记和礼宾部大事记；检查下属人员的仪表、仪容；了解员工思想动态及个人生活情况，帮助员工解决困难。

⑤ 管理本组内劳动服务工具及各种业务报表，处理来自酒店内外的各类与本身业务有关的投诉。

⑥ 制作各类有关统计报告。

6. 接待处主管岗位职责

① 在前厅部经理的领导下，负责接待处的管理工作，直接向前厅部经理负责。

② 制订接待处的规章和工作程序，健全岗位职责标准。

③ 做好下属的思想工作，调动员工的积极性，高效率、高质量地完成各项工作任务。

④ 负责本组人员的排班和考勤，向下属布置工作任务。

⑤ 检查职员的仪容仪表、服务质量及工作进程，督促员工按章办事。

⑥ 帮助下属解决工作中遇到的难题，处理工作中的差错和事故。

⑦ 协调本组与其他各组之间的关系。

⑧ 制订培训计划，定期对本组职员进行业务培训和考核，不断提高职员的业务水平和服务质量。

⑨ 将上级的指示传达给下级，将本组的情况及时向上级汇报，自觉遵守请示汇报制度。

⑩ 检查本组工作必备品及设备的使用情况，及时补充和申报维修。

⑪ 做好本组范围内的防火防盗工作和协查通缉犯的工作。

第三节 前厅部服务流程

一、接待工作流程

1. 接待岗位工作流程

① 上班前5分钟检查，调整自己的仪容仪表，与上一班人员进行工作交接，了解当天的开房预计情况及有哪些工作要做，哪些问题需要解决。

② 检查各项工作的完成情况，特别是各类报表是否齐备，然后派服务员复印，分送有关部门。

③ 负责分房的员工根据酒店空房的类型、数量及客人的预订要求给有特殊要求的客人、团队客人及当天的重要客人预分房间。

④ 整理台面，将已分好的房号输入电脑，并仔细核对，然后复印团体单，分送给礼宾部及各相关楼层。

⑤ 团队房检查完毕之后，立即打印空房表，并与楼层进行核对。

⑥ 检查散客房。

⑦ 利用空隙时间检查订单，取出已到客人的订单，在其上注明人数和房号，并将已到

客人的收据及信用卡单转交收银处。

⑧ 打印一份开房动态表，涵盖当天预计开房数、实际开房数、团队数及当日重要散客人数，在交接班时交给下一班。

⑨ 当班过程中，若有需要解决的问题或是重要通知，要在交接本上记录清楚，以防将事情延误。

2. 接待工作服务标准流程

接待工作服务标准流程，如图6-4所示。

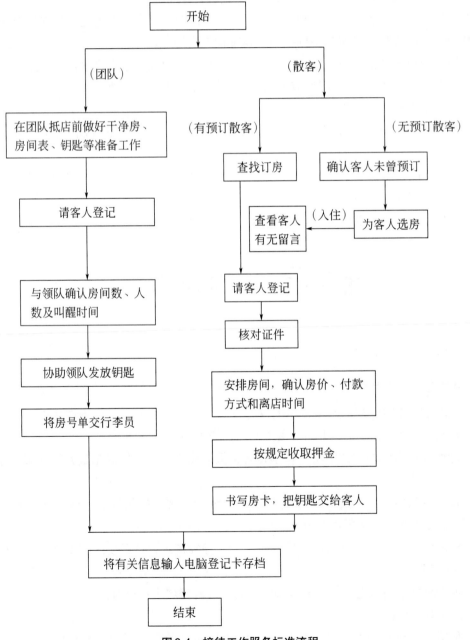

图6-4　接待工作服务标准流程

二、预订工作流程

1.预订岗位工作流程

① 提前5分钟整理仪容仪表，按时到岗。

② 进行交接班、签到，认真阅读交班内容。

③ 详细了解当天及近期的房间使用情况，预订房间的客人到达的时间、人数，及时与相关岗位人员进行沟通联系。

④ 详细了解预订当天到店的VIP客人身份、房间号及抵离时间；确认是否已分好房及房间状态，若尚未安排妥当，要通知接待岗位工作人员尽快安排。

⑤ 将VIP单和报表送至总经理办公室、客房部及餐饮部。

⑥ 了解当天团队及散客预订情况，并将有关情况及数据打印在表格上。

⑦ 将前一天的订单进行整理并装订。

⑧ 若是星期日当班，应做出下一周的"房间预订情况表""VIP预订情况表"，并发送至有关部门。

⑨ 认真完成当天的预订工作，如果不能及时完成则应在交接班时交代清楚，让下一班员工完成。

2.预订工作服务标准流程

预订工作服务标准流程，如图6-5所示。

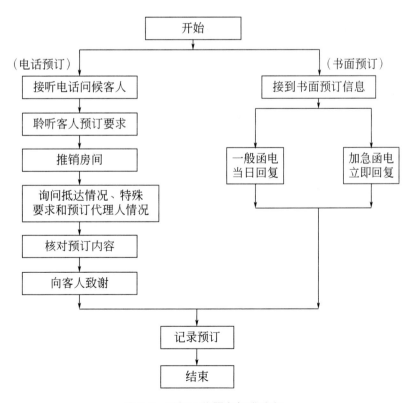

图6-5 预订工作服务标准流程

三、总机话务岗位工作流程

总机话务岗位工作流程如下。

① 准时到岗,进行交接班。交接时必须向上一班人员了解清楚叫醒服务情况、电话转移情况及客人的其他一些特殊要求。

② 阅读"交接班记录"并签名。

③ 了解当天天气情况。

④ 了解当天的VIP,熟悉他们的姓名及房号。

⑤ 开展正常话务工作。

⑥ 注意接班后的叫醒服务。

⑦ 进行交接班,向接班人员交代清楚VIP情况、通信情况及叫醒情况。

四、商务中心岗位工作流程

商务中心岗位工作流程,具体内容如下。

① 提前5分钟到岗,进行交接班并了解上一班的情况。

② 阅读"交接班簿"并在上面签字。

③ 检查工作设施,进行清洁维护。

④ 开始日常工作。

实训项目

项目一　前厅部员工工作注意事项

前厅部的员工在工作中有一些具体的事项需要注意:

① 注意使用礼貌用语,如"请""您""对不起""先生""女士"等。

② 时刻提醒自己要面带微笑。

③ 要善于在工作中控制自己的情绪。

④ 学会艺术地拒绝。

项目二　散客入住操作要求

1.对客人的到来表示欢迎,确认客人有无预订

(1) 有预订客人

① 确认客人的预订要求。

② 根据客人的姓名找出客人的登记单和预订资料。

③ 简要复述客人的订房种类、住店期限、付费标准及方式等。

(2) 无预订客人

① 根据可售状况及客人要求临时推销客房。

② 问清客人对房间的具体要求。

③ 根据客人的身份，恰当地使用推销用语。
④ 在客人犹豫时，灵活使用房务政策所授予的权限。
2.填写入住登记单
3.分配房间
4.制作房卡并准备好房卡
5.确认付费方式
6.向客人道别
将房卡递给客人，告诉客人房间所在楼层及房号，祝客人住店愉快。
7.完成客人入住后的信息整理工作

项目三　电话订房操作要求

电话响三次之内接听，接到电话时，一般说："您好，我是××酒店的客房预订部，有什么需要帮忙的吗？"声调友好亲切。填写订单时，注意问清以下情况：
① 客人的姓名、单位和国籍。
② 客人到店和离店的具体日期、时间。
③ 客人需要的房间数量、类型及价格。
④ 来电订房客人的姓名、公司名及电话号码。
⑤ 客人是否要求接机、接站，说明收费标准。
⑥ 订房间的保留时间，是否用信用卡或预付金确保房间的保留。
⑦ 最后将上述内容向客人核对。

1.简述前厅部的地位与主要工作任务。
2.简述前厅部员工的素质要求有哪些。
3.客房预订的基本程序是什么？
4.简要说明前厅散客入住登记的程序。

案例一　超额预订

在旅游旺季，各酒店出租率均较高，为了保证经济效益，一般酒店都实行超额预订。一天，经大堂副理及前台的配合，已将大部分客人安排妥当。当时2305房间的客人为预离房，直至18点时才来前台办理延住手续，而此时，2305房间的预订客人已经到达（大堂副理已在下午多次打电话联系2305房间预离客人，但未找到）。大堂副理试图向刚刚到达的客人解释酒店超额预订,并保证将他安排在其他酒店,一旦有房间,再将其接回,但客人态度坚决,称这是你们酒店的问题,与我无关,我哪儿也不去。鉴于客人态度十分坚决,而且多次表示哪怕房间小一点也没关系,他就是不想到其他酒店,在值班经理的允许下,大堂副理将客人安置到了值班经理用房,客人对此表示满意。

> 凡有预订的客人一般都愿意按预订入住,出于种种原因一般不愿到其他酒店去,因此满足客人的要求就成为最重要的问题。上述案例中由于客人不愿意去其他酒店,而超额预订又成为一道难题,经过有关人员的共同努力,终于让客人入住到了值班经理的用房,既满足客人的要求又为酒店增加了收入,这种做法是值得提倡的。
>
> 在处理超额预订时,只有实在挤不出房间时才可以考虑将客人送往其他酒店,因为有时客人入住其他酒店后就有可能成为其他酒店的回头客,这对于送出客人的酒店来说将是一个损失。

案例二 连通房与相邻房的区别

大堂副理接到某旅行社电话,要求为客人预订一间套房,大堂副理根据客人抵达日期查询电脑后,确认有房,将房间设施和价格电告对方,并请对方发传真到预订部确认。对方发来的传真将预订房间的数量由一个套间变为一个套间和一个标准间,并注明两间房为连通房。大堂副理和预订员由于没有理解客人的要求,为客人订了一个套间和与套间相邻的标准间。当旅行社的客人到店入住后,发现房型与预订要求不符,提出投诉。

> 案例中因为大堂副理和预订员在第一次做预订的时候,没有搞清楚客人的预订要求,导致客人到店后发现与预订房型不符,提出投诉。这就要求工作人员在工作时要注意:①准确理解客人的预订要求,按照客人的房型需求做好预订工作,如果没有客人所需房型应及时与客人联系沟通;②当客人入住时发现房型与要求不符时,前台接待员应在可能的范围内尽量迅速为客人调换房间,争取满足客人要求;③前厅部和客房部有关人员应有解决客人投诉的能力。

第七章 客房部

【学习目标】

1. 了解客房部的管辖区域、种类、室内空间设计和装饰及岗位设置的基础知识。
2. 掌握客房部接待服务和清扫服务技能。
3. 熟练进行客房相关实训操作。
4. 学会分析客房部相关服务和管理案例,并在实际工作中灵活运用。

第一节 客房部概述

酒店的基本功能是向客人提供食宿,满足其旅居生活的需要。客房是客人旅游投宿的场所,也是酒店经济收入的重要来源。客房部的工作重点是管理好酒店所有客房及其设备、设施,组织好对客接待和清洁工作。在我国旅游酒店的建筑结构中,客房的建筑面积一般占总面积的60%以上。

一、客房部的管辖区域

1.客房楼面

客房楼面由各种类型的客房组成。每一层楼面设有工作间,满足服务员工作的需要。客房楼面人员负责客房及楼层公共区域的清洁卫生,客房内用品的更换,以及设备设施的维修保养等工作。

2.公共区域

公共区域人员负责酒店各部门办公区域、餐厅面客区域(一般不包括厨房)、公共洗手间、大堂以及各通道、楼梯和门窗等的清洁工作。

3.布巾室

布巾室主要负责酒店客房各类布巾的收发、分类和储存、保养。

4.洗衣房

洗衣房负责洗送客人衣物、洗涤员工工作服和其他酒店用品。

5.客房服务中心

客房服务中心设值班人员,主要负责安排、调度对住客的服务工作以及与客人的沟通与反馈。另外,还负责失物招领等事宜。

二、客房的种类

酒店要满足不同类型和档次客人的需求,要考虑酒店的类型和所处的地理位置,设计和布置相应类型和档次的客房。

1.单人间

单人间是放一张单人床的客房。它适于从事商务旅游的单身客人住用,是酒店中最小的客房。酒店单人间数量一般不多,且常常把面积较小或位置偏僻的房间作为单人间。

根据酒店客房的不同设施,单人间又可分为三种,即无浴室单人间、带淋浴单人间、带浴室单人间。

2.大床间

大床间是在客房内配备一张双人床或特大号双人床,这种房间适合夫妻旅游者居住。

3.双人间

在房内放两张单人床,可住两位客人,也可供一人居住。带卫生间的双人间,称为"标准间",一般用来安排旅游团队或会议型客人。这类客房在酒店里占绝大多数。

4.三人间

三人间是指可以供3位客人同时住宿的房间。房内放3张单人床,属经济型房。这类客房在酒店很少见。当客人需要3人同住一个房间时,往往采用在双人间中加1张折叠床的方式来解决。

5.豪华套间

豪华套间可以是双套间,也可以是三套间,分为卧室、起居室、餐室或会议室。卧室中配备大号双人床或特大号双人床。室内注重装饰布置和设备用品的华丽高雅。此外,还有由三至五间,甚至更多房间组成的多套间。

6.总统套间

总统套间简称总统房,一般由七八个房间组成。套间内总统与夫人的卧室分开,男女卫生间分用。总统套间拥有客厅、写字室、娱乐室、会议室、随员室、警卫室、餐室、酒吧及厨房等,有的还有室内花园和游泳池。整个房间的装饰布置极为讲究,设施设备富丽豪华,常有名贵的字画、古董、珍玩装点。

一般要三星级以上的酒店才有总统套间,它标志着该酒店已具备了接待总统的条件和档次。

7. 特殊客房

专门为某一类人特别设计和布置的客房。如专为残疾人服务的客房，该房间内配置有能满足残疾人生活起居一般要求的特殊设施设备。根据客人的不同需要，从功能上这类客房又可分为商务客房、办公客房、娱乐客房、健身客房、知识客房、男性客房、女性客房、VIP客房、医疗客房等。

8. 特色楼层

在高星级酒店，为面向同类消费喜好的客人，利用某些楼层的部分或全部客房，集中进行设置，这类楼层叫特色楼层，如商务楼层、行政楼层、女士楼层、无烟楼层等。

（1）商务楼层

商务楼层是为接待商务客人而专设的楼层。楼层上设有专门的商务中心、商务洽谈室、自助餐厅、咖啡厅等，直接在楼层上提供入住至离店等一系列服务，有的还为客人配有秘书和提供翻译服务，有效提高了商务客人的办公效率。

（2）行政楼层

行政楼层客房的家具和日用品都很高档，室内装饰也十分豪华。住宿客人一般是高级别的行政官员、金融大亨或社会名流。行政楼层一般处于酒店顶端，设有专用的大厅（内有休息室、洽谈室、餐厅等），入口处有接待吧台，为客人提供复印、打字、问询等服务。每间客房的面积一般不小于30平方米，客房内一般都配备可供上网的电脑、传真机，写字台上设有电话机等。

（3）女士楼层

女士楼层，是为方便女性客人，专门向女士开放的楼层。其特点是：

① 尊重女性客人的隐私。
② 提供女性感兴趣的室内装饰、设计及家具。
③ 提供女性必需的化妆品、服装衣物设备等。
④ 提供安全警卫服务。

（4）无烟楼层

无烟楼层是指酒店专门为非吸烟的客人设置的禁烟楼层。

三、客房室内空间设计和装饰布置

客人在客房中的行为主要有睡眠、休息、洗浴、如厕、梳妆、会客、阅读、书写、看电视、清洗衣物、饮食及与酒店内外沟通联系等。客房的室内空间设计，就是为了满足客人在客房中的基本活动和需求。

以标准间为例，可将客房的基本功能空间划分为睡眠空间、起居空间、盥洗空间、储存空间和书写空间五个部分。客房内为不同的功能空间配备相应的设施设备，以满足客人的空间需求。

1. 睡眠空间

睡眠空间是客房最基本的空间，其中最主要的家具是床。

① 床。我国酒店要求有席梦思床垫，四星级以上的酒店则要求有豪华软床垫。床的高度一般以床垫离地面500～600毫米为宜，有的酒店为了使客房看起来更宽阔，将床设计为离地面400毫米。

② 床头柜。床头柜也是睡眠空间的重要家具，床头柜可分为单柜和双柜，其长度一般为600毫米，单人用宽度为370～450毫米，标准间双人用为600毫米，高度一般是500～700毫米。

2. 起居空间

标准间的起居空间一般设在窗前区域，配有座椅、茶几。其功能主要是供客人休息、饮食、看电视、聊天等。

3. 盥洗空间

客房卫生间是客人的盥洗空间，卫生间的功能主要是供客人如厕、洗浴、梳妆。卫生间空间独立，设备多，面积小，设计时遵循人体工学原理，做人性化设计。干湿区分开，坐厕区分开。卫生间的主要卫生设备有浴缸、坐便器、面盆三大件，通常装有淋浴器。地面一般用地砖、水磨石铺就，墙面贴瓷砖，面盆材料为大理石等。

4. 储存空间

储存空间主要是指设在房门进出小通道侧面的壁橱和酒柜。

① 壁橱。通常位于房门进出小通道侧面，长度一般大于1000毫米，深550～600毫米，高1700毫米，柜内有照明设施等，有的酒店在壁橱下方设有鞋箱等。壁橱的主要功能是供客人储存衣、鞋和其他物品。

② 酒柜。酒柜上方备有酒、茶水、小吃和酒具，下层是小冰箱。

5. 书写空间

标准间的书写空间一般设在床的对面，沿墙体设计成长条形的多功能柜桌，包括行李架、写字台和电视柜。通常书写空间也可以作为梳妆空间。

① 写字台。房间的写字台一般为全木制品，它的一边是行李架，另一边是电视柜。

② 电视柜。标准间的电视柜高度一般为450～470毫米，有的酒店在电视柜内搁置小冰箱。

③ 行李架。行李架一般设计成写字台或化妆台的扩充部分，也可以单独设计。行李架的表面一般都有按一定间距固定好的铜条，以防止被皮箱的金属饰钉等损伤。行李架的长度一般为750～900毫米，宽度为650毫米，高度为450毫米。

第二节 客房部岗位设置及职责

一、客房部经理

客房部经理的主要职责包括以下内容。

① 全权负责客房部的管理工作，向总经理负责，并接受总经理的监督。
② 编制部门年度预算，报总经理审批后组织实施。
③ 负责客房部各项工作的计划、组织、协调和指挥工作，带领客房部员工完成总经理下达的各项工作任务。
④ 严格控制经营成本支出，根据酒店的存量标准及时组织补充，控制客房用品、清洁洗涤用品的用量，抽查使用情况，避免浪费，做好预算。
⑤ 经常巡视下属部门，检查工作进度，发现问题及时纠正偏差，确保日常工作的顺利进行。
⑥ 负责检查所属区域的设备设施，检查当天准备接待贵宾的房间质量，确保房态处于最佳状态。
⑦ 负责迎送贵宾，亲自探访生病的客人。
⑧ 定期走访住店客人，了解客人的需求，虚心听取客人的意见，接受客人的投诉，及时解决下属不能解决的疑难问题并向总经理报告。
⑨ 与工程部密切配合。
⑩ 准确收集业务信息，进行深入分析，对各种重大问题能及时做出科学的决策。
⑪ 抓好部门的服务质量检查工作。
⑫ 有效地控制人力、物力、财力的耗费，保持酒店的服务特色，保证服务质量。
⑬ 负责与财务、工程、餐饮等部门经理的横向联系，确保酒店服务的一致性。
⑭ 制订培训计划，指导并检查各分部门的员工培训，亲自负责对直接下级员工的培训、考核、督导、工作评估。
⑮ 负责部门奖金的分配工作，决定本部门的人事变动，关心员工的工作和生活，及时提供必要的工作指导和帮助。
⑯ 定期组织检查消防器具，做好通缉协查、防火、防盗工作，负责本部门的安全工作。
⑰ 完成总经理布置的其他工作。

二、客房部副经理

客房部副经理的工作职责包含以下内容。
① 客房部副经理是客房部经理的助手，负责客房部的具体运营事务。
② 协助客房部经理对客房部其他管理人员的工作进行具体的指导和协调。
③ 按照客房入住率和部门工作情况安排员工。
④ 客房部经理不在时，代其承担责任。
⑤ 对公共区域和客房楼面进行现场检查，保证宾客有一个良好的休息环境。
⑥ 监督并保证客房部职工随时保持良好的仪表仪容和礼貌礼节。
⑦ 监督所有客房供应物品和设备库存情况，定期提出设备维修、用品添置与更新的计划。

⑧ 及时向客房部经理提供有关信息和提出相关建议，协助客房部经理处理其他事宜。

三、秘书

秘书的工作职责包含以下内容。
① 秘书是客房部经理和客房部副经理的助手，主要负责客房部文字、文件处理工作。
② 负责客房部的文秘工作。
③ 出席部门会议并做好记录。
④ 负责客房部的有关联络和接待工作。
⑤ 领发本部门员工的薪金和劳保福利用品。
⑥ 完成客房部经理、客房部副经理指派的其他工作。

四、客房部主管

客房部主管的工作职责包括以下内容。
① 接受客房部经理的督导，直接向客房部经理负责。
② 监督、指导、协调客房部的日常工作。
③ 负责制订客房部的年度财务预算。
④ 定期核算各种物品的消耗量，严格控制日常用品的损耗。
⑤ 巡视各楼层及公共区域，检查员工的工作态度、工作表现，并进行公正的评估。
⑥ 组织、主持每周领班例会，听取工作汇报，布置工作任务。
⑦ 检查领班的工作效率，加强部门之间的工作联系，建立完整的工作档案。
⑧ 经常与前厅主管保持联系，了解客人对客房部的意见。
⑨ 积极了解客房的新产品及管理经验。
⑩ 督导领班，对所属员工的工作态度、工作表现进行公正的评估。
⑪ 与工程部门联络，制订客房定期维修方案。
⑫ 负责所属各班组的日常行政管理工作。
⑬ 主动接触客人及陪同人员，了解客人的特点和要求。
⑭ 执行客房部经理交给的其他任务。

五、客房部领班

客房部领班的工作职责包括以下内容。
① 负责楼层各项督促工作，接受客房部主管的领导。
② 负责所辖区域服务员的培训、管理和指导。
③ 对本班辖区内的卫生、服务质量和完成效率负责。早班每天必须检查辖区内所有房间，必要时亲自监督相关人员清洁VIP房。
④ 查看房间的维修保养事宜，严格控制坏房和维修房的数量。
⑤ 严格控制和检查楼层布草、用品的存量、保管和消耗是否正常。

⑥ 参加每日工作例会。
⑦ 解决辖区内因工作关系产生的各种纠纷和内部投诉，重大问题必须向部门经理报告。
⑧ 做好辖区内的防火、防盗等安全工作，确保楼层的安全、安静。
⑨ 掌握员工的思想动态，及时帮助员工解决困难，建立良好的人际关系和工作氛围。

六、客房部楼层服务员

客房部楼层服务员的职责如下。
① 按楼层领班安排的区域上班，上班工作活动不能超越此区域。
② 对该区域的服务及客房管理负责，了解该区域内所有客房的实际状态。
③ 确保楼层安全、安静，留意一切有异常举动和需要服务或特别照顾的客人，及时提供必要的帮助，做好一切记录和交接。
④ 负责该区域内的退房检查工作，及时将检查情况报告给前台，除OK房外的所有状况都要报到办公室。
⑤ 在客房内发现遗留物品，不论价值大小，都应记下房间号码、日期，送到房务中心登记保管。
⑥ 严格遵守酒店各项规章制度，服从上级管理，遇到自己不能解决的问题及时向上级反映。
⑦ 熟练掌握客房清洁工作流程和服务程序，工作迅速，具有高效的工作效率，对本职工作认真负责。
⑧ 及时向领班报告特殊情况。
⑨ 客人到达时要表示欢迎，遇到客人时要有礼貌。
⑩ 完成领班安排的其他工作。

七、房务中心服务员

房务中心服务员的职责如下。
① 准确无误地接听电话，并详细记录。
② 保持与其他部门的密切联系，传送有关表格和报告，严格执行钥匙的领用制度。
③ 对外借物品进行登记，并及时收回。
④ 统计客房、酒吧各类物品的消耗量，填写酒水单，送交酒水消耗统计表。
⑤ 保管各种设施设备，并建立档案，定期清点。
⑥ 掌握房态，并将信息准确无误地输入电脑，并与前台保持密切联系，遇有特殊情况，及时向领班报告。
⑦ 及时通知楼层领班即将抵店或离店的贵宾房号。
⑧ 每日做好24小时维修统计工作，及时更改和填写维修房情况和客房加床的记录。

⑨ 负责楼层服务员考勤记录和病、事假假条的保存，准确无误地做好各班次的交接记录，并向领班转达汇报交接记录。

⑩ 每日早班服务员负责向白班楼层领班提供楼层客房出租情况。

⑪ 保管住店客人"请勿打扰"房间的客衣，适时地将已洗衣物送交客人，未能送交的客衣应做好交接记录。

⑫ 将前厅部的换房通知单转交领班，落实具体工作，并将贵宾通知单转交领班，落实各项接待工作。

⑬ 认真登记客人遗留物品，并妥善分类保管。

⑭ 已结账的房间号码应及时通知当班服务员，并将17点后已结账的房间号码通知中班主管和领班，以便及时安排清扫。

⑮ 负责楼层服务员布巾的发放和回收，负责有关楼层的急修项目，与工程部联系，送交"客房维修单"。

⑯ 及时向领班和楼层主管汇报客人投诉。

⑰ 认真完成上级指派的其他工作。

第三节 客房部服务流程

一、客房部接待服务程序

1. 住客迎接程序

（1）了解客情

① 根据总台的通知单，了解客情。

② 知晓接待单位、人数、国籍、身份、生活特点、接待标准等。

③ 了解客人到（离）店时间，了解车、船、航班时间，了解客人的宗教信仰。

（2）布置房间

根据客人的宗教信仰、生活习惯、标准及规格，对客房进行布置。

（3）楼层迎宾

① 迎客服务。电梯口迎接客人，引领客人进房间，给客人倒茶，介绍房间的相关设施设备。

② 分送行李。协助行李员将客人行李分送至各房间。

2. 叫醒服务程序

（1）接到客人要求叫醒电话

① 铃响三声内接听电话。

② 按标准程序问候客人、报岗位名称。

③ 问清房号、姓名及叫醒时间。

④ 重复客人叫醒要求，征得客人确认。
（2）叫醒客人服务的记录
① 把叫醒要求告之总机。告诉对方叫醒要求，请对方确认并填写叫醒记录。
② 填写客人房号、姓名、叫醒时间，并通知相关人员。
③ 叫醒没有应答时，请楼层服务员敲门叫醒。

3.客衣服务程序

（1）收客衣
① 客人送洗的衣物或客房服务员和清扫员从房间收取的衣物，都必须有客人填写的洗衣单并签名。
② 如客人未做交代，放在洗衣袋内未填写洗衣单的，不能交到洗衣房洗涤，需征求客人意见后再做处理。
③ 仔细检查客衣。
④ 按客人填写的洗衣单，核对客人姓名、房号、日期、衣物名称、件数是否相符。
⑤ 了解洗衣类型。
⑥ 按酒店规定时间交洗衣房。
⑦ 在洗衣单上注明有特殊要求的客衣。
⑧ 填写收洗客衣记录，将洗衣单传至总台。
（2）送还客衣
① 洗衣房送回客衣时，应按洗衣单逐件进行清点。
② 检查洗涤质量，如衣物有无破损、缩水，有无褪色等。
③ 送回客衣，请客人检查验收，清点完毕后向客人道别。
④ 如果客人不在房间，应按程序进门，把衣物摆放在床上或挂在衣橱里，将衣橱门打开。

4.客人遗留物品处理程序

（1）发现客人遗留物品时，要及时报告
① 在客房范围内，无论在何地拾到客人的物品，都应尽快交到客房服务中心。
② 如果服务员在检查客房时发现了客人遗留物品，应与总台联系，将物品交还客人；如果客人已经离开，则应及时上交楼层领班。
③ 客房服务中心服务员在收到客人遗留物品时，都应记录在"客人遗留物品登记表"上，写明日期、房号、拾到地点、物品名称、拾物人姓名。
（2）遗留物品分类
① 贵重物品。如珠宝、信用卡、支票、现金、相机、手表、商务资料、身份证、护照等。
② 非贵重物品。如眼镜、日常用品等。
（3）客人遗留物品的保存
① 所有遗留物品都必须保存在失物箱里。
② 贵重物品与非贵重物品分开存放，贵重物品由专人管理。

③贵重物品存放时间为一年半，非贵重物品存放时间为半年，开启的食物、饮料及药品保存时间为三天。

④超过保留期的物品，由客房部经理会同有关部门统一处理。

(4) 客人遗留物品的认领

①认领方式有直接认领和请人代领。

②问清问题无误后，请认领人签字，并留下联系电话和地址。

5.送客服务程序

(1) 准备工作

①掌握客人离店时间，问清客人是否需要叫醒服务，是否在房间用餐。

②如果客人次日离店，要根据行李多少，安排行李员。

③要检查客衣情况，各项委托代办事项是否办好。

④客人临行前，服务员应利用房间服务的机会，检查各种物品及设备有无损坏或欠缺。

(2) 检查工作

①检查客人有无遗留物品。

②检查房间设施设备有无损坏，有无消费。

6.加床服务程序

①接到加床通知后，随即提供该项服务，通常是在客人未住进时完成。

②总台通知服务中心后，必须及时在房间报表上记录加床的房号。

③服务中心通知领班或台班提供加床服务。

④检查备用床是否有损坏，并擦拭干净，推入房间后铺好床。

⑤加床后，需增加房内相关低耗品及备品的数量。

7.擦鞋服务程序

(1) 接到要求

①在接到客人要求后，应及时前往客房收取擦鞋篮。

②在过道巡视时，发现住客房门前的擦鞋篮，应立即拿到工作间进行擦拭。

(2) 按要求擦鞋

①将鞋篮编号、客人的房号写在纸条上放入鞋篮，以防弄混。

②将鞋放置于工作间或服务中心，按规程擦鞋，应注意避免混色及将鞋油弄在鞋底。

(3) 送还鞋

①应在半小时后、两小时之内，将擦好的鞋送入客人房内。

②对于提出短时间要求送回鞋的情形，应及时将鞋送给客人。

③送还时如果客人不在房间，应将擦好的鞋放于行李柜旁。

8.VIP接待程序

(1) 接待流程

①接到公关营销部下发的"VIP接待计划书"，立即仔细阅读并记录在案。

② 客房部经理参加公关营销部经理召集的接待协调会议，明确本部门接待任务和要求。

③ 召集本部门主管以上人员开会，制订部门接待计划。

④ 熟记贵宾的人数、姓名、身份、在店时间、活动过程等内容。

⑤ 各级管理人员逐级检查下级准备工作完成情况，要求逐条落实。

⑥ 配合工程部人员检查贵宾用房，确保设备使用无误。保证贵宾房的设施设备始终处于良好状态。

⑦ 贵宾入住前2小时按等级标准摆好鲜花和果篮。

⑧ 如果贵宾为外籍，应按照贵宾国籍送该国语言报纸，如果没有，则送英文报纸。对于内宾，送当日当地政府报纸。

⑨ 将电视调至贵宾母语频道，显示中英文对照的欢迎词。

⑩ 贵宾抵店前30分钟，打开房门，开启室内照明灯。

⑪ 贵宾抵店前30分钟，PA班组负责从一楼门口至电梯口铺设红地毯，随时保持地毯清洁。

⑫ 在贵宾抵店时，房务中心打电话通知各相关部门。

⑬ 礼宾部安排专人在电梯门口等候，为贵宾开电梯。

⑭ 贵宾入住3分钟内，需送上欢迎茶。

⑮ 贵宾在店期间，客房部员工应密切配合消防人员做好保卫工作。

⑯ 无差错地做好贵宾在店期间客房部的其他服务工作。

（2）接待规格

① 派酒店豪华轿车一辆负责迎送贵宾。

② 贵宾在店期间，酒店派豪华轿车一辆24小时听候调用。贵宾抵店前15分钟，保安、酒店欢迎队伍、乐队等在主楼通道前就位，等候贵宾抵达；贵宾抵店前10分钟，酒店总经理、驻店经理、公关营销部经理到一楼门厅外的车道处等候迎接。

③ 贵宾抵店，驻店经理陪同其直接从专用通道进入客房。

④ 客房部经理、当值主管、领班及优秀服务员在楼层迎接贵宾。

⑤ 客房部经理陪同贵宾在房内登记或免登记。

9.对客租借用品服务程序

（1）接到通知

① 电话响三声内按标准接听。

② 仔细询问客人租借用品的名称、要求以及租借时间等。

（2）送用品至房间

① 到服务中心领取租借用品。

② 将租借用品送至客人房间，向客人说明注意事项，并请客人在"租借用品登记单"上签名。

（3）记录

在交接记录上详细记录，以方便下一班服务员工作。

（4）归还

① 当客人离店时，应特别检查客人有无租借用品及有无归还等。

② 当客人归还租借用品时，服务员应做详细记录。

③ 及时将用品归还服务中心。

10. 酒店坏客房处理程序

（1）检查原因

当客房内某项设备发生问题，又不能在当天修好时，应将房态变为坏房，并在工作表及电脑上以"OOO"房的形式标注，立即通知工程部维修，并询问维修时间，尤其是入住率较高时，客房部管理人员应通过每天的查房，及时了解工程检修进展情况，一旦检修完毕，立即安排人员清洁，尽早将房态变为干净可入住房间。

（2）处理程序

将房态更改为"OOO"后，楼层领班应做以下工作。

① 撤出所有棉织品，以防工程部人员误用客用棉织品。

② 撤出所有客用品，以防客用品流失。

③ 撤出客房内酒吧中所有酒水，以防丢失。

11. 客房进房程序及标准

无门铃房间敲门程序。

① 检查房门是否挂有"请勿打扰"牌。

② 如果房门上无"请勿打扰"牌，用食指或中指的关节敲门，敲三次，每次敲三下，每次之间停顿3～5秒，边敲门边报身份，千万不能边敲门边开门。

③ 如无应答，则用钥匙轻轻地开门，开门时，先将门打开一道缝，查看是否有客人上安全链，防止出现尴尬场面。

④ 如果门锁显示黄灯，可能有两种情况：一种是门锁电池无电需要更换电池，但门可以打开；另一种是客人上双锁。服务员如果发现上双锁要说"对不起"，确认无事后，方可离开。

⑤ 如果门锁显示红灯，可能是因为钥匙有问题导致此门锁不能打开或者钥匙用法不当，需要重新开启。

⑥ 进房后，如果发现客人在睡觉或在浴室内，应向客人表示歉意，并退出房间；如果客人醒了应该说声"对不起"，并简单告知客人进房理由，然后离开房间把门关上；如果客人没有在房间，可开始下一步工作。

⑦ 如果房间挂"请勿打扰"牌，不要敲门，以避免影响客人休息或工作。

12. 客人换房处理程序及标准

（1）了解换房原因

当接到客人换房的要求时，要问清原因，一般的换房原因包括以下方面。

① 房间设施出现故障。
② 房间所处位置周围噪声太大。
③ 客人不满意房间周围的景色。
④ 客人的办事处或朋友所在房间与其相距太远。
⑤ 客人有亲属、朋友欲来同住。
⑥ 房价过高。
（2）满足换房要求
① 如果是酒店原因造成换房
a. 向客人表示歉意。
b. 按照客人的要求立即为其更换房间。
c. 通知客房部台班查房。
② 如果是客人原因造成换房
a. 立即为客人换房。
b. 通知客房部台班查房。
（3）办理换房手续
① 更换相应的"欢迎卡"和房间钥匙。
② 填写一式三联的"房间/房价变更通知单"，由前台收银员签收，第一联前台接待留存，第二联转交前台收银员。
③ 通知客房部台班客人换房，并做好记录。
④ 将客人原始"国内客人住宿登记表"或"境外人员临时住宿登记表"上的资料做相应的更改。
⑤ 将新的"欢迎卡"、房间钥匙及"房间/房价变更通知单"第三联转交行李员送到客房台班处，并为客人换房。
（4）更改电脑资料
① 将电脑中的原始资料做相应的更改。
② 通知总机更改房间电话状态。
（5）存档
将"房间变更通知单"按日期存入文档。

二、客房部清扫服务程序

1. 做好清扫前的准备

① 领取工作表。
② 了解、分析房态，决定清扫房间的程序。
③ 检查工作车是否清洁，用品是否齐全。

2. 敲门

① 轻按门铃或敲门，每次敲三下。第一次敲门报"Housekeeping, May I come in？（客

房服务员，我可以进房清扫吗）"，若无声音，间隔5秒钟。

② 再敲第二次，与第一次相同，若无人应答，缓缓地把门打开，将门轻轻打开10厘米；再敲第三次门，报明自己的身份，询问"Housekeeping, May I come in？"后，方可进入房间。

③ 如果客人在房内，要等客人同意后方可进入，向客人问候，询问是否可以打扫房间。

④ 清洁住房须将工作车停放在房门口靠墙一侧，离房门口2/3楼道宽。

3. 撤

① 将小垫巾放在卫生间门口，清洁筐摆在靠墙一侧。

② 进房内将空调关闭，关闭亮的灯具，拉开窗帘，打开窗户。

③ 将房内垃圾桶及烟缸拿出，倒掉前应检查一下垃圾桶内是否有文件或有价值的物品，烟缸内是否有未熄灭的烟头。

④ 撤掉脏布草，同时检查是否有丢失或损坏现象，并注意是否有客人遗留物品。

⑤ 撤掉用过的茶杯。

4. 擦

① 使用抹布由门铃开始按顺时针方向从上到下、由外到里对门、行李柜、桌椅、窗、床头板、灯具及桌面进行擦拭，达到清洁干净。

② 使用消毒剂擦拭电话。

③ 灯泡、电视、电话、镜子需用干布擦拭。

④ 擦拭完后，要把各处物品按标准摆放整齐，同时记下房间内短缺物品。

5. 铺床

① 从清洁车上取出干净的床单、被单、枕套，按程序铺床。

② 确保床单干净，无污渍。

③ 确保包角整洁，铺床利落。

6. 补充客用品

按规定的数量补充客用品：普通纸2张、便笺纸1本、圆珠笔1支、茶杯2个、口杯2个、茶叶2～4包、拖鞋2双、擦鞋纸2张。

7. 吸尘

① 从窗户下方吸起，注意顺毛吸尘，并向同一方向前进。

② 注意吸死角处，如写字台下、电视柜侧面、床角等。

③ 吸尘后，将吸尘器内的灰尘倒出，收好吸尘器，放至工作车一旁。

8. 检查

① 检查空调是否调至合适温度，电视节目是否标准、清晰，电话是否正常。

② 检查打扫是否干净、整齐，家具用品是否摆放整齐，地毯是否有杂物，清洁用具是否遗留在房内，房间内是否有异味。

③ 是否关闭窗户和灯具。

9. 填写工作表

① 按工作表的内容填写进出时间、所用客用物品、数量并合计总数。

② 将客房内需维修的相关物品填写清楚。

③ 记录其他内容。

实训项目

项目一　铺床

1. 实训要求

（1）掌握西式铺床和中式铺床的程序和操作方法

（2）能够在规定时间内高质量地完成西式铺床和中式铺床

2. 实训具体操作程序

（1）西式铺床具体操作程序

●将床拉离床头板

① 弯腰下蹲，双手将床架稍抬高，然后慢慢拉出。

② 将床拉离距床头板 50～60 厘米。

③ 注意将床垫拉正对齐。

●铺垫单（铺第一张床单）

① 开单。用手抓住床单的一头，右手将床单的另一头抛向床面，并提住床单的边缘顺势向右甩开床单。

② 打单。将甩开的床单抛向床头位置，将床尾方向的床单打开使床单的正面朝上，中线居中。

③ 手心向下，抓住床单的一边，两手相距 80～100 厘米。

④ 将床单提起，使空气进到床尾部位，并将床单鼓起。

⑤ 在离床面约 70 厘米高度时，身体稍右前倾，用力将床单拉下去。

⑥ 当空气将床单尾部推开的时候，利用时机顺势调整，将床单尾方向拉正，使床单准确地降落在床垫的正确位置上。

⑦ 床单必须一次性到位，两边所落长度需均等。

●铺第二张床单

① 铺衬单与铺垫单的方法基本相同。

② 甩单必须一次性到位，两边所落长度需均等。

●铺毛毯

① 将毛毯甩开平铺在衬单上。

② 使毛毯上端与床垫保持 5 厘米的距离。

③ 毛毯商标朝上，并落在床尾位置，床两边所落长度需均等。

④ 毛毯同样需要一次性到位。

● 包角边

① 将长出床垫部分的衬单翻起盖住毛毯（单折）60厘米或是30厘米。

② 从床头做起，依次将衬单、毛毯一起塞进床垫和床架之间，将床尾两角包成直角。

③ 掖间包角动作幅度不能太大，勿将床垫移位。

④ 边角要紧而平，床面整齐、平坦、美观。

● 放床罩

① 在床尾位置将折叠好的床罩放在床上，注意对齐两角。

② 将多余的床罩反折后在床头定位。

● 套枕套

① 两手抓住袋口，边提边抖动，使枕芯全部进入枕袋里面。

② 将超出枕芯部分的枕袋掖进枕芯里，把袋口封好。

③ 被压处朝上，压倒的朝下，枕套口与床头柜是相反的方向。

④ 套好的枕头必须四角饱满、平整，且枕芯不外露。

● 放枕头

① 两个枕头放置居中。

② 下面的枕头应压住床罩15厘米，并进行加工处理。

● 将床复位

弯腰将铺好的床慢慢推进床头板下，请勿用力过猛。

(2) 中式铺床具体操作程序

● 将床拉离床头板

① 弯腰下蹲，双手将床架稍抬高，然后慢慢拉出。

② 将床拉离距床头板约50～60厘米。

③ 注意将床垫拉正。

● 铺第一张床单

① 开单。用手抓住床单的一头，右手将床单的另一头抛向床面，并提住床单的边缘顺势向右甩开床单。

② 打单。将甩开的床单抛向床头位置，将床尾方向的床单打开使床单的正面朝上，中线居中。手心向下抓住床单的一边，两手相距80～100厘米，将床单提起，使空气进到床尾部位，并使床单鼓起，在离床面约70厘米高时，身体稍向前倾，用力打下去。当空气将床单尾部推开的时候，利用时机顺势调整，将床单往床尾方向拉正，使床单准确地降落在床垫的正确位置上。

③ 包角。包角从床尾做起，先将床尾下垂部分的床单掖进床垫下面，包右角，左手将右手侧下垂的床单拉起折角，右手将右角部分床单掖入床垫下面，然后左手将折角往下垂拉紧包成直角，同时右手将包角下垂的床单掖入床垫下面。包左角方法与右角相同，左右手的动作相反。床尾两角与床头两角包法相同。

● 装被套

① 把被子两角塞进被套两角并系好固定，双手抖动使被子均匀地装进被套中，再把外面两角系好固定，并系好被套口。

② 被套正面朝上，平铺于床上，床头部分与床头齐，四周下垂的尺度相同，表面要平整。

③ 把床头部分的被套翻至 30 厘米处。

● 套枕套

① 将枕芯平放在床上。

② 两手撑开枕袋口，并往枕芯上套。

③ 两手抓住袋口，边提边抖动，使枕芯全部进入枕袋里面。

④ 将超出枕芯部分的枕袋掖进枕芯里，把袋口封好。

⑤ 被压处朝上，压倒的朝下，枕套口与床头柜是相反的方向。

⑥ 套好的枕头必须四角饱满、平整，且枕芯不外露。

● 放枕头

① 两个枕头放置居中。

② 放好的枕头距床两侧距离需均匀。

● 将床复位

弯腰将铺好的床慢慢推进床头板下，请勿用力过猛。

● 观察外观

看一看床铺得是否整齐美观，对做得不够好的地方进行最后整理，务必使整个床面美观。

项目二　开夜床

1. 实训要求

① 掌握晚间服务的内容、程序及规范。

② 能够根据规范要求熟练操作开夜床。

2. 实训具体操作程序

① 进客房。

② 将床罩从床头拉下整理好，放在规定的位置。

③ 根据客人人数，按规定或客人的习惯开始做夜床，将靠近床头一边的毛毯连同衬单/被子向外折成 30°角，整理好床面开口处，将剩余部分塞入床垫下，以方便客人就寝。

④ 在床头柜上面放上早餐牌和晚安卡。

⑤ 按规定将空调温度调节好，除夜灯和床头灯外，其余灯具全关掉。

⑥ 酒店提供的睡衣应叠好放在枕头上。

⑦ 自我检查一遍，确认无误后退出房间。

⑧ 填写"晚间服务记录"。

项目三　清洁卫生间

1. 实训要求

① 了解卫生间清洁的基础知识。

② 掌握清洁卫生间的程序与标准。

③ 达到能够按照规范要求熟练操作。

2. 实训具体操作程序

① 准备。带好清洁用具。

② 进卫生间。进卫生间时要携带清洁篮和小垫巾，先把小垫巾放在卫生间门口，防止将卫生间的水带入卧室和损坏房间地毯。把清洁篮放在云石台面靠门口的一侧。

③ 撤卫生间物品。把客人用过的"四巾"逐条打开检查，看是否夹带有其他物品，然后堆放在一起，接着将客人用过的香皂、浴液、洗发液分类放在清洁篮内，用过的牙具等杂物放在垃圾桶内，然后把垃圾桶内的垃圾卷起。

④ 清洁面盆和浴缸。戴上洗面盆、浴缸的专用手套后，用百洁刷刷洗面盆台、瓷砖墙壁后用水冲干净；用百洁刷刷洗一次面盆和水龙头后用水冲干净；用百洁刷刷洗浴缸上方瓷砖和浴缸内外，开启浴缸塞，放走污水，然后打开喷头，让水射向墙壁及浴缸，冲净污水。这时可将浴帘放入浴缸加以清洁；用布擦干面盆、浴缸。用两块抹布，依次按面盆、台面、墙、镜面、浴缸、浴缸上方墙、面巾架、浴帘杆、浴帘的顺序擦干净。

⑤ 清洁镜面。将玻璃清洁剂喷在干净的抹布上，用干净的抹布将镜面从上至下擦净。

⑥ 清洁电镀制品。用干布将其表面擦净，必要时可用抛光剂进行擦拭。

⑦ 清洁马桶。换上另一副洗马桶的专用手套；用一块专用抹布刷洗马桶水箱、马桶盖板正反面、马桶坐板正反面、马桶座底，最后放水冲洗干净；用另一个马桶刷刷洗马桶内壁，并放水冲洗干净；用马桶专用干抹布依次按马桶坐板正反面、马桶盖板正反面、马桶水箱、马桶底部的顺序擦干净。

⑧ 消毒"三缸"。用消毒水喷洒"三缸"，依次按面盆、浴缸、马桶内壁、马桶座板的顺序消毒，然后盖上马桶盖板。

⑨ 清洁排风口。开启排风口，擦净。

⑩ 冲地漏。用清水将卫生间地漏冲洗干净。

⑪ 补足客用品。按规定补足客用品，如巾类、浴液、牙具、浴帽、卷纸、杯具、垃圾袋等。

⑫ 关灯。关闭房间的电源。

⑬ 登记。登记清洁卫生间的时间。

总结：①开；②冲；③收；④洗；⑤添；⑥刷；⑦吸；⑧关；⑨登。

项目四　清扫卧室

1. 实训要求

① 了解客房卧室清扫的基础知识。

② 掌握卧室清扫的程序与标准。

③ 在规定时间内按照规范要求保质地完成清扫卧室的工作。

2. 实训具体操作程序

① 准备工作。检查工作车上的客用品是否齐全；将工作车靠墙放置，不要离门太近，以免妨碍客人行走。

② 按门铃、敲门。先检查一下房门是否挂着"请勿打扰"牌或上"双锁"；轻轻敲三下门，声音不要太大，以客人听到为标准，同时报身份"服务员"；在门外等候10秒钟，倾听房内动静，如无反应，可以重复以上程序两遍。

③ 开门。在确认房内无动静后，使用钥匙将门轻轻打开，并报明自己的身份，询问"可以进来吗"后方可入内；如果客人在房内，要等客人开门后或经客人同意后方可进入，询问客人"是否可以打扫房间"。

④ 开窗户。拉开窗帘，打开窗户。

⑤ 巡视检查。打开所有照明灯具，检查是否完好有效；检查并将空调调节到适当温度；巡视门、窗、窗帘、墙面、天花板、地毯、电视、电话是否完好，如有损伤，及时报修，并在客房清洁报表设备状况栏内登记；检查有无遗留物品，若有发现，应立即上报并做好记录。

⑥ 检查小酒吧。发现已消费的酒水，填写酒水单，及时递送前台收银并报告领班。

⑦ 清洁垃圾。将房内的垃圾桶及烟缸内的垃圾倒掉以前，应检查一下垃圾桶内是否有有价值的物品，烟缸内是否有未熄灭的烟头。

⑧ 清理脏布件。把床上的床罩、毛毯放在椅子或沙发上；换下床上的床单、被单、枕套，连同浴室内需要更换的四套巾（浴巾、面巾、小方巾、足巾）一起，分类点清放入工作车的布件袋内，发现有破损的布件和毛巾，分开存放；同时取出有客衣的洗衣袋；从工作车上带进干净的布件。

⑨ 铺床。见项目一的中、西式铺床。

⑩ 擦尘。按顺序使用抹布擦拭床头板、椅子、窗台、门框、灯具及桌面，达到清洁无异物；擦拭各种物件后，随手将用过的茶、酒具和客用物品放到工作车上。

⑪ 核对电视频道。

⑫ 清洁卫生间。具体内容见清洁卫生间程序。

⑬ 按照规定的数量补足客用物品。

⑭ 关窗户。

⑮ 吸尘。用吸尘器从里往外，按方向吸净地毯灰尘；不要忽略床、桌、椅下和四周边角，并注意不要碰伤墙面及房内设备；及时准确地用清洁剂清除地毯污渍。

⑯ 环视检查房间整体。检查整个房间是否打扫整洁，物品摆置是否到位。
⑰ 离开房间。将清洁用品放回车内；擦拭门把手、关灯，并对大门做安全检查。
⑱ 登记。登记清扫卧室的时间。

总结：①开；②清；③撤；④做；⑤擦；⑥添；⑦吸；⑧查；⑨关；⑩登。

1. 客房用品在配置上应遵循哪些原则？
2. 以标准间为例，客房布局在设计上包括哪几部分？
3. 发现客人离店时有手机遗留在房内，怎么办？
4. 迎接VIP客人的准备工作包括那些？
5. 清扫卫生间的程序是什么？
6. 客房服务员在进房时要注意什么？

案例一　叫醒失误的代价

小强是刚从旅游院校毕业的大学生，被分配到某酒店房务中心工作。今天轮到他值大夜班。接班没多久，电话铃就响了，小强接起电话："您好，房务中心，请讲。""明天早晨5点叫醒。"一位中年男子声音很轻。"5点叫醒是吗？好的。没问题。"小强知道，叫醒虽然是总机的事，但宾客至上理念和首问负责制要求自己先接受客人的要求，然后立即转告总机，于是他毫不犹豫地答应了。

当小强接通总机电话后，才突然想起来，刚才竟忘了问清客人的房号。再看一下电话机键盘，把他吓坏了——这部电话机根本就没有来电显示！小强顿时心慌，立即将此事向总机说明。总机告称也无法查到房号。于是小强的领班马上报告值班经理。值班经理考虑到这时已是三更半夜，不好逐个房间查询。再根据客人要求一大早叫醒情况看，估计是明早赶飞机或火车的客人。现在只好把希望寄托在客人也许自己会将手机设置叫醒。否则，只有等待投诉。

早晨7点30分，一位睡眼惺忪的客人来到总台，投诉说酒店未按他的要求叫醒，使他误了飞机，其神态沮丧而气愤。早已在大堂等候的大堂副理见状立即上前将这位客人请到大堂咖啡厅接受投诉。

原来，该客人是从郊县先到省城过夜，准备一大早赶往机场，与一家旅行社组织的一个旅游团成员会合后乘飞机出外旅游。没想到他在要求叫醒时，以为服务员可以从来电显示上知道自己的房号，就省略未报。

酒店方面立即与这家旅行社联系商量弥补办法。该旅行社答应让这位客人加入明天的另一个旅游团,不过今天这位客人在旅游目的地的客房订金300元要由客人负责。接下来酒店的处理结果是:为客人支付这笔定金,同时免费让客人在本酒店再住一夜,而且免去客人昨晚的房费。这样算下来,因为一次叫醒失误,导致酒店经济损失共计900元。

> 因为一次叫醒的失误,酒店竟为此付出900元的代价。既是成本,也是"投资",即花钱买教训!
>
> 应采取的改进措施有二:一是所有"新手"上岗,都应当有"老员工"或领班带班一段时间,关注他们的工作情况,包括哪怕接一次电话的全部过程。比如与客人对话是否得体完整,是否复述,是否记录,等等。必要时要做好"补位"工作。二是所有接受客人服务来电的电话机都必须有来电显示屏,并有记忆功能。这样既利于提高效率、方便客人,也可防止类似事件的发生。
>
> 酒店各级管理人员应当充分利用自身的工作经验和教训,有预见性地去寻找问题,并采取预防性的措施,这才是提高管理水平和服务质量的关键。

案例二　丢失《服务指南》

事情发生在××酒店。一个周四的上午,值班经理刚巡视回来,便接到一个客人打来的电话。经理拿起电话,便听到客人怒气冲冲地说:"你们酒店是怎么回事,为什么扣我的钱?""您好,我是酒店的值班经理,请您别生气。有什么麻烦我一定替您解决。请问您贵姓?"值班经理心平气和地说。"我姓刘,住在201房。今天早上退房的时候服务员说房间里有一本《服务指南》不见了,结账时扣了我10块钱。"客人的语气仍带着不满,"因为当时我急着要去办事,没跟你们计较。刚才和朋友们谈起这件事我感到很生气,心里觉得很窝囊。"客人停顿了一下接着说:"我要那本《服务指南》有什么用?再说,就算我拿了《服务指南》,还可以为你们宾馆做做宣传,凭什么要我来赔偿?""刘先生,您别着急,请您留下电话号码,半小时左右我给您答复,您看好吗?"征得客人同意后,值班经理放下电话。

经过仔细调查和询问后,发现201房确实丢失了一本印刷精美的《服务指南》。但根据记录,刘先生入住前,楼层领班及部门经理都仔细地检查过这间房,所以丢失这种可能性很小。另外还了解到,该客人入住期间曾在房间接待过访客。看来,如果刘先生没拿《服务指南》的话,应该是他的朋友顺手拿走了。按宾馆的规定,《服务指南》不属于低值易耗品及赠品一类,而与客房的其他物品一起开列在"顾客须知"的"补偿物品"一栏上,总台人员按规定收取客人的补偿金是正确的。

半小时后,值班经理拨通了刘先生的电话。"您好,刘先生。刚才我们到201房又仔细寻找了一遍,可还是没有找到那本《服务指南》。按照惯例,《服务指南》不属于赠送品,而客房里的台历、宣传册对酒店的介绍更为全面,它们是免费赠送给客人的。"

"可我确实没有拿。"客人分辩道。

"我们相信您没有拿。那么，入住期间有没有其他人到过您的房间呢？"

"嗯，有几位朋友到过。"

"无论如何，首先要感谢您对酒店的支持，想到要为我们酒店做宣传；感谢您给我们提出了一些在日后工作中应该注意的问题。另外考虑到您也受到损失，下次您邀请朋友来消费时，我们给您一定的优惠作为补偿，您看如何？"

刘先生心里想：朋友是否拿了《服务指南》一时无法判定，再就此争辩下去也没有多大意义，不如顺水推舟地接受值班经理的建议。

值班经理放下电话后迅速地做了投诉记录，并在次日晨会上提醒有关部门注意服务质量的督查工作。

过了些日子，刘先生带着他的朋友来消费，宾馆提供的优惠条件以及优质服务令他非常满意。

酒店客房内供客人使用的物品一般可分为两种：一种是一次性消耗用品，即供客人一次消耗完毕，完成价值补偿的用品，如茶叶、信封、洗涤液、洗发液、香皂等，这些用品是允许客人带走的。另一种是多次性消耗用品，像棉织品、玻璃瓷器、服务夹及《服务指南》等，可连续多次供客人使用，补偿要在一个时期内逐渐完成。这些用品不属于赠品，如果客人拿走，是要付给宾馆补偿金的。住店客人弄丢或者因喜欢拿走这些物品，这对于酒店行业来说是极为普通的事情，如果处理不当，常常会使事态扩大，甚至会给酒店的声誉造成不良影响。

在处理投诉的过程中，值班经理在以下几个方面体现出了良好的素质：一是注重语言表达的艺术。首先以温和的态度来消除客人的怒气。用一定时间来调查，使客人感受到酒店对此事的重视。在了解情况之后，基于酒店自身服务以及程序的自信，值班经理倾向于持否定意见，但并不直接向客人言明，以免激起客人不满，使冲突进一步激化，而是以委婉的方式向客人解释了酒店的有关规定，以及补偿物品与宣传品的区别。二是关于推理分析，对客人表示出充分的信任，果断地把"错"从客人身上转移开，然后以"那么"为转折，使客人的思路自然地转移到解决问题的良性轨道上来，并启发客人抓住解决问题的关键。三是在客人意识到"有可能是哪位朋友拿了"之后，值班经理并没有继续深究"到底谁拿了"这个问题，而是把话题转移开，巧妙地利用"替代"的方法"考虑到您也受到了损失（暗示赔偿了10元），下次您邀请朋友来消费时，我们给您一定的优惠作为补偿"，使客人既保全了面子，酒店也收取了补偿金，而且使刘先生成为酒店的回头客。客人在离开以后与酒店的直接利益关系便暂时告一段落，但在情感上仍与酒店保持着一定的联系。值班经理并不因为刘先生已经结账离店便对他的投诉敷衍了事，而是遵循"酒店无小事""诚信待客"的原则，圆满地解决了这起投诉，同时也体现了酒店注重对宾服务的延伸性这一经营宗旨。

案例三　花架台缺损了一个角

某五星级宾馆内，8楼服务员打扫807房时，发现房内大理石花架台面缺损了一个角，便及时向客房部经理做了汇报。客房部经理赶到该房间，在地面上果然找到一块碎片。经检查，是人为损坏。服务员告诉经理，这里住的两位客人是来自法国的中年太太。

傍晚，客人回到房间。客房部经理彬彬有礼地前往了解。站在他面前的是两位长得很胖的妇女，打扮得十分时髦，年纪都在35岁上下。

客人承认是昨晚坐在台面上拍照时损坏的。接着其中一位年轻一些的太太怒气冲冲地说："刚开始拍第一张照片她坐在台面上，一个角便掉了下来，当时她没穿袜子，尖角还弄破了皮肤。"另一位客人则埋怨：五星级宾馆里怎么能采用如此差的设施。客房部经理不动声色地听完申诉，接着说：台面的大理石是世界上最好的意大利进口货，花架台是放置花盆的。如果由于花盆质量而导致台面掉角，责任在宾馆，倘若客人因此受伤，宾馆应负全部责任。然而，此次事故因客人压了不应压的重物才发生，显然不应由宾馆负责。

听客房部经理的口气，是要她们赔偿，两位客人面露愠色。其中一位说，她们住进来时便发现这个台面一角有浅浅的裂痕。客房部经理对破损边缘做了仔细的检查，果然发现有污痕，于是他礼貌地对客人说，台面的确早有裂痕。说完便打电话把工程部有关人员请来。客房部经理建议划去台面周围一圈，改成一个较小的花架台，工程部人员同意这个建议。当法国太太被告知只需赔偿200元人民币时，心服口服，当场便付了钱。

此例中，客房部经理在以下两方面处理得非常出色：第一，他极尊重客人，重视她们的意见。当他发现台面早有裂痕时，能够站在维护客人的利益的立场上，坚持实事求是的原则，让客人支付最低限度的赔偿，客人在这种情况下没有理由不接受他的建议。第二，他的说话艺术十分高明，摆事实、讲道理、分清责任。在讲道理的过程中，又特别用了"重物"一词来代替"胖"字，避开了肥胖者的忌讳，这就赢得了两位太太的好感，为最后圆满处理这一事情奠定了基础。

第八章 餐饮部

1. 了解餐饮部的地位、作用及主要任务。
2. 了解和掌握餐饮部组织结构及其设置的原则。
3. 熟悉并掌握中西餐的服务程序。
4. 掌握餐饮部的主要岗位工作职责。

第一节 餐饮部概述

酒店是人们住宿、用餐，进行会展活动及休闲的地方。因此酒店是销售住宿产品、会展产品和餐饮产品等的综合性企业。餐饮部是酒店的重要组成部分，是宾客活动的中心。餐饮收入是酒店收入的重要组成部分，餐饮服务水平会直接影响酒店的声誉。

一、餐饮服务管理的主要内容

1.菜单与酒单的筹划和设计

当今菜单和酒单已经成为酒店销售餐饮产品的主要工具和管理工具。一份合格的菜单和酒单应反映餐厅和酒店的经营目标和特色，衬托餐厅环境和气氛，为酒店带来收入和利润，为顾客留下美好的印象。因此菜单和酒单的筹划和设计已成为现代酒店餐饮管理的关键内容。

2.厨房生产管理

餐饮管理的首要内容是厨房生产管理。菜肴是餐饮产品的核心内容，其开发与设计、生产与服务、质量与成本是餐饮管理的基础内容。此外厨房的组织管理、设备布局、生产安全和卫生等都是厨房管理不可忽视的因素。

3.餐厅服务管理

餐厅服务是重要的餐饮产品，尽管是无形产品，然而很容易被顾客识别或感受。顾客到餐厅用餐除了享受美味佳肴，还为了享受优质的服务，因此服务也有一定的质量标准。此外，餐饮服务也是餐饮产品推销的过程。餐饮服务质量关系到菜肴和酒水的销售量，会影响到酒店和餐厅的经营收入。

4. 餐次筹划与安排

餐次筹划与安排是酒店餐饮管理的基础工作之一。所谓餐次指酒店各餐厅每天销售的餐数。根据统计，许多酒店每天经营4～6个餐次，包括早餐、午餐、下午茶、正餐；一些酒店的咖啡厅，每天销售6餐，分别是早餐、早午餐（上午10～12点）、午餐、下午茶、正餐和夜餐。在酒店餐次筹划与安排中，各餐次的菜单筹划、服务设计及价格设计等工作是酒店餐饮管理成功的关键。

5. 酒水经营管理

酒水是不可轻视的餐饮产品，酒水产品每年不仅为酒店带来很高的利润，还为酒店带来了声誉。在餐饮经营中，酒的品种非常多，不同种类的酒有着不同的饮用温度、饮用时间及服务方法。

6. 餐饮成本控制

餐饮成本控制是餐饮经营管理的基本内容之一。由于餐饮成本制约着餐饮价格，而菜肴和酒水价格又会影响餐饮需求及酒店经营效果，因此餐饮成本管理是餐饮经营的关键点。在餐饮经营中，管理者应不断保持或降低餐饮成本中的经营费用，适当提高食品原料成本的比例，使餐饮价格更具竞争力。

7. 餐饮质量管理

随着酒店业的激烈竞争，酒店产品质量管理水平的不断提高，酒店全体职工的餐饮产品质量意识不断提高，管理人员不仅注重餐饮产品的适用性，而且关注产品形成的全过程质量管理，制定食品原料标准、生产质量标准、服务质量标准并严格执行。

8. 餐饮营销管理

现代酒店餐饮营销管理不同于传统的销售管理，它包括营销计划、产品生产、餐饮销售和服务等全过程管理。现代酒店餐饮市场营销必须具备创新意识并付诸行动。由于现代酒店餐饮产品市场需求的不断变化和发展，竞争对手不断出现，市场上的新品种不断增多，因此酒店餐饮经营要求管理人员不断创造适用的、有特色的产品。

二、餐饮产品特点

1. 餐饮产品的生产特点

（1）餐饮产品规格多，每次生产批量小

只有客人进入餐厅点菜后，餐饮企业才能组织菜肴的生产与销售。这就意味着餐饮产品的生产与销售基本同步，而不能先生产后销售。因此，菜肴与其他工业产品大批量、统一规格的生产是明显不同的，这给餐饮产品的统一标准与质量管理带来了许多问题。

(2) 餐饮生产过程时间短

餐饮产品的生产、销售与客人的消费几乎是同时进行的，因此，客人从点菜到消费的时间相当短暂。这对厨师的经验与技术是一个很大的考验，对服务员的直接推销和对客服务也是一大挑战。

(3) 生产量难以预测

就餐客人何时来、来多少、消费什么餐饮产品等一直是困扰餐饮管理者的问题。大多数客人不是通过预订，而是直接上门来消费的，因此，客人的消费需求很难准确预估，产量的随机性强，且难以预测。

(4) 餐饮原料及产品容易变质

相当一部分餐饮产品是用鲜活的餐饮原料制作的，具有很强的时间性和季节性，若处理不当，极易腐烂变质，因此，必须加强原料管理，才能保证产品质量并控制餐饮成本。

(5) 餐饮产品生产过程环节多、管理难度大

餐饮产品的生产从餐饮原料的采购、验收、储存、加工、烹制、餐厅服务到收款，整个生产过程的业务环节较多，任一环节出现差错都会影响餐饮产品的质量及企业的效益，因此，餐饮产品生产过程的管理难度较大。

2. 餐饮服务的特点

餐饮服务是餐饮企业的员工为就餐客人提供餐饮产品的一系列活动。餐饮服务可分为直接对客的前台服务和间接对客的后台服务。前台服务是指餐厅、酒吧等餐饮营业点面对面为客人提供的服务，而后台服务则是指仓库、厨房等客人不能直接触及的部门为餐饮产品的生产、服务所做的一系列工作。前台服务与后台服务相辅相成，后台服务是前台服务的基础，前台服务是后台服务的继续与完善。

(1) 无形性

无形性是服务产品的共性。尽管餐饮产品是具有实物形态的产品，它仍具有服务的无形性特点，即看不见、摸不着，且不可能量化。餐饮服务的无形性是指就餐客人只有在购买并享用餐饮产品后，才能凭借其生理与心理满足度来评估其优劣。

事实上，大多数餐饮消费者选择一家餐厅时，往往只凭他们所得到的有关这家餐厅的信息，如从广告、亲朋好友的"鲜美可口、清洁卫生、价廉物美、环境优美"的宣传介绍中做出购买的决定。至于他们的选择正确与否，只能在他们亲临餐厅、享用产品之后，凭生理、心理的满足度来评估、判断。

正是服务的无形性这一特性决定了餐饮产品无专利性的命运。因此，餐饮企业必须明确餐饮产品的革新、创新的重要性，这也令餐饮企业管理者充分认识到餐饮产品的生命周期是极其短暂的。

(2) 一次性

餐饮服务的一次性是指餐饮服务只能当次享用，过时则不能再使用。这与航班的座位、酒店的客房、电影院的座位一样，如飞机空着一半位子起飞；酒店一天的客房出租率是30%；午场电影准时放映，偌大的电影院却只来了十几位观众，那么，飞机的空位、酒

店的空房、电影院的空位便成了无法挽回的损失。因为它们永远失去了这一天的销售机会，即使第二天客满也无济于事，因为前一天失去的收入永远无法弥补回来。这就要求餐饮企业应接待好每一位客人，提高每一位就餐客人的满意程度，才能使他们一再光临。

(3) 直接性

餐饮服务的直接性是指餐饮产品的生产、销售、消费几乎是同步进行的，即企业的生产过程就是客人的消费过程。这意味着餐厅既是餐饮产品的生产场所，也是餐饮产品的销售场所，这就要求餐饮企业既要注重服务过程，还要重视就餐环境。

(4) 差异性

餐饮服务的差异性主要表现在两个方面：一方面，不同的餐饮服务员由于年龄、性别、性格、受教育程度及工作经历的差异，他们为客人提供的服务质量肯定不尽相同；另一方面，同一服务员在不同的场合、不同的时间，其服务态度、服务效果等也会有一定的差异。这就要求餐饮企业应制定服务标准，并加强对服务过程的监控。

第二节　餐饮部岗位设置及职责

一、餐饮部组织结构设计

酒店餐饮部的组织结构可分为小型酒店餐饮部、中型酒店餐饮部和大型酒店餐饮部。其结构设计包括纵向结构设计和横向结构设计。纵向结构设计受下属部门管理幅度制约，管理幅度与管理层次相互联系，两者成反比例关系，即管理幅度越大，管理层次越少；管理幅度越小，管理层次越多。横向设计又称为部门之间的协作关系设计。餐饮经营组织的纵向设计和横向设计综合形成了完整的餐饮部组织设计。不同类型和不同规模的酒店，餐饮部组织结构不同，设计的依据主要是酒店的等级、餐饮经营规模、餐饮经营特色和酒店管理模式等。

1. 小型酒店餐饮部组织结构

通常小型酒店餐饮部组织结构比较简单，分工不细，一人常兼多职（图8-1）。

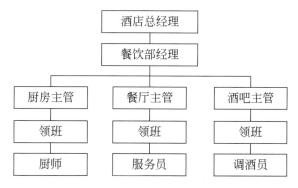

图8-1　小型酒店餐饮部组织结构

2.中型酒店餐饮部组织结构

中型酒店餐饮部通常是4级管理制,分工明细。所谓4级管理制包括餐饮部经理、餐饮部下属的2级部门、现场管理人员——领班和普通职工(餐厅服务员、厨工)等(图8-2)。

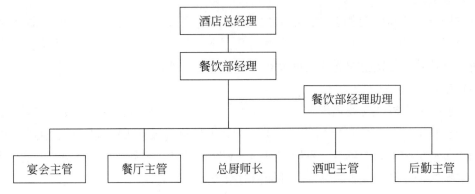

图8-2 中型酒店餐饮部组织结构

3.大型酒店餐饮部组织结构

大型酒店餐饮部组织结构层次分明,职务分工细致。在大型酒店中,由于餐饮部工作量大、专业性强,餐饮经营组织常设立行政总厨、中餐部、宴会部、西餐部、酒水部、房内用餐部、管事部(管理餐饮后勤的部门)及餐饮成本控制和餐饮营销部等2级部门(图8-3)。

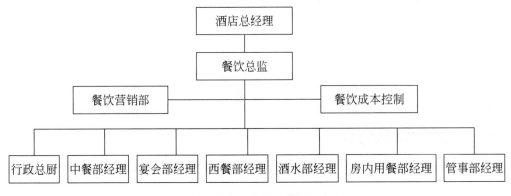

图8-3 大型酒店餐饮部组织结构

二、餐饮部工作人员职责

1.餐饮部经理或总监工作职责

在酒店总经理或副总经理的指导下,餐饮部经理或总监负责餐饮部的行政管理工作,制订并实施餐饮部经营计划、各项管理制度,考核本部门各级管理人员的经营业绩并实施激励和培训,审批本部门使用的一切物资与用品。参加酒店总监或部门经理工作会议。定期召开本部门例会,检查本部门各下属部门的经营情况、产品质量,制订和调整各项经营管理计划。熟悉目标市场需求，与厨师长一起筹划和设计菜单，及时开发符合需求的餐饮产品，与总厨师长一起健全厨房组织，完善厨房设备布局，提高菜肴质量。加强餐饮原料的采购、验收和储存管理，严格控制餐饮成本及各项费用。加强餐厅服务管理，提高服务质量；加强宴会组织管理，提高宴会服务质量；加强酒吧经营管理，提高酒水经营收入，制订餐饮推销计划，扩大餐饮销售渠道，提高餐饮销售收入，保证餐饮利润，亲自组织和指挥大型宴会和重要的接待活动。加强对管事部（餐饮后勤部）的管理，做好餐饮采购、保管、清洁卫生等工作。协助工程部管理餐饮设施的保养工作。发挥本部门全体职工的积极性，安排好本部门的培训计划，采取有效的激励手段。

2. 餐厅工作人员职责

（1）餐厅经理职责

餐厅经理指导和监督餐厅每天的业务活动，保证餐厅服务质量，巡视和检查营业区域，确保服务工作高效率。检查餐厅的物品、摆台和卫生，组织和安排服务员现场服务，监督和制定服务排班表，选择和培训新职工，评估职工的业绩，执行酒店和餐饮部各项规章制度，安排顾客预订的宴会，欢迎顾客，为顾客引座。需要时，向顾客介绍餐厅的菜肴和酒水，与厨房沟通与合作，共同提供优质的餐饮产品，及时并满意地处理顾客投诉。出席餐饮部召开的业务会议，研究和统计菜肴销售情况，保管好每天的服务记录，编制餐厅服务程序。根据顾客预订及顾客人数制订出一周的工作计划，签发设备维修与保养单，填写服务用品和餐具申请单，观察与记录职工服务情况，提出职工升职、降职和辞退的建议。营业前应检查餐厅灯饰、家具、摆台和器皿的清洁与卫生，检查餐厅温度，为餐厅选择背景音乐，检查服务员的仪表仪容。营业中妥善处理醉酒者，照顾残疾顾客，及时发现顾客的欺骗行为和不诚实的服务员，保持餐厅的愉快气氛。营业后应检查餐厅安全，预防火灾，用书面形式为下一班工作人员留下信息，按工作程序处理现金与单据，提出需要维修的设施和家具的报告，查看第二天的服务计划和菜单，把顾客的批评和建议转告餐饮部。

（2）餐厅领班职责

了解当日业务情况，必要时向服务员详细布置当班工作内容，检查服务柜中的用品和调味品的准备情况。开餐时，监督和亲自参与餐饮服务，与厨房协调，保证按时上菜。接受顾客投诉，并向餐厅经理汇报。为顾客点菜，推销餐厅的特色产品，亲自为重要顾客服务。下班前，为下一班工作人员布置好台面。核对账单，负责培训新职工与实习生。结束时，认真填写领班记录。营业前应检查餐桌的餐台摆放质量，确保花瓶中的花朵新鲜、水新鲜、植物清洁，做好灯罩、台布、餐巾、餐具、玻璃杯、调味品、蜡烛和地毯等的清洁卫生。保证服务区域存有足够的餐具、用品和调料，保证菜单清洁和完整。检查桌椅是否有松动并及时处理。召开餐前会，为服务员传达当班事宜，如当天的特色菜肴、菜单的变化、服务可能遇到的问题及需要修改的事宜。营业中协助餐厅经理或业务主管迎接顾客，给顾客安排合适的桌椅，递送菜单，接受点菜并介绍菜肴的特色风味。督促服务员为顾客上菜、添加酒水，协助服务员服务，注意服务区域的安全与卫生，及时处理顾客投诉。营业后监督服务员做结束工作，为下一餐摆台，清理餐桌，装满调味瓶，撤换用过的桌布，检查工作台卫生并重新装满各种服务物品，检查废物堆中的烟头，关灯、关空调、关电器、锁门。

(3) 餐厅迎宾员职责

接受顾客电话预订，安排顾客的餐台，欢迎顾客，陪同顾客前往安排好的餐台，为顾客拉椅，铺好餐巾，向顾客介绍餐厅饮品和特色菜肴。顾客用餐后，主动与顾客道别，征求顾客的意见，欢迎顾客再次光临。

(4) 餐厅服务员职责

服务中守时，有礼貌，服从领班的领导；负责擦净餐具、服务用具及其他卫生工作；负责餐厅棉织品的送洗和记录工作；负责餐桌的摆台，保证餐具清洁；负责装满调味瓶与补充工作台餐具等工作，按餐厅规定的服务程序和标准，为顾客提供周到的服务；将用过的餐具送到洗涤间分类摆放，及时补充缺少的餐具，做好营业中的翻台（重新摆台）工作；做好餐厅营业结束工作。

3.厨房工作人员职责

各酒店餐饮经营目标不同，厨房类型不同，生产方式不同，因此厨房工作人员的职务安排也不同。现代厨房根据酒店规模和餐饮经营模式常设立行政总厨师长1名、副总厨师长1～2名、厨师主管、厨师领班、各专业厨师、后勤主管及辅助人员（勤杂工）等数名。

(1) 行政总厨师长岗位职责

行政总厨师长是大型酒店菜单的设计者、菜肴生产的组织者和管理者。行政总厨师长通常向酒店总经理或餐饮总监负责，负责厨房的各项行政工作和生产管理工作，制订并实施厨房的生产计划。定期召开厨房工作会议，研究和解决菜肴生产和管理中的一系列问题。参加上级召开的工作会议，监督并带领厨房全体工作人员完成酒店交付的工作任务，检查厨房的卫生与安全工作，与厨师一起进行菜肴开发、创新、设计出新潮而有特色并受顾客喜爱的零点菜单、宴会菜单及自助餐菜单。加强对原料采购、原料验收和原料储存的管理工作，保证菜肴原料的质量，保证菜肴价格的竞争力，对厨房生产进行科学管理，健全厨房组织与岗位责任制，严格把控菜肴成本和质量管理。对于重要的中餐或西餐宴会，亲自在厨房进行指挥。严格执行国家和地区的卫生法规，防止食物中毒。

根据餐饮部有关菜肴销售情况和食品成本报表，及时调整菜单。通过餐厅销售情况，了解每天畅销的菜肴、滞销的菜肴，找出原因，总结经验。灵活修改菜单，以适应目标顾客的需求。与成本控制人员一起修订菜肴价格。检查菜肴的制作方法，并提出改进措施。根据采购部的有关食品原料的价格变化，适时地调整菜肴价格。对提高价格的食品原料，在上调菜肴价格时应谨慎，尽量不用提价方法或适量提价，保证酒店获得合理的利润。审阅仓库的餐饮原料库存表，根据积压的原材料，制定相应的菜单并通知宴会营销人员。根据积压的原料的品种、数量，设计出畅销的菜肴，把设计出的新菜肴交给厨房试制后并请有关人员品尝和鉴定。对于设计好的菜品或点心，通过鉴定后，与成本控制员、餐厅经理一起制定出价格。根据人力资源部对厨房人力成本情况的核算，及时调整厨房工作人员。

根据营业情况，调整厨房工作人员，把调整后的厨房工作人员情况报上级主管部门批准。根据人力资源部或培训部的计划，结合厨房业务情况，制订厨房培训计划。审阅厨房清洁用品及费用情况并及时做出调整。与工程部人员一起制订厨房设备的保养及维修计划，对于维修次数较多的厨房设备，找出原因，是否是厨师不认真按操作规则工作，生产量是否超过负荷。机器是否年代久远等，防止安全事故发生。根据宴会预订单的用餐人数、宴会规格及时安排厨房生产，按照宴会要求及厨房的生产能力，把宴会业务下达到各部门，并及时安排生产。随时征求餐厅服务人员关于菜肴质量等方面的建议，虚心接受服务人员对菜肴数量、口味、颜色、火候和装饰等建议。认真找出顾客投诉原因及菜肴质量问题，并提出具体改进措施。定时召开厨房工作会议，向厨师通报业务情况，并对厨房工作人员进行业务、安全和卫生等方面的培训，传达厨房近期的工作安排，解决厨房的生产问题。

(2) 厨师主管岗位职责

厨师主管要有高超的烹饪技术、渊博的菜肴生产知识，具有菜单筹划能力，热爱本职工作，善于沟通。每天查看宴会预订单，根据业务情况，做好准备工作。根据宴会预订，签发领料单或申请购买原料。审阅前一天的菜肴销售情况，准备充足的原料，对滞销菜肴要找出原因并做出相应的调整，及时了解设备的使用情况，通知工程部及时维修有故障的设备，以免耽误生产。按照标准食谱规定的食品原料标准和生产标准，进行加工和制作。参加行政总厨师长召开的例会，将厨房生产中出现的问题及时反映给行政总厨师长并提出改进意见。

(3) 厨师岗位职责

厨师要按标准食谱规定的标准，制作出符合企业质量标准的菜肴。维护和保养厨房设备，每天检查所使用的设备和工具，保证设备和工具的安全和卫生。遵守国家和地区的卫生法规，保证食品卫生，防止食物中毒。根据厨房的培训计划来培训厨房工作人员。保持自己工作区域的卫生，下班前，将自己的工作区域收拾干净。按时完成厨师长下达的生产任务。不同的厨师生产任务不同，如中餐面点厨师负责制作各种中式点心和小吃，西餐烹调师负责制作各种调味汁和热菜。

第三节 餐饮部服务流程

一、中餐服务管理

1.中餐零点服务管理

在餐饮经营中，对散客的餐饮服务称为零点服务，零点服务强调顾客的个性化需求及提供个性化服务。

(1) 餐前准备工作管理

在中餐零点服务中，要做好环境卫生管理，包括餐厅墙壁、服务台、地面等的清洁工作，准备足够的餐具、台布、口布、小毛巾供开餐使用；把干净和消过毒的小毛巾浸湿，叠成长方块状，整齐地放入毛巾保温箱内；按中餐零点摆台标准，在开餐前30分钟摆好餐台；将洁净的托盘摆在餐厅四周的工作台上，开餐前30分钟从备餐间拿出调料、茶叶、茶壶，将点菜单等放在餐厅工作台上；将餐厅照明设备及空调打开。开餐前，由餐厅经理或业务主管对餐厅的准备工作进行检查，防止错漏并主持餐前会，使全体职工了解前一天的营业情况、当天的特色菜肴及当天应当注意的问题，包括重要顾客的信息等。

(2) 迎宾服务管理

开餐前5分钟，迎宾员和服务员各自站在指定的位置，恭候顾客到来。站姿要端正，不倚靠任何物体，双脚不可交叉，双手自然交叠在腹前，保持良好的精神面貌和姿态。迎宾员带领顾客进入餐厅，服务员应上前微笑问候并主动协助迎宾员拉椅让座。如有儿童，应主动送上儿童椅。顾客入座后，迎宾员将菜单和酒单送到顾客手上，要注意先递给女士或年长者，并用敬语，帮助顾客挂好衣服。

(3) 接待服务管理

迎宾员为顾客递送菜单后，服务员为顾客递送热毛巾，应从顾客右边递送，并用敬语。服务员应问询顾客饮用茶水的类型并主动介绍，为顾客打开餐巾，铺在顾客的膝盖上或压在骨盘下，从筷子套中取出筷子，以上服务均在顾客右边进行或根据餐厅自己的标准展开。斟茶时，应在顾客右边进行，并用敬语"请用茶"，从主宾位顺时针进行。对于迟来的顾客，服务员应补上热毛巾和热茶，视顾客人数，将餐台撤位或加位。上述工作就绪后，准备好点菜单，站在适当或方便的位置为顾客点菜。

(4) 点菜服务管理

当顾客示意点菜时，服务员应立即介绍菜肴，点菜时服务员应站在顾客右边或方便的地方，微笑，身体稍向前倾，认真记录。当顾客点了相同类型的菜肴时，服务员应主动提示。根据顾客人数，主动建议海鲜类菜肴的重量，向顾客重复和确认记录的内容。点菜完毕后，向顾客介绍酒水。餐厅点菜单应一式三联。第一联，交收款员；第二联，收款员盖章后，由传菜员交厨房或酒吧作为取菜肴和饮料的凭据；第三联，由传菜员使用，作为查阅资料。写菜单时，字迹要清楚，应注明日期、台号、人数、重量等。酒品、冷菜、热菜和面点要分别写在菜单上。当顾客请服务员代为点菜时，服务员应慎重考虑，细心观察，根据顾客的饮食习惯、具体人数、消费需求等，做出恰当的安排，经顾客同意后才能确定菜单。

(5) 酒水服务管理

按顾客的酒水单到吧台取酒水，取任何酒水时均应使用托盘，需冷藏的酒水可用冰桶，冰桶里放冰块。根据酒水种类，在餐台摆上相应的酒杯和饮料杯，瓶装和罐装饮料必须在工作台打开盖子，不要对着顾客打开罐装饮料。冷藏或加热的饮料应用口布包住酒瓶，然后斟倒。如顾客点了红葡萄酒或白葡萄酒，应在顾客面前打开瓶盖，用口布擦干净瓶口，白葡萄酒需要冷藏，并用口布包住，红葡萄酒不需冷藏，需放在酒架或酒篮里。斟倒时，先倒少量给主人品尝，经主人认可后，再为其他顾客斟倒酒水。

(6) 上菜服务管理

通常，第一道菜应在点菜后15分钟内服务到桌，如果顾客需要快速上菜，服务员应立刻与厨房联络，使菜肴尽快上桌。当传菜员将菜肴送到服务桌时，服务员应快步迎上去将菜肴服务上桌。上菜的顺序是冷菜、汤羹、主菜、蔬菜、面点、甜点和水果，或根据各地饮食习俗上菜，每上一道菜，应在点菜单上注销这道菜肴，防止漏上或错上。如果菜肴占满了餐台，应征求顾客意见，将台面上的菜肴整理后，然后再上菜，切忌将新的菜肴压在其他菜肴上。注意顾客餐桌菜肴是否已经上齐，及时查看菜单，检查上菜是否有错漏。服务员上最后一道菜肴时要主动告诉顾客"您的菜已经上齐了"。

(7) 巡台服务管理

巡台服务是巡视顾客的餐桌，及时发现顾客需要的服务并立即提供。良好的餐饮服务体现在效率上。当烟灰缸内有2个烟头或有纸团和杂物时，服务员应立即撤换烟灰缸。服务员应随时为顾客添加酒水，随时撤去空盘和空酒瓶，及时整理餐桌。服务员撤换餐具时，应在顾客右边进行，按顺时针方向。撤骨盘时，服务员应征求顾客的意见。

(8) 结账服务管理

根据顾客用餐情况，及时通知收款员结账，检验菜单、餐桌号、人数、所点菜肴品种、数量与账单是否相符，将账单放入账单夹内，当顾客提出结账时，及时呈上账单。当顾客签单时，应核对顾客的姓名和房号。如果顾客用现金或信用卡结账，服务员应协助顾客。当服务员取回零钱及账单时，应先清点，再交给顾客，并向顾客道谢。顾客离席时，应主动拉椅送客，提醒顾客不要忘记所带物品并向顾客道别。

(9) 结束工作管理

清理餐桌时，如发现顾客遗留物品，应立即交予顾客或通知餐厅管理人员，撤掉所有餐具，铺上干净台布，摆台，迎接下一批顾客。从备餐间拿回清洁好的餐具、托盘、餐车，清点后分类入柜，如有损耗应做好记录。早餐、午餐结束后，应做好下一餐的准备工作。晚餐结束后，应做好安全工作，关闭煤气阀门、水截门，切断餐厅和备餐间的照明及其他电源。除职工出入口门外，关闭所有的门窗并上锁，将易燃易爆物品存入指定仓库。当班负责人应做好最后的安全复查，填写"班后安全检查表"，锁好职工出入口门，离岗。

2. 中餐宴会服务管理

(1) 准备餐具和酒水

准备骨盘、垫盘、味碟、茶杯、饭碗、汤碗、烟灰缸、水果刀、银匙、甜点叉、服务叉、匙、筷子架、筷子等。餐具数量是菜肴道数×顾客人数×1.2。准备水杯和布草，包括红葡萄酒杯、白葡萄酒杯、中国烈性酒杯、香槟杯、白兰地酒杯、台布、餐巾和小毛巾等。酒具数量为顾客人数×1.2；台布数量是餐台数×1.2；餐巾数量一般为顾客人数×1.2，高级宴会可根据需求增加；小毛巾数量是顾客人数×4×1.2。准备胡椒瓶、牙签、席次牌、冰桶、冰夹、托盘等。把宴会使用的各种餐具整齐地摆放在餐台上。不同的宴会主题，餐台摆放方法不同，因此准备的餐具也不同。根据设计好的台型图摆好餐桌、服务桌，围上台裙。摆放餐台前应洗手，按照铺台布的标准铺好台布，放好转台。按摆台标准和程序将餐具摆放好,将叠好的餐巾花放在水杯里或骨盘内。根据宴会通知单,填写领料单,从仓库领出酒和饮料,将酒水瓶罐擦拭干净,将需要冷藏的酒水存入冷藏箱。宴会前30分钟取出相应的酒品饮料,摆放于服务台上。

(2) 检查服务设施

检查照明、空调和音响等设备。宴会用的桌椅、台柜、设备、设施应符合宴会服务标准。如果设施和设备有问题,应立即通知工程部维修并做好跟踪检查。

(3) 做好备餐间工作

搞好备餐间的卫生,按规定时间到洗涤部把干净的布草领回并入柜。清洁食品保温柜、茶水柜、服务车、洗手池和消毒设备等。准备宴会所用的一切餐具和用具。开餐前30分钟完成各种调料的准备工作。

(4) 做好其他准备工作

准备好休息室的茶具,将消过毒的毛巾在水中浸湿后叠好,放入保温箱内备用。大型宴会厅提前30分钟打开空调,小型宴会厅提前15分钟打开空调。提前30分钟开启宴会厅所有照明设备。宴会前10~15分钟摆好冷菜,将各种冷菜交叉摆放。大型宴会开始前10分钟,将第一杯酒斟倒好,小型宴会在宴会开始后斟倒,斟酒时应做到不滴不洒,以八分满为宜。如广东的餐厅宴会前15分钟上小菜,斟倒酱油,将小毛巾摆在餐台上。宴会前主管人员对环境、餐台及其他准备工作进行全面检查。宴会前10分钟,服务员站在各自岗位上,面向宴会厅门口,迎接顾客。

(5) 迎宾服务管理

顾客到达宴会厅时,服务员态度要热情并使用欢迎语和问候语,态度和蔼,语言亲切,引导顾客到休息室或宴会厅。服务员应主动接过衣帽,斟倒茶水或饮料,送上热毛巾,顾客的衣服应挂在衣架上,提醒顾客将衣物里的贵重物品自己保管。宾客进入宴会厅时,迎宾员应主动为顾客引座并安排顾客入座,为顾客拉椅,打开餐巾,铺在顾客的膝上或放在骨盘下,从筷子套中取出筷子,摆放好。

(6) 席面服务管理

① 斟倒酒水。待顾客坐好,为顾客斟倒饮品。先斟倒饮料,再斟倒葡萄酒,最后斟倒烈性酒。当顾客要求啤酒与汽水同斟一杯时,要先倒汽水,后斟啤酒。因为啤酒汽水都带有泡沫,所以在斟倒时应将瓶口与杯子的距离保持在1厘米左右慢慢斟倒,避免泡沫溢出杯外。斟酒时要站在顾客右侧,切忌站在一个位置为左右两位顾客斟酒。斟酒的顺序是先女士,后男士;先主宾,后主人。通常为顺时针方向斟倒。

② 宴会开始前的服务。宴会开始前宾主讲话时,服务员应站在服务桌旁静候,对于大型宴会,服务员要列队站好,以示礼貌。讲话结束后,服务员应向讲话人送上一杯酒,并为无酒或少酒的顾客斟酒,供顾客祝酒之用。大型宴会应设有服务员为主人和主宾提供斟酒服务。

③ 上菜服务。主人宣布宴会开始后,服务员应根据菜单顺序上菜,先上开胃菜,再上主菜、汤、甜品,最后上水果,有时将汤作为热开胃菜,放在冷菜之后上。面点适当地安排在菜与菜之间。上菜间隔时间可根据宴会进程或主办人需要来灵活安排。热菜须趁热上,从厨房取出热菜应用热菜盖子盖好,待菜上桌后再取下盖子。大型宴会上菜速度要以主桌

④ 分菜服务。根据宴会要求分菜并提供相应的餐饮服务，服务员应熟悉分菜技术，动作要轻稳并掌握好份数。应先上齐配料、调料，然后上菜，对带有骨头和刺的菜肴，应先去骨、去刺，再上菜。

⑤ 巡台服务。在顾客进餐时，服务员应为顾客撤换餐具，每用完一道菜，撤换1次骨盘，适时地为顾客更换烟灰缸，上小毛巾。为了突出菜肴风味，宴会中撤换餐具应不少于3次。重要宴会要求每一道菜撤换一次骨盘。宴会进行中，主宾起身敬酒时，服务员应帮助主宾向后拉椅子，当主宾离开座位去其他餐桌敬酒时，要将其餐巾叠好，放在筷子旁边。当顾客吃完主菜后，应清理桌面，上甜点，上水果。当餐台水果用完后，可撤掉水果盘、骨盘和水果刀叉，并在餐台上摆好花篮，表示宴会结束。

(7) 宴会结束时的管理

当顾客起身离座时，服务员要为顾客拉开椅子，方便宾客行走，并提醒顾客带齐个人物品，将顾客送到餐厅门口。大型宴会，服务人员应列队站在宴会厅门口两侧，热情地欢送顾客。当顾客主动与服务员握手表示感谢时，服务员可与顾客适当地握手并且和顾客道别。顾客离开后，如发现顾客有遗留物品，要立即送还顾客或交予上级主管人员，检查地面及台面的烟头，保证餐厅安全。收拾餐具和用具，清理宴会场地，将餐桌和餐椅按规定位置摆放整齐，关好门窗，关闭所有电源。

二、西餐服务管理

1. 西餐零点服务管理

(1) 餐前准备

餐前准备包括餐厅清洁，吸尘，清洁餐桌、餐椅、服务桌和吧台，擦拭餐具、酒具和用具，准备好餐具和用具，准备好调料，召开餐前会，检查个人仪表仪容。

(2) 迎宾服务

当顾客进入咖啡厅或扒房时，顾客首先见到的是迎宾员的微笑，同时听到真诚亲切的问候。服务人员的微笑与问候使顾客心情轻松，能给顾客带来亲切感与自尊。

(3) 点菜服务

为顾客点菜是服务员推销菜肴和酒水的最好时刻，顾客点菜后，服务员应复述，在保证没有笔误后，记录在菜单上或输入电脑中。

(4) 上菜服务

西餐服务讲究礼节礼貌，讲究上菜顺序，先上开胃菜，再上主菜，最后上甜点。上菜前先上酒水，先女士、先长者，后男士。热菜必须是热的（80℃以上），餐盘是热的，冷菜必须是凉爽的，热菜要盖上盖子。在咖啡厅，酒水服务由餐厅服务员负责。在扒房，酒水服务由专职酒水服务员负责。

(5) 巡台服务

顾客每用完一道菜肴，服务员应及时收拾餐具，及时添加酒水。顾客用餐时，餐厅经理应向顾客问好，并征求顾客对菜肴和服务的意见。

（6）结账服务

完美的西餐服务，不仅有良好的开端、专业化的服务规范，而且要有完美的结束服务。当顾客结束用餐时，服务员应认真、迅速准确地为顾客结账。

（7）送客服务

顾客离开餐厅时，服务员应帮助顾客拉椅，感谢顾客，向顾客告别。

2. 西餐宴会服务管理

（1）宴会预订

西餐宴会通常要经过预订，尤其是大型宴会更需要提前一定的时间预订。这是客户为了保证自己在理想的时间举行宴会采取的措施，而酒店则需要一定时间做宴会准备工作。

西餐宴会预订由酒店餐饮部销售人员或宴会部负责承接。宴会预订通常通过电话、传真或网络进行，然后双方通过宴会合同书将宴会相关事宜确定。宴会销售人员或负责宴会的工作人员应将客户对宴会时间、地点、人数、费用、菜肴、酒水、设施、宴会布置等方面的要求及宴会的名称、预订单位名称、联系人的姓名和电话号码填写在宴会订单上。宴会确定后，销售部人员要求顾客预付10%以上的定金，所有宴会费用在宴会结束时一次付清。宴会合同书应规定客户取消宴会预订的时间和其他条件，许多酒店规定大型宴会应提前一个月通知酒店，中小型宴会通常应提前7～15天。如果超过酒店规定的时间取消预订，宴会的预付定金将不退还给顾客。

（2）宴会准备

掌握宴会的类型、名称、规模、菜单、参加人数和其他要求，制定宴会的服务程序，布置宴会厅，做好服务员的分派工作。

① 宴会的摆台工作要注意：服务员摆台之前应洗手消毒，摆台时用托盘盛放餐具和用具，边摆边检查餐刀、餐叉、酒具、餐盘是否干净和光亮，是否符合标准，如发现不清洁或破损的餐具，要及时更换。手拿刀叉时，要拿其柄部。拿餐盘时，手不接触盘面。手持酒杯时，手指不接触杯口部。摆好餐台后要全面检查，查看是否有漏项或错摆现象，检查花瓶、蜡烛台是否摆放端正。

② 各类刀、叉、杯等器具的摆放。在装饰盘右侧从左到右依次摆放餐刀、鱼刀、汤匙，刀刃向左，刀把和匙把距餐桌1.5厘米。在装饰盘的左侧从右向左依次摆放餐叉、鱼叉，叉口向上，叉柄距餐桌边1.5厘米。在装饰盘上方从下至上依次摆放甜品叉和甜品匙，叉把向左，叉口朝右；匙柄向右，匙面朝上。如果摆放甜点刀，刀把向右，刀刃向装饰盘。在沙拉叉的左侧摆上面包盘，距沙拉叉1厘米，距桌边1.5厘米，将黄油刀摆于面包盘上的右侧1/3位置上。将水杯摆在餐刀正前方，与刀尖相距2厘米。红葡萄酒杯摆在水杯右下方，与水杯相距1厘米。白葡萄酒杯摆在红葡萄酒杯右下方，与白葡萄酒杯相距1厘米。将餐巾花摆在装饰盘正中。将调味架和牙签筒按四人一套标准摆放在餐桌中线位置上。

③ 花篮、菜单的摆放。长台上摆花瓶或花篮1～4个，一个花篮应摆于餐桌的中心位置，摆放4个时，应按相等的距离摆在长台上，鲜花高度不能高过在座顾客的视平线。每

个席位摆一份菜单,人数较多时,可两个席位摆一份菜单。

④ 摆面包和黄油,准备酒水。大型宴会在顾客到达餐厅5分钟前,把黄油、面包摆放在黄油盘和面包盘上,每个顾客的面包数量应当相同。为顾客杯中斟好矿泉水。小型宴会,在顾客入座后再斟倒水及上面包和黄油。

对宴会前各项准备工作进行一次全面检查,包括卫生、安全、设备、器皿、摆台等,然后服务人员再次整理自己的仪表仪容,做到服装整齐、仪容大方。

(3) 餐桌宴会服务管理

顾客到达时,热情礼貌地向顾客问候并表示欢迎。为顾客存放衣物,向顾客递送衣物寄存卡,并引领顾客入席。在一些大型宴会中,先引领顾客到休息厅做短暂休息,为顾客送上饮品。当顾客表示可以入席时,引领顾客入席。为顾客拉椅让座,先女士、重要宾客、行动不便的顾客,再一般男士。待顾客入座后,为顾客打开餐巾,然后将各种饮料送至顾客面前(左手托盘),逐一说明,待顾客选定后为顾客斟倒饮料。以开胃菜、汤、主菜、甜点为顺序上菜。上开胃菜时,斟倒白葡萄酒,当顾客用完开胃菜时撤盘,从主宾或女士位置开始。服务员在顾客右边,用右手撤下餐盘和刀叉,从顾客右边把汤放到顾客面前,先女宾,后男宾,再主人。上海鲜类菜肴前,先撤下汤匙,为顾客斟倒白葡萄酒。上红色畜肉类菜肴前,先为顾客斟倒红葡萄酒。上甜点时,吃甜点的餐具应根据甜点品种而定,热甜点一般使用甜点匙或中叉,食用烩水果使用茶匙,上冰激凌时放冰激凌匙。客人用完每一道菜后,撤去用过的餐具,添加冰水,更换烟灰缸。许多西餐宴会在餐中不提供咖啡,只提供冰水和果汁。但有一些欧美人喜欢在餐中喝咖啡,因此提供咖啡服务的方法应当根据宴会订单安排。从顾客右边摆上咖啡具,询问顾客用咖啡还是茶,随时为顾客添加咖啡或茶,直至顾客表示不饮用为止。宴会结束时,服务员应立即上前为顾客拉椅,热情欢送并欢迎下次光临。顾客离开后及时收拾餐厅,检查台面及地毯有无顾客遗忘的物品。按顺序收拾餐桌,整理宴会厅,关好门窗,关闭所有电灯和空调等。

(4) 自助宴会服务管理

自助宴会指将宴会设计的全部菜肴摆放在设计好的餐台上。宴会餐台至少包括以下几种:冷开胃菜餐台、热开胃菜餐台、热主菜台、甜点台和水果台。顾客可以自己到餐台取自己喜爱的菜肴,服务员只负责倒酒水。一些自助餐宴会,还要摆放酒水台和餐具台,顾客自己去酒水台拿取酒水。餐厅主管及迎宾员在宴会厅门口迎接顾客并向顾客问好。某些重要的自助式宴会,餐厅经理或更高职务的管理人员亲自带领迎宾员在餐厅门口迎接顾客。顾客进入宴会厅后,服务员用托盘送上酒水,向顾客问好并请顾客自选酒水。服务员左手托着酒水穿行于顾客中间,随时为顾客提供酒水,并及时撤走顾客用过的杯子。宴会正式开始,宾主致辞讲话时,服务员托上酒水站在讲台附近,准备为讲话人敬酒服务。宴会进行中,服务员随时撤走餐桌上顾客用过的餐具,送交洗碗机房清洗并及时向餐厅补充需用的餐具。如自助餐宴会设有贵宾席位,应由专职服务员为其选送餐台上的各种菜品并提供服务。自助宴会结束时,餐厅经理征求主办单位的意见并带领服务员欢送顾客,请顾客再次光临。

(5) 现场指导

根据宴会级别和规模,宴会服务的现场应有不同级别的业务指导人员负责协调餐厅与厨房的生产与服务，协调宴会举办单位和餐厅服务工作，指导和监督宴会服务的质量，及时处理顾客意见。

(6) 服务中注意的问题

撤换餐具要等全桌的顾客把刀叉放在餐盘里，把汤匙放在汤盘里，方可进行。如果有顾客不使用这种表示方法，服务员可以有礼貌地询问一下，征得顾客同意后再撤餐具。撤餐具时应从顾客的右侧进行，不要在餐桌上刮盘或堆盘，要用右手撤盘，左手托盘，撤盘时刀叉一起撤下，不能一次撤得过多，过多时会过重，可能会导致意外事故。撤下的餐具应立即放到附近的服务桌上，经整理后送至洗碗间。宴会应在优雅的气氛中进行，服务员应反应灵敏，注意举止，走路要轻快，动作要敏捷，不得有声响，与顾客讲话时声音要适中，以顾客能听清楚为准。服务员服务时要挺胸收腹，不依靠他物，呼吸均匀。背景音乐要柔和，为宴会厅营造一种美好的气氛和高雅的情调。当今西餐宴会菜肴道数和服务程序朝走简化，而每道菜肴的内容更加丰富，宴会时会增加现场音乐表演或舞蹈表演等。

实训项目

实训项目一　托盘使用规程

1. 托盘的采用

托盘依形状有大、小、方、圆形的，其质料有木质、金属的。圆形托盘，直径在30～45厘米的，通常向客人提供食物、饮料杯等个别餐具，香烟、火柴等物品的供应与撤除时，使用小圆托盘盛装，以示慎重。用左手托盘、右手在客座取物，按照规定的方向服务。长方形及正方形托盘，是把较有重量的菜肴从厨房搬运到餐厅，或把脏的餐具撤回厨房清洗，由于物品较重，可以双手端着托盘行动；或物品过多，可考虑使用托盘架及手推车，作为辅助搬运过多或过重的餐具之用。

2. 托盘的操作

托盘以左手托取，手掌平伸，拇指向左，四指分向前平托，用右手握住托盘的右缘，并保持平衡；如果运行时持较重的托盘，左手指可转向后，把盘缘托在肩膀上以保持平稳。走动时以左行为原则，耳、眼反应要灵敏，脚步要稳健。用左手托盘右手护着的原因有：①由于大多数的门皆朝右开启，需用右手推或以脚踢开，因此通常用左手托盘。门开启后可能会很快地反弹回来，若是以左手持盘便易于发现，且右手可进行阻挡，当抵达服务台时，右手在必要时亦可清除服务台上的物品，以便放下食具盘。②搬运托盘需高于座客头顶，当无妨碍视野的顾虑时，以左手平等于肩部位置，离开头发，并用右手保持其角边。③练习搬运托盘的正确方法。不正确的持法会令肩部肌肉及臂部抽筋或屈膝。因此服务人员学会了用手托盘的方法，在餐厅工作起来即可运用自如，而且更安全。

3. 供餐使用托盘

① 从厨房搬出菜肴时，要注意托盘的清洁，可在托盘上铺一层干净的餐巾，以防止餐

盘具滑移，且有美观的功用。

② 较大及较重的盘碗置于中央部位，较小的物件可靠边放置。所有物件需均衡放置，以免携带时滑落或颠落。

③ 当盛有液体的餐盘装于托盘时，切不可置于托盘边，应放置在中央位置。

④ 盛有汁液的餐盘或盛肉汁及酱油的碟须平稳置于食具盘上。冷热食盘不可使其触碰。

⑤ 茶壶及咖啡壶不可注装过满，以免溢出，其壶嘴需朝内，然而须不朝向装食物的盘碟。

⑥ 食盘底不可触及装于其他食盘中的食物。

⑦ 离开厨房之前，检查托盘，是否所有食物及必需的服务配备皆在其中。食物的放置依服务顺序进行。

⑧ 托盘绝对不可置于客人桌上，应先置于其边台或托盘架上，再由此上菜。

⑨ 放置任何食盘在餐桌上时，都应以四根手指头托在盘缘底部，大拇指夹在盘缘上部。

⑩ 回厨房时应将不必要的物件带回。

4. 撤移盘碟

① 服务中除了饮料用具须从右方撤下外，任何一道菜，盘碟都应从左方撤下。

② 客人未离席，不得清理桌面。清理餐桌时，先把剩菜拨到一个盘中，再收拾大型盘，将盘及大碟置于食具托盘当中，再将小件置于其上。

③ 捡取银器，应持其把柄，所有的把柄以及筷匙应朝向同一方向，置放在托盘一边。如此方可避免沾污手，且放置于洗碗机中较容易处理。

④ 杯子须持其把柄，再行堆置，玻璃器盘应持其底部，置于有空位的地方，这种做法能使托盘保持平衡。

⑤ 勿将盘碟堆叠过高，勿将托盘堆过量。

⑥ 用上菜时相同的方法端运托盘，平稳持盘，并且保持靠左边行走。

⑦ 将托盘运到洗碗机旁，按所定规矩处理盘碟。

⑧ 利用回程时，携带从厨房带回餐厅的任何物品。

实训项目二　中餐摆台

1. 中餐便餐摆台

中餐便餐摆台多用于零点散客，或者是团体包桌，其餐台常使用小方台或者小圆桌，没有主次之分。在客人进餐前，放好各种调味品，按照座位摆好餐具，餐具的多少，可以根据当餐的菜单要求而定。

中餐便餐摆台基本要求如图8-4所示。

① 台布铺设要整洁美观，符合餐厅的要求。

② 餐碟摆放于座位正中，距离桌边1厘米左右，约一指宽。

③ 汤碗与小汤匙应该一起摆在餐盘前1厘米左右的地方。

④ 筷子应该位于餐碟的右侧，距离桌边一指宽。

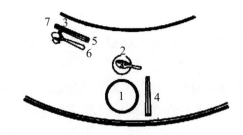

图8-4　中餐便餐摆台

1—餐碟；2—汤碗；3—调羹；4—筷子；5—公筷；6—公用勺；7—筷架

中餐便餐摆台操作流程见下表。

摆台规程
●摆台准备 ① 洗净双手，准备各类餐具、玻璃器具、台布、口布或餐巾纸等。 ② 检查餐具、玻璃器具等是否有损坏、污渍及手印，是否洁净光亮。 ③ 检查台布、口布是否干净，是否有损坏、褶纹。 ④ 检查调味品及垫碟是否齐全、洁净。 ●铺台布 按圆桌铺台布的方法铺好桌布。台布中缝居中，对准主位，四边下垂长短一致，四角与桌脚成直线垂直。 ●摆餐椅 ① 4人桌，正、副主位方向各摆2位。采用十字对称法。 ② 6人桌，正、副主位方向各摆1位，两边各摆2位。采用一字对中，左右对称法。 ③ 8人桌，正、副主位方向各摆2位，两边各摆2位。采用十字对中，两两对称法。 ④ 10人桌，正、副主位方向各摆3位，两边各摆2位。采用一字对中，左右对称法。 ⑤ 12人桌，正、副主位方向各摆3位，两边各摆3位。采用十字对中，两两相间法。 ●上转盘 8人以上桌面须摆转盘，并套上转盘布罩。转盘与餐桌同圆心。 ●摆餐具 ① 摆餐碟。餐碟摆在离桌边1厘米处，各餐碟之间距离相等。 ② 摆汤碗、汤匙。汤碗摆在餐碟前面的左侧，相距1厘米；汤匙摆在汤碗上，汤匙柄向右。 ③ 摆筷子、筷子架。筷子架横摆在餐碟右边，距汤碗1厘米；筷子垂直于筷子架，横向摆放，筷子靠桌边的一端与桌边线距离1.5厘米。 ④ 水杯摆在汤碗正前方，间距为1厘米。 ⑤ 折好餐巾花摆在餐碟上，餐巾花正面朝向转盘。 ⑥ 摆烟灰缸、牙签筒、调味架、花瓶、台号牌。花瓶摆在转盘中央，台号牌摆在花瓶旁边。牙签筒摆在餐碟右边，字面向上。

2. 中餐宴会摆台

（1）宴会的场地布置

宴会的接待规格较高，形式较为隆重，中餐的宴会多使用大圆桌，由于宴会的人数较多，所以就存在场地的布置问题，因此应该根据餐厅的形状和大小以及赴宴的人数多少安排场地，桌与桌之间的距离以方便服务人员服务为宜。主桌应该位于面向餐厅正门的位置，可以纵观整个餐厅或者宴会厅。一定要将主宾入席和退席的线路设为主行道，因此该通道要比其他通道宽一些。不同的桌数的布局方法有所区别，但一定要做到台布铺置一条线，桌腿一条线，花瓶一条线，主桌突出，各桌相互照应。宴会的场地布置如图8-5所示。

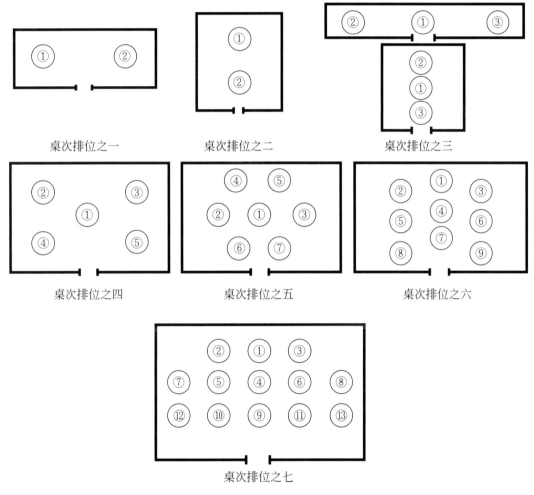

图8-5　宴会的场地布置

（2）中餐宴会座次安排

在宴会上，座次具体是指同一张餐桌上席位的高低。中餐宴会上座次安排的具体规则有四：其一，面门为主；其二，主宾居右；其三，好事成双；其四，各桌同向。中餐宴会座次安排如图8-6所示。

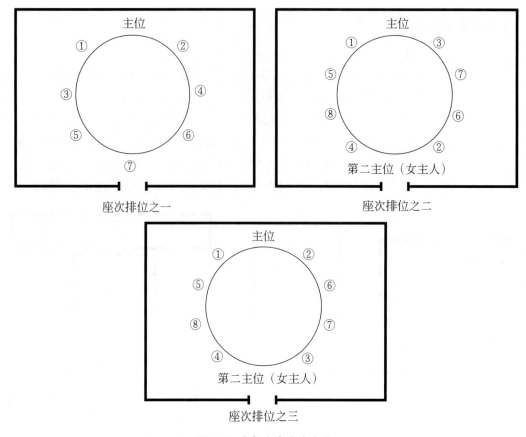

图8-6 中餐宴会座次安排

中餐宴会通常都有主人、副主人、主宾、副主宾及其他陪同人员,各自都有固定的座次安排。

① 背对着餐厅重点装饰面、面向众席的是上首,主人在此入座,副主人坐在主人对面,主宾坐于主人右侧,副主宾坐于副主人右侧。

② 主人与主宾双方携带夫人入席的,主宾夫人坐在主人位置的左侧,主人夫人坐在主宾夫人的左侧。其他位次不变。

③ 当客人在餐厅举行高规格的中餐宴会时,餐厅员工要协助客方承办人按位次大小排好座次,或将来宾姓名按位次高低绘制在平面图上,张贴到餐厅入口处,以便引导宾客入席就座。

(3) 中餐宴会的餐具摆设

左手托盘,右手摆放餐具,从主位开始摆起。中餐宴会摆台标准如图8-7所示。

个人席位上摆放餐具的宽度不应窄于40厘米或者餐椅宽度。在摆放餐具时,如果宴会人数众多,餐具较多,也可以采用多人流水作业的方式摆放餐具,一个人摆一种,依次摆放。

在摆放餐具时还应注意一些小问题:调羹应该放入汤碗或者调味碟内;消毒的筷子应该用筷子套封装;桌面上使用的花瓶或者台花,其高度应该以不阻挡视线为准;主位的口布应该比其他座位上的口布略微高一点;每个餐桌的餐具应该多备出20%,以备使用。

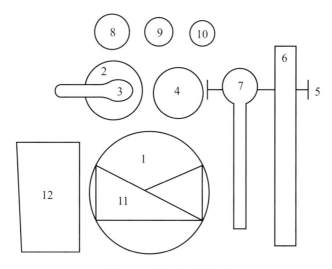

图8-7 中餐宴会摆台标准

1—餐碟；2—汤碗；3—汤匙；4—调味碟；5—筷子架；6—筷子；7—银匙；
8—水杯；9—红酒杯；10—白酒杯；11—餐巾；12—菜单

实训项目三 西餐摆台

1.西餐便餐摆台

西餐便餐一般使用小方台和小圆台，餐具摆放比较简单。

摆放的一般顺序是：餐盘放在正中，对准椅位中线（圆台是以顺时针方向按人数等距定位摆盘）；口布折花放在餐盘内；餐叉放在餐盘的左边，叉尖向上；餐刀和汤匙放在餐盘上方；面包盘放在餐叉上方或左边，黄油刀横放在餐盘上方，刀口向内；水杯放在餐刀尖的上方，酒杯靠水杯右侧呈直线、三角形或者是弧形；烟灰缸放在餐盘正上方，胡椒瓶和盐瓶放置于烟灰缸左侧，牙签盅放在椒盐瓶左侧；花瓶放在烟灰缸的上方；糖缸和奶缸呈直线放在烟灰缸的右边。西餐便餐摆台的一种形式如图8-8所示。

图8-8 西餐便餐摆台

2.西餐宴会餐具摆设

左手托盘，右手摆放餐具，摆放的顺序是：按照顺时针的方向，按照人数等距定位摆盘，将餐巾放在餐盘中或者是将折花插在水杯中。面包、黄油盘放在叉尖左上方，黄油刀刀刃朝向餐盘内竖放在餐盘上，在餐盘的左侧放餐叉，餐盘的右侧放餐刀，在餐刀右边放汤匙，点心刀叉放在餐盘的正上方，酒杯、水杯共三只摆放在餐刀上方。酒杯的摆放方法多种多样，可以摆成直线形、斜线形、三角形或者圆弧形，先用的放在外侧，后用的放在内侧；甜点叉的左上方放盐瓶、胡椒粉瓶，右上方放烟灰缸。注意西餐的餐具要按照宴会菜单摆放，每道菜应该换一副刀叉，放置时要根据上菜的顺序从外侧到内侧，一般不超过七件（即三叉、三刀、一匙），如果精美的宴席有多道菜，则在上新菜前追加刀叉。摆放餐具后应该仔细核对，是否整齐划一。西餐宴会餐具摆设如图8-9所示。

图8-9 西餐宴会餐具摆设

1—面包盘；2—黄油刀；3—鱼叉；4—餐叉；5—餐盘；6—牛排刀；7—鱼刀；8—清汤匙；9—生蚝叉；10—餐巾；11—盐和胡椒粉瓶；12—烟灰缸；13—水杯；14—红酒杯；15—白酒杯；16—甜品匙；17—甜品叉

思考题

1. 简述酒店餐饮管理内容。
2. 餐饮产品的特点是什么？
3. 请选择一家当地酒店，画出其餐饮部的组织结构图。
4. 简述中餐零点服务管理的内容。
5. 西餐服务管理的要点有哪些？

案例一 上错菜了，怎么办？

8号台的李先生点了一份牛肉咖喱饭，但服务员送上来时却成了羊肉咖喱饭，显然是某环节上出了差错，李先生大为恼火。此时身为看台服务员的你该如何处理？

服务员在接到客人这种投诉时，应保持镇定，首先向客人道歉，设法安抚客人情绪。然后核对餐单是否真的是送错了。如果确实是上错菜，而这盘菜肴客人又还没动过的话，服务员应征求客人意见后，把菜肴撤下来退回出菜部，重新送上客人所点的菜肴，再次向客人道歉并祝客人用餐愉快。

如果客人还是很火恼，对于服务员的道歉无动于衷，应回避并马上向上级汇报，看是否可以免单或采用其他补偿途径。

案例二 少说了一句话

餐厅玫瑰房里，张先生正在宴请朋友，笑声、祝酒声不断，一道道缤纷夺目的菜肴送上桌面，客人们对今天的菜显然感到心满意足。可是不知怎么，上了一道点心之后，再也不见端菜上来。热闹过后便是一阵沉寂，客人开始面面相觑，热火朝天的宴会气氛慢慢冷却了。

一刻钟过去，仍不见服务员上菜。张先生终于按捺不住，唤来服务员。接待他的是餐厅的领班。他听完客人的询问之后很惊讶："你们的菜已经上完了啊！"当听到这话时，大家都感到很扫兴。在一片沉闷中，客人快快离席而去。

为什么会出现这种情况？该如何补救？

本例的症结在于上最后一道菜时服务员少说了一句话，致使整个宴席归于失败。

服务员通常在上菜时要报菜名，如果是最后一道菜，则应向客人说明："你们所点的菜都已上齐了，是否还需要添些什么吗？"这样做，既可以避免发生客人等菜的尴尬局面，又是一次促销行为，争取机会为酒店多做生意。

酒店的服务工作中，有许多细枝末节的琐碎事情，然而正是细节上才能见真章。在整个服务中需要服务员的细心和周到，容不得哪个环节上出现闪失。客人离开酒店时的总印象是由在酒店逗留期间各个细小印象构成的。在酒店里任何岗位都不允许发生疏漏，万一出现差错，别人是很难补台的。因此，酒店里的每个人必须牢牢把好的质量关。本例中，由于服务员缺了一句不应少讲的话，终使酒店许多员工的服务归于无效，这又一次证明了酒店业100-1=0这一计算公式。

第九章 人力资源部

【学习目标】

1. 了解人力资源管理的相关常识。
2. 熟悉人力资源管理的一般流程。
3. 掌握酒店人力资源部的主要工作内容。

第一节 人力资源部概述

所谓人力资源是指人所具有的对价值创造起贡献作用并且能够被组织所利用的体力和脑力的总和。其内涵包括三方面：一是人力资源的本质是人所具有的脑力和体力的总和，即劳动能力；二是这一能力要能对财富的创造起贡献作用，成为财富形成的来源；三是这一能力还要能够被组织所利用。

人力资源管理是为了实现既定的目标，通过运用科学系统的技术和方法对人力资源的取得、开发、保持和利用等方面所进行的计划、组织、领导、控制等一系列活动的总称。它是研究人与人之间关系的调整、人与事的配合，以充分开发人力资源、挖掘人的潜力、调动人的积极性、提高工作效率、实现组织目标的理论方法和技术。

酒店人力资源部的主要任务就是对酒店这样一个独特的旅游企业组织的人力资源状况进行管理，具体内容包括酒店人力资源规划、酒店员工的招聘与培训、员工绩效管理、员工薪酬管理、员工劳动关系管理，等等。

一、人力资源规划的含义

人力资源规划，是指为实施企业的发展战略，完成企业的生产经营目标，根据企业内外部环境和条件的变化，运用科学的方法对企业人力资源需求和供给进行预测，制定相应的政策和措施，从而使企业人力资源供给和需求达到平衡的过程。人力资源规划又称人力资源计划，它是一整套确保企业在适当的时间里、在适当的岗位上，获得适当的人员，并促进企业和个人获得长期效益的措施。其合理与否会直接影响到企业整体人力资源管理的效率。

二、酒店人力资源规划的内容

酒店人力资源规划的内容主要包括两方面，即酒店人力资源总体规划和酒店人力资源业务计划。

1. 酒店人力资源总体规划

人力资源总体规划是指在一定时期内对酒店人力资源管理的总目标、总政策、实施步骤和总预算的安排。

2. 酒店人力资源业务计划

人力资源业务计划包括酒店人员的晋升、补充、培训、分配使用、工资等具体内容。

三、酒店人力资源规划的种类

酒店人力资源规划的种类多种多样，依据不同的划分标准，可产生不同的类型。

1. 依据规划的性质分类

依据规划的性质，人力资源规划可分为战略性的规划和战术性的规划。酒店战略性的规划具有全局性和长远性的特点，战术性的规划具有具体性、短期性、专门性、针对性的特点。

2. 依据规划的范围分类

依据规划的范围，人力资源规划可分为酒店总体人力资源规划、部门人力资源规划、某项任务或工作的人力资源规划。

3. 依据规划的期限分类

依据规划的期限，人力资源规划可分为短期人力资源规划、中期人力资源规划和长期人力资源规划。

短期人力资源规划为月度、季度、半年度和年度计划。

中期人力资源规划一般指 1～5 年的计划。

长期人力资源规划一般为 5 年以上的计划。

四、酒店人力资源规划的程序

酒店人力资源规划的程序是调查研究、预测供需、制订方案和实施控制。

1. 调查研究

本阶段主要是取得规划所需的材料，为后续工作提供基础。调查研究的内容包括酒店外部信息，如宏观经济发展趋势、酒店业发展前景、政府的政策法规、人力资源市场情况、主要竞争对手的情况等；酒店内部信息，如酒店发展战略、人力资源战略、员工流动情况、员工素质水平、岗位需求状况等。

2.预测供需

本阶段主要是在前一阶段的基础上，对人力资源的未来需求和供给情况进行分析预测，是极具技术性的关键工作，其准确程度直接决定了规划的有效性。

3.制订方案

先制订人力资源总规划，再根据总规划制订各具体的业务计划及政策。

4.实施控制

实施与控制人力资源规划主要包括四个步骤。

（1）执行

执行是最重要的步骤，要注意：按计划全力以赴地执行，并做好资源、组织、思想及制度方面的准备工作，以确保具有较高的执行力。

（2）检查

检查是必不可少的步骤，检查要明确检查目的和内容，列出检查提纲，由上级或平级逐项检查，检查后要及时、真实地与实施者沟通。

（3）反馈

反馈是实施控制人力资源规划的关键环节，通过反馈可知规划的内容是否正确，是否全面可行，哪些需要补充调整等。

（4）修正

修正是最后一步，根据环境的变化、实际情况的需要及实施中的反馈信息，及时修正原规划中的一些项目，将有利于保证规划的有效性。

第二节 人力资源部的主要工作内容

一、招聘

1.招聘的含义

招聘包括招募和选拔两个过程，招募主要是吸引应聘者，是招聘的基础性工作，选拔主要是选择合适的人选，是招聘的关键环节。

2.酒店招聘的特点

（1）员工需求数量大

酒店属于劳动密集型企业，对劳动力的需求量较大，加上目前我国旅游企业发展迅速，人口增长率下降，导致酒店人员需求率的增长远大于劳动供给的增长，所以酒店在招聘员工时有些困难。

(2) 员工需求季节性强

由于受到旅游业季节性的影响，酒店人员的需求也存在淡旺季之别，经营旺季人员需求量大，淡季人员需求量减少。如何能够保证在旺季时能给企业招聘到大量的人员，将是招聘工作的一大难题。

(3) 员工素质要求高

酒店生产与消费具有即时性的特点，加上消费者对酒店产品越来越了解，对其质量的要求也越来越高，致使酒店对员工的服务态度和服务水平的依赖性较强，酒店方面希望招聘到高素质人才的愿望越来越强烈。

(4) 员工流动率高

全社会行业的平均流动率为12.8%，而酒店业的平均流动率在20%～30%。员工流动率高迫使招聘工作频繁进行，增加了企业成本，影响了企业形象，因此应分析原因，减少员工流动。

3. 招聘的途径

(1) 内部招聘

内部招聘，指在企业内部现有人员中挑选适合新岗位的人员。内部招聘的主要形式有内部晋升、内部调用、重新聘用等。

(2) 外部招聘

外部招聘，指从企业外部招聘企业需要的人员，外部招聘的来源主要有主动求职者、同行业在职人员、相关毕业生、进城务工人员等。

4. 人员选拔的内容和方法

① 人员选拔的内容包括应聘者的教育背景、工作经历、工作能力、身体状况和个性特点等。

② 人员选拔的方法通常包括面试、笔试、心理测试、演讲、情景模拟、背景调查、体检等。

附：

面试常见问题一览表

1. 工作兴趣问题
(1) 你是怎么知道我们公司的？
(2) 你对我们公司的印象怎样？包括规模、特点、竞争地位等。
(3) 你为什么想做这份工作？
(4) 你认为你有哪些有利的条件来胜任将来的职位？
(5) 你认为这一职位涉及哪些方面的工作？
2. 工作经历问题
(1) 你目前或最后一份工作的职务（名称）是什么？
(2) 你的工作任务是什么？

续表

（3）在该公司工作期间你一直是从事同一种工作吗？（是或不是）
如果不是，说明你曾从事过哪些不同的工作、工作时间多久及各自的主要任务。
（4）你最初的薪水是多少？现在的薪水是多少？
（5）你对你上一份工作满意的地方在哪里，还有哪些不满意的地方？
（6）你与你的上、下级及同事的关系怎么样？
（7）你为什么要辞去那份工作？
3.目前的工作状况问题
（1）如果可能，你什么时候可以到我们公司上班？
（2）你愿意出差吗？
（3）你最大限度的出差时间可以保证多少？
（4）你能加班吗？
（5）你周末可以上班吗？
4.教育背景问题
（1）你认为你所受到的哪些教育或培训将能帮助你胜任自己申请的工作？
（2）对你受过的所有正规教育进行说明。
5.工作以外的活动（业余活动）
工作以外你做些什么？
6.自我评估
（1）你认为你最大的优点是什么？
（2）你认为你最大的缺点是什么？
7.对你的工作有激励作用的因素有哪些？
8.介绍一下你的家庭情况

二、培训

1.培训的含义

酒店员工的培训就是培养员工的素质、传授相关知识、训练专业技能。培训工作的好坏决定了企业的成败，有效的培训能够为员工发展创造条件、提高服务质量和绩效水平，从而提高酒店竞争力、适应能力以及吸引力和凝聚力。

2.酒店培训的特点

与学校的学生教育相比，酒店员工培训具有如下特点。

（1）在职性

在职性是指酒店培训的对象是有工作的在职人员，其主要任务还是工作，培训必须服从于工作，所以培训时应注意强调实用性、速成性，与实践相结合，缩短学习时间。

（2）成人性

成人性是指其生理和心理状态具有如下特点：干扰因素多、学习目的明确、对培训环境要求较高、逻辑记忆能力强、机械记忆能力弱，所以培训时要注意到这一特点，选择合适的场所、恰当的方法和有针对性的内容，以提高培训的效果。

三、绩效管理

1.绩效管理的含义及相关概念

（1）绩效

绩效指完成工作的效率和效能，即员工在考核期内的工作表现和业务成果。

（2）绩效考核

绩效考核，也即考绩、绩效考评、绩效评价，是对员工的工作行为和工作结果全面地、系统地、科学地进行考察、分析、考核与传递的过程。其本质是考核成员对组织的贡献，或者对组织成员的价值进行评价，也是一种沟通手段。

（3）绩效管理的概念

绩效管理，即管理者通过一定的制度与方法，确保组织及其子系统（部门、工资团队和员工个人）的绩效（工作表现和业务成果）能够与组织的战略目标保持一致并促进组织战略目标实现的过程。它的实质是通过持续动态的沟通达到真正提高绩效、实现组织的目标，同时促使员工发展。

2.绩效管理的意义

绩效管理是人力资源管理的核心，成功的绩效管理具有重要的意义。

（1）促进上下级沟通，提高管理水平，使个人目标与企业发展相一致

在绩效管理过程中，上下级之间可以通过对考核结果的反馈进行交流，互相了解，增加信任，同时找出问题和薄弱环节并加以改进，共同促进个人与企业的发展。

（2）绩效管理为最佳决策提供依据

企业在做出任一决策时都要进行严格论证，谨慎行事，而绩效管理则为其提供了依据，如在考核中发现员工的优缺点和潜能，在进行企业培训时就知道如何引导员工，以强化优势，改善不足，发掘其潜能。

（3）绩效管理为员工提供一面有益的"镜子"

绩效评价则有利于员工了解自己的工作状况以及与理想之间的差距，起到有益的"镜子"作用，时刻提醒员工不断改进工作的方式、方法，以取得良好的工作效果。

（4）减少法律纠纷

员工的招聘和解聘常常会给酒店带来官司，而绩效管理的相关记录则是一种可靠的法律依据，万一日后发生纠纷，可有据可查。

3.绩效管理的流程

绩效管理的流程包括制订计划、实施控制、绩效考核、绩效反馈和结果应用。

（1）制订计划

绩效管理的第一个环节就是制订企业绩效计划，它是启动绩效管理和实现绩效管理战

略目标的关键点，制订绩效计划的主要依据是工作目标和工作职责。

(2) 实施控制

绩效的实施与控制是整个绩效管理的灵魂和核心。制订绩效计划之后，员工开始按计划进行工作，管理者需要对员工的工作进行指导与监督，对发现的问题及时予以解决，并对计划进行适当调整，以适应不断变化的客观环境。

(3) 绩效考核

绩效考核是绩效管理的重要环节。绩效考核一方面是对员工进行客观评价，另一方面更是为了发现员工工作中的问题并加以改进，以促进员工的发展和企业的成长。绩效考核的方法有正态分布法、360°绩效考核法、目标管理法、关键事件法等。

(4) 绩效反馈

绩效反馈是绩效管理过程中的关键环节。绩效考核不是绩效管理的最终目的，也不是绩效管理的结束，考核之后绩效管理者还需要与被考核者进行沟通，让被考核者了解自己的业绩情况，了解绩效管理者对自己的期望，同时被考核者也可提出自己的困难和想法，以促进双向沟通。

(5) 结果应用

绩效结果应用是整个绩效管理过程的一个周期运行的终点。通过绩效反馈与沟通，便能得到一个完整的、管理者和员工都认可的考核结果。绩效结果可作为员工发展计划、培训、薪酬调整、职位升降等的依据，又可为新一轮周期的绩效管理计划的制订提供参考。

附：

下面是最常见的沟通方法之一，对大小企业都适用。而且实践证明，这一方法是有效的、可靠的，并且备受酒店及其各类员工的青睐。

具体做法是：在你打算与别人沟通交流之前，先把下面"沟通卡"上的问题弄清楚，做到心中有数、有的放矢。然后在沟通过程中要注意把握要点，以增强可行性，提高有效性。

沟通卡

```
1. 只写你想完成的事
   你想得到哪些事实。
   哪些事实你必须说明。
   你想采取哪些行为。
   你真正的目的是什么。
2. 使对方不感拘束
   自己要放松。
   让对方感到舒服。
   让对方感到放松。
3. 时间应充足
   会见时间有多长。
   如可能先确定时间。
   不要分神去做别的事。
```

> 4.试着采用对方的观点
> 什么是对错，谁最重要。
> 设身处地想一想。
> 你以后会采取什么反应。
> 5.得到对方的信任
> 从开始就表现出忠诚。
> 他认为你是什么样的人。
> 克服相互信任的障碍。
> 6.应得到的事实
> 要问清什么事、为什么，时间、地点、是谁和如何发生的。
> 分别做出论断。
> 7.应细心地听
> 不要打断对方。
> 要理解对方的完全意图。
> 心胸要宽广。
> 8.得出明确的事情
> 小结这次会见。
> 理出相同的意见。
> 得出明确的结论。

四、薪酬管理

1. 薪酬的含义和影响因素

（1）薪酬的含义

薪酬是指员工为企业提供劳动而得到的各种货币与实物报酬的总和。其主要形式有工资、奖金、津贴、福利等。

（2）影响酒店员工薪酬水平的因素

影响酒店员工薪酬水平的因素主要有员工个人因素、企业支付能力、企业管理理念、行业薪酬水平、当地经济发展情况、劳动力市场状况、法律法规政策等。

① 员工个人因素。员工个人因素包括员工的学历、年龄、工龄、经验、技术、工作岗位、等级、工作态度，等等。

② 企业支付能力。一个企业的支付能力与其各项服务工作效率和经济效益有直接联系，是有一定限度的，一旦超过了这个限度，其正常经营就会受到影响，轻则萎缩、停顿，重则破产。

③ 企业管理理念。企业管理理念对薪酬水平的确定起到了重要作用，在偏向于物质刺激的企业文化下，则侧重于用较高的薪酬来激发员工的工作热情，在偏向于精神刺激的企业文化下，则侧重于用较适中的薪酬来激发员工的工作热情。

④ 行业薪酬水平。酒店薪酬水平的制定，要考虑到酒店业以及其他行业的薪酬水平的影响，不能闭门造车，脱离社会。

⑤ 当地经济发展情况。在当地人们的消费水平、物价水平、经济发展水平较高时，酒店员工的薪酬水平会较高，反之则较低。

⑥ 劳动力市场状况。当劳动力供过于求时，酒店可以用较低的薪酬招聘员工；反之，当劳动力供不应求时，酒店则要相应地提高薪酬，才能招聘到合适的员工。

⑦ 法律法规政策。《中华人民共和国劳动法》是我国保障员工合法权利的基本法律，对企业薪酬制度的制定做了相应规定，如同工同酬、最低工资制、加班报酬和福利保障等。许多法规政策如旅游行业法规、政府的财政税收政策、产业政策等都直接或间接地调节着企业的薪酬水平。

2. 薪酬管理的含义和程序

（1）薪酬管理的含义

薪酬管理是指企业分配给员工直接或间接的货币激励和非货币激励的过程。有效的薪酬管理能够激励员工、调动员工的积极性，进而留住优秀员工、吸引人才，增强竞争优势，实现人力资源管理目标。

（2）薪酬管理的程序

酒店薪酬管理的具体运作可分为互相联系的五个环节：

明确策略 ——→ 分析评价 ——→ 外部调查 ——→ 确定制度 ——→ 实施控制

① 明确酒店薪酬策略，即首先要明确酒店是采用高薪资政策还是低薪资政策或者是一般水平薪资政策，只有弄清楚了这一点，下面的努力才有针对性。

② 进行岗位分析与评价。岗位分析与评价是制定科学合理的薪酬制度的依据，其目的在于明确每个岗位的相对价值，以确定各岗位的薪酬等级。

③ 外部环境调查。为了保证酒店的薪酬制度对外具有一定的竞争力，对内具有一定的公平性，必须对影响企业薪酬的外部因素进行调查分析，包括不同地区、不同行业、不同企业的薪酬政策、水平与具体福利项目等。

④ 确定薪酬制度。根据对酒店内外部情况调查的分析与评价，确定本企业各级员工的薪酬结构，规划各个职级的薪酬幅度、等级及标准。

⑤ 实施与控制。薪酬管理最终应落实到制度的实施与控制上。首先要执行既定的薪酬制度，以发挥其对员工的激励作用，促进企业的发展。但薪酬制度并非一成不变，而是一个动态发展的过程，应在实践过程中随客观环境的变化适时调整，不断完善。

五、酒店劳动关系的管理

1. 劳动关系

（1）劳动关系的定义和内容

《中华人民共和国劳动法》是调整劳动关系以及与劳动关系有密切联系的其他关系的法律规范，其中对"劳动关系"做了明确的界定：劳动关系是指劳动者与所在单位之间在劳动过程中发生的关系。劳动关系也称雇佣关系、劳资关系。

具体而言，企业劳动关系有三方面内容。

① 两个主体。即企业经营者和劳动者构成企业劳动关系的两个主体，只有这两个主体同时存在，企业劳动关系才有可能成立。

② 劳动合同。企业劳动关系的两个主体之间必须签订劳动合同，并保证合同的履行，企业劳动关系的运作才算开始。

③ 劳动过程。劳动过程是在企业生产经营的过程中所发生的关系。

(2) 劳动关系的本质

劳动关系的本质是一种经济利益关系。在劳动关系中劳动者向雇主付出自己的劳动，雇主向劳动者支付劳动报酬。劳动关系表现为契约性，即由劳动者与用人单位签订劳动合同，或由劳动者的组织——工会与用人单位签订集体合同，明确劳动过程中各方的权利和义务。

2. 工会

(1) 工会的含义

在我国，工会是在社会主义制度下，由中国共产党领导的工人阶级的群众组织，在我国的政治体制中居于重要地位。它在维护全国人民总体利益的同时，表达和维护工人群众的具体利益，是中国共产党联系工人阶级的桥梁和纽带。

(2) 工会的任务

《中华人民共和国工会法》规定，工会的主要任务如下。

① 代表和组织职工参与国家社会事务管理和参加企事业单位的民主管理。

② 维护职工的合法权益。

③ 代表和组织职工实施民主监督。

④ 协助政府开展工作，巩固人民民主专政与支持企业行政的经营管理。

⑤ 动员和组织职工参加经济建设。

⑥ 教育职工不断提高思想政治觉悟和文化技术素质。

(3) 工会的职权

工会的职权如下。

① 通过职工大会、职工代表大会等形式参与民主管理或与用人单位平等协调。

② 代表职工与企业谈判和签订集体合同。

③ 对劳动合同的签订和履行进行监督。

④ 参与劳动争议的调解和仲裁。

⑤ 对用人单位遵守劳动法律、法规的情况进行监督。

3. 劳动合同

(1) 劳动合同的含义

劳动合同是劳动者与用人单位确立劳动关系，明确双方权利和义务的协议。签订劳动合同，不仅是《劳动合同法》所规定的，也是劳动关系稳定有续、用人单位强化劳动管理、处理双方争议必需的重要依据。劳动合同又称劳动协议或劳动契约。

（2）劳动合同的形式

劳动合同的形式主要有书面形式和口头形式。

《中华人民共和国劳动法》第十九条规定："劳动合同应当以书面形式订立。"同时《中华人民共和国劳动合同法》第十条规定："建立劳动关系，应当订立书面劳动合同。"并且该法第八十二条规定了不签订书面劳动合同的法律责任，这就表明了建立劳动关系订立书面劳动合同是原则，口头形式合同是例外，只被允许存在于特殊的用工形式中，即《中华人民共和国劳动合同法》第六十九条规定的"非全日制用工可以订立口头协议"，法律这样规定的原因在于书面劳动合同能够明确记载双方的权利和义务，有利于劳动合同的履行、监督以及发生劳动争议时有据可查、责任明确。

（3）劳动合同的内容

劳动合同的内容即劳动合同条款，主要包括三个方面。

① 劳动关系主体，即订立劳动合同的双方当事人的情况。

② 劳动合同客体，指劳动合同的标的。

③ 劳动合同的权利和义务，指劳动合同当事人享有的权利和承担的义务。劳动合同具体包括以下必备条款：劳动合同期限、工作内容、劳动保护和劳动条件、劳动报酬、劳动纪律、劳动合同终止的条件、违反劳动合同的责任、劳动争议解决途径。

（4）劳动合同的种类

以劳动合同的期限为标准，劳动合同分为三类。

① 固定期限的劳动合同。即有一定期限的劳动合同，期限届满，劳动法律关系即行终止，如双方协商同意，还可以续延期限，这种合同目前被广泛使用。

② 无固定期限的劳动合同。即没有一定期限的劳动合同，订立这种劳动合同的职工可以长期在一个单位或部门从事工作，无正当理由，职工不得申请辞职，用人单位也不得辞退职工。这种合同适用于从事技术性较强，需要持续进行工作的岗位。

③ 以完成一定的工作为期限的劳动合同。即劳动合同当事人双方把完成某项工作的时间规定为合同终止条件的劳动合同。

4. 酒店员工的权益维护

（1）劳动者的权利和义务

《中华人民共和国劳动法》《中华人民共和国劳动合同法》规定劳动者享有的权利如下。

① 平等就业和选择职业的权利。

② 取得劳动报酬的权利。

③ 休息休假的权利。

④ 获得劳动安全卫士保护的权利。

⑤ 接受职业技能培训的权利。

⑥ 享受社会保险和福利的权利。

⑦ 提请劳动争议处理的权利。

⑧ 法律规定的其他劳动权利。

《中华人民共和国劳动法》《中华人民共和国劳动合同法》规定劳动者必须履行的义务如下。

① 应当完成劳动任务。

② 提高职业技能。

③ 执行劳动安全卫士章程。

④ 遵守劳动法律和职业道德。

而用人单位应当依法建立和完善规章制度,保障劳动者享有劳动权利和履行劳动义务。

(2) 酒店员工合法权益的维护

① 签订劳动合同。

② 提高维权意识。

③ 发挥工会作用。

④ 相关部门监管。

实训项目

调查某酒店的人力资源状况

由学生分组针对某酒店在职员工进行如下信息的调查。

① 酒店员工的基本情况,如学历、年龄、籍贯等。

② 酒店员工薪酬水平。

③ 酒店员工满意度,如对工资、福利、职业发展、培训机会、所在岗位、管理人员的满意度等。

④ 酒店员工跳槽意向和原因。

思考题

1. 你认为酒店人力资源规划可以分为哪些种类?
2. 酒店招聘有什么特点?
3. 你认为绩效管理应当如何进行?
4. 影响酒店薪酬水平的因素主要有哪些?
5. 作为酒店的一名员工,应当如何维护自身的合法权益?

案例一 麦当劳员工晋升办法

麦当劳95%的管理人员要从员工做起。每年麦当劳北京公司要花费1200万元用于培训员工，包括日常培训或去美国上"汉堡"大学。麦当劳在中国有三个培训中心，培训教师都是公司内有经验的运营人员。

其培训的目的是尽快让员工得到发展。许多企业的人才结构像金字塔，由下到上逐渐减少。而麦当劳的人才体系则像圣诞树——只要你有足够的能力，就让你升一层，成为一个分枝，再上去又成为一个分枝，你永远有升迁的机会。

麦当劳北京公司总裁说："每个人面前都有个梯子。你不要去想我会不会被别人压下来，你要爬你的梯子，争取实现你的目标。举个例子，跑100米输赢就差零点几秒，但只差一点点，待遇就不一样。我鼓励员工永远追求卓越，追求第一。"

通过这样的人才培养计划，在麦当劳取得成功的人都有一个共同特点：从零开始，脚踏实地。炸土豆条、做汉堡包，是在公司走向成功的必经之路。最艰难的是进入公司的初期，在初期的6个月中，员工流动率最高，能坚持下来的都是一些有责任感、有文凭、独立自主的年轻人，在25岁之前就可能会得到很好的晋升机会。

麦当劳实施一种快速的晋升制度。一个刚参加工作的年轻人，可以在一年半的时间内当上餐馆经理，可以在两年的时间内当上监督管理员。而且，晋升对每个人都是公平的，既不做特殊规定，也不设典型的职业模式。每个人都是自己主宰自己的命运，适应快、能力强的人能迅速掌握各阶段的技能，自然能得到更快的晋升。而且每一阶段公司都举行经常性的培训，有关人员必须获得一定的知识储备，才能顺利通过阶段性测试。麦当劳的这一晋升制度避免了出现滥竽充数现象。这种公平竞争而且条件优越的机会吸引着大批有能力的年轻人争相进入麦当劳实现自己的理想。

一个有能力的年轻人首先要当4～6个月的实习助理，其间，他以一个普通班组成员的身份投入到公司的各基层岗位，如炸薯条、收款、烤生排等；同时，他还应学会保持清洁和最佳服务的方法，并依靠最直接的实践来积累管理经验，为日后的工作做好准备。

4～6个月后，这个有能力的年轻人会升为二级助理。此时，年轻人在每天规定的时间内负责餐馆工作。与实习助理不同的是，他要承担一部分管理工作，如订货、计划、排班、统计等。他必须在一个小范围内展示自己的管理才能，并在日常实践中摸索经验，协调好工作。

8～14个月后，这个有能力的年轻人将成为一级助理，即经理的左膀右臂。此时，他肩负着更多、更重要的责任，要在餐馆中独当一面，与此同时，自己的管理才能日趋提高。

这名有才华的年轻人晋升为经理后，麦当劳依然为其提供广阔的发展空间。经过一段时间的努力，他将晋升为监督管理员，负责三四家餐馆的工作。

3年后，监督管理员可能会升为地区顾问。到那时，他将成为总公司派驻下属企业的代表，成为"麦当劳公司的外交官"，其主要职责是往返于麦当劳公司与各下属企业，沟通、传递信息。同时，地区顾问还肩负着诸如组织培训、提供建议之类的重要使命，成为总公司在某地区的全权代表。当然，业绩优秀的地区顾问仍然会得到晋升。

麦当劳还有一个与众不同的特点，即如果某人未预先培养自己的接班人，则在公司就无晋升机会，这就促使每个人都必须为培养自己的接班人尽心尽力。正因为如此，麦当劳成了一个发现与培养人才的基地。可以说，人力资源管理的成功不仅为麦当劳带来了巨大的经济效益，更重要的是为全世界的企业创造了一种新的模式，为全社会培养了一批真正的管理者。

案例二　如何介绍

下面是酒店面试当中的一个模拟情景，请给出你的选择。

酒店门口有一位门卫值班，一位客人走到门卫面前，问他："我想找一个好点的餐厅，你能否为我推荐一个？"这时，门卫应该怎么办？

1. 只介绍本酒店的餐厅。
2. 介绍酒店附近的好餐厅。
3. 要客人到总服务台去询问。
4. 介绍本酒店的餐厅，然后介绍其他酒店的餐厅。

该案例中最佳的做法是介绍本酒店的餐厅，然后介绍其他酒店的餐厅。作为本酒店工作人员有义务为客人介绍本酒店餐厅及推销本酒店产品，同时考虑到顾客实际需求，可以适当为顾客提供多方面的信息。

第十章 财务部

> 【学习目标】
>
> 1. 了解酒店筹资、投资、利润分配的基础知识,成本费用控制的基本方法。
> 2. 理解酒店收入的构成,利润的分配程序,酒店财务部的岗位设置及职责。
> 3. 掌握酒店收银的工作流程,并能够进行相应的操作。

第一节 酒店财务部管理概述

一、酒店的筹资

酒店的筹资是指酒店根据其生产经营、对外投资、调整资金结构和其他需要,通过合理的渠道,采用适当的方式,获得所需资金的财务活动。

资金是酒店进行生产活动不可或缺的因素。资金筹集既是酒店生产经营活动的前提,又是酒店再生产顺利进行的保证。合理选择资金的筹集方式和正确的来源渠道,保证资金供应,满足酒店需求,是酒店财务管理的一项重要内容。

1. 酒店筹集资金的种类

按照使用期限的长短,酒店筹集的资金分为短期资金与长期资金。短期资金是指使用期限在一年以内的资金,长期资金是指使用期限在一年以上的资金。

按照权益性质的不同,酒店筹集的资金分为权益资金和负债资金。权益资金是指企业依法筹集的、长期拥有并自主支配的资金,又被称为自有资金。权益资金包括投资者投入酒店的资本金及经营中形成的经营积累,如资本公积金、盈余公积金和未分配利润。这部分资金没有到期日,无需还本付息,企业可长期使用。负债资金是指酒店通过举债方式借入的有偿使用、定期归还的资金。这部分资金一般都有固定的到期日,须到期还本付息。

2. 酒店资金的筹集渠道和方式

（1）酒店资金的筹集渠道

酒店资金筹集的渠道是指筹集资金的方向和通道，体现了资金的来源和供应量。当前我国酒店筹集资金的渠道主要有以下几种。

① 国家财政投入资金。

② 银行信贷资金。

③ 非银行金融机构资金。

④ 其他法人单位资金。

⑤ 民间资金。

⑥ 外商投入资金。

⑦ 企业内部形成的资金。

（2）酒店资金的筹集方式

酒店资金的筹集方式是指酒店取得资金的具体方法和形式，即如何取得资金。酒店的筹资方式主要包括吸引直接投资、发行股票和债券、银行贷款、融资租赁。

① 吸引直接投资。吸引直接投资是酒店以协议等形式吸收国家、其他法人单位、个人和外商的资金，从而形成企业资本金的一种筹资方式。在这种筹资方式下，出资者都是企业所有者，共享经营管理权。

② 发行股票。股票是股份有限公司为筹集资金而发行的有价证券，是持股人拥有公司股份的凭证，它代表持股人在公司中拥有的所有权。通过发行股票来筹集资金，是股份制公司筹集权益资金的一种主要形式。

③ 发行债券。债券是债务人为筹集资金而发行的、约定在一定期限内向债权人还本付息的有价证券。发行债券容易筹集到社会闲散资金，是公司筹集负债资金的重要方式。

④ 银行贷款。银行贷款是指酒店向银行以及非银行金融机构借入的、按合同规定还本付息的款项，是酒店筹集资金的重要方式。只要酒店拥有良好的经营业绩与信誉，可以通过银行贷款来获得资金。

⑤ 融资租赁。融资租赁是指实质上转移与资产所有权有关的全部或绝大部分风险和报酬的租赁。资产的所有权最终可以转移，也可以不转移。

融资租赁的具体内容是指出租人根据承租人对租赁物件的特定要求和对供货人的选择，出资向供货人购买租赁物件，并租给承租人使用，承租人则分期向出租人支付租金，在租赁期内租赁物件的所有权属于出租人所有，承租人拥有租赁物件的使用权。租期届满，双方按照协议约定或者协商租赁物件的所有权是否转移。融资租赁已经成为酒店筹集资金、更新设备、扩大经营规模的新手段。

二、酒店投资

酒店投资是指酒店为在未来一定时期内获得经济利益而投入一定资产的经济行为。投资关系到酒店的生存与发展，是酒店经营战略的重要组成部分。

1. 酒店投资的意义

（1）酒店投资是酒店生存与发展的必要手段

酒店无论是维持简单经营还是扩大经营规模，都需要投资活动的支持。酒店在经营过程中需要对所使用的设备进行更新，若要扩大经营，就更加需要新增建筑、增加服务产品、提高服务层次，不断增强酒店的生命力和活力。

（2）酒店投资是降低酒店经营风险的重要方法

酒店把资金投向经营的关键项目和薄弱环节，可以使酒店形成更高的综合服务能力。酒店通过多元化的投资及合理的投资组合，能够增加酒店盈余的稳定程度，是降低酒店经营风险的重要方法。

（3）酒店投资可以有效利用闲置资金

酒店在经营过程中，出于预防性动机的考虑，往往会存在一部分暂时性闲置的资金。如果把这些资金投资于变现力强的有价证券，既能保证酒店资金的灵活性，又能给酒店带来一定的收益。

2. 酒店投资的分类

酒店所进行的投资，按照不同的标准有不同的分类。

（1）按照投资在经营过程中的作用分类

按照投资在经营过程中的作用可以分为初创投资和后续投资。

初创投资是指酒店在建立时进行的各种投资。这些投资形成酒店的原始资产，主要包括固定资产的购置、经营所需产品的购买、流动资金的投入等。

后续投资是指酒店开始营业之后，为巩固和发展酒店经营所进行的各种投资，包括维持酒店经营的更新型投资、扩大酒店经营规模的追加型投资、调整酒店经营方向的转移型投资等。

（2）按照投资时间的长短分类

按照投资时间的长短可以分为短期投资和长期投资。

短期投资是指各种能够随时变现、持有时间不超过一年的投资，主要指对应收账款、存货、能够随时变现的有价证券的投资，又称流动资产投资。短期投资的变现能力比较强，能够有效帮助酒店利用闲置资金。

长期投资是指将资金投入不可能或不准备在一年内变现的资产，主要包括酒店的建筑物、设备等固定资产和长期有价证券的投资以及其他形式的投资。酒店长期投资的资金占用比重较大、投资回收期长，对酒店经营的影响较大。

（3）按照投资方向的不同分类

按照投资方向的不同可以分为内部投资和外部投资。

内部投资就是为保证酒店正常的经营活动而进行的酒店内部的经营性投资，主要包括购置新的固定资产、更新改造旧设备等。

外部投资就是酒店以资金、实物、无形资产、有价证券等方式向其他单位的投资。外部投资的形式主要有股票投资、债券投资和其他投资。外部投资的对象可以是国内企业，也可以是国外企业；可以是酒店行业，也可以是其他行业。

3. 酒店投资的管理程序

投资是酒店的重要经营内容，投资决策成败关系到酒店的生存和发展。因此，酒店投资决策须按特定的程序，运用科学的方法进行可行性分析，选择最有利的投资方案。投资决策的程序一般包括以下几个步骤。

（1）明确投资目标

任何投资活动都有其特定的投资目标，可能是为了扩大经营规模而实施投资活动，也可能是为了实现对其他单位的控制而实施投资活动，或者是为了有效利用闲置资金进行投资。投资目标的不同，对投资机会的选择和投资效果判断的标准也有不同的要求。因此，酒店首先需要明确投资目标。

（2）提出投资方案

投资目标确定后，就要提出具体的投资方案。酒店应按照投资项目的不同，委托不同的管理部门来实施该项工作。对于某些战术性投资，可由经办部门来负责，如新产品方案，可来自营销部门；对于一些重大战略性投资，如扩大经营规模，应由高层领导成立专门机构来经办。

（3）投资方案的可行性研究

酒店在投资方案确定前需对其经济合理性开展可行性分析。要充分考虑投资风险，预测投资方案的现金流量，计算各项投资方案的价值指标，从而确定最终可行的方案。

（4）执行投资方案

此阶段对企业来说至关重要，酒店要积极筹措资金，在执行投资方案过程中，进行实时控制，以确保投资方案的顺利执行。

三、酒店成本费用控制

1. 酒店成本费用控制的基本方法

酒店成本费用控制是指酒店按照财务成本费用管理制度和预算的要求，对酒店成本费用形成过程的每项具体活动进行审核和监督，以保证酒店成本费用预算顺利实现的管理行为。酒店通过对成本费用有效地控制来提高收入，从而使酒店获取更多的盈利。

酒店成本费用控制的方法较多，主要有以下几种。

（1）预算控制法

酒店预算成本是酒店按照标准成本计算的一定业务量下的成本开支额。预算控制法是以预算指标为控制成本费用支出的依据，这种指标可以按时间或部门划分，分为月成本预算、部门成本预算等。酒店通过对实际成本和预算成本的分析对比，找出差异，采取相应的改进措施，来实现成本费用的预算。

（2）制度控制法

制度控制法是酒店利用国家规定的成本费用开支范围及费用开支标准和酒店内部的各项成本费用管理制度来控制酒店成本费用开支的方法。酒店内部成本费用控制制度包括各项开支消耗的审批制度、日常考核制度、设施设备维修保养制度、各种相应的奖励惩罚制度等。

（3）标准成本控制法

标准成本控制法也可以称作定额控制法，是指酒店采取科学的方法，进行调查、分析和测算而制定的正常生产经营条件下应该实现单位成本消费定额的方法，如客房部出租单位客房的物料用品消费定额，餐饮部制定各种餐饮制品应消耗各种食品原材料定额等。

（4）指标控制法

指标控制法就是酒店利用各项指标，检查成本支出是否按计划进行，从而达到控制成本的目的。如费用率控制法是酒店按照费用率计划，随时了解费用和收入的发生额及其比率，从而有效地控制费用。毛利率控制法就是酒店利用其收入、成本和利润之间的关系，通过控制利润来控制成本。

2. 客房成本费用控制

客房成本费用可分为固定费用和变动费用两个部分。控制客房费用的支出，需从这两个方面入手，通过对固定费用和变动费用的有效控制和管理，达到降低消耗、增加盈利的目的。

（1）固定费用

固定费用的总额不会随出租率的高低而发生变化，但从每间客房分担的固定费用来讲，其会随出租率的提高而减少。因此，酒店可以通过提高客房出租率，即增加出租数量来降低每间客房分摊的固定成本费用。

（2）变动费用

每间客房的变动费用，即单位变动费用，它在一定条件下和一定时期内是个常数，而其总额会随出租率的提高而增加。酒店主要按照客房消耗品的标准费用（即消耗品定额）来控制单位变动费用的支出。酒店应该根据自身的情况，制定消耗品的配备数量和规格。对于一次性消耗品的配备数量，领班和服务员要按照规定领用和分发，并做好登记。对于非一次性用品的消耗，酒店管理人员应通过制定一定的使用标准来减少由于使用不当而造成的损耗。

客房保本点出租数是指客房的营业收入减去变动费用等于固定费用时的客房出租率。即客房的利润刚够支付固定费用，处于不赔不赚状态。其公式如下：

客房保本点出租数＝客房全部固定费用／（每间客房价格－每间客房变动费用）

客房保本点出租率＝（客房保本点出租数／可供出租的客房总间数）×100%

例：某酒店拥有客房250间，每天分摊的固定费用15000元，每间客房的价格为150元，每间客房的日变动费用为30元，求：该酒店客房日保本点出租数、客房保本点出租率。

客房日保本点出租数＝15000/（150-30）＝125

客房保本点出租率＝125/250×100%＝50%

3. 餐饮成本费用控制

酒店餐饮部是唯一生产实物产品的部门。从原材料的采购到产成品的制成直至上桌服务,要经过众多的环节和人员之手,因此对餐饮成本费用的控制要从多方面进行考虑,主要有以下几个方面。

(1) 食品原材料采购控制

餐饮部食品原材料的采购应该从其数量、质量、价格方面进行控制。酒店应该明确采购标准,建立健全采购制度,严格控制采购数量,在充分比较各供应商的报价及其食品原料出品率的基础上,选择合适的供应商。

(2) 食品原料验收,发放和存货控制

首先,酒店通过对原材料核对价格、盘点数量和检查质量等程序来确保其购进的原材料符合采购所规定的要求。其次,酒店可以通过领料单进行发放控制来保证厨房生产供应,控制厨房用料数量。最后,酒店通过对原材料的存货控制来减少损失和防止偷窃。最常见的有永续盘存制和实地盘存制。永续盘存制要求逐笔记录食品原料的验收和因领料而发生的存货数量和金额的增减变化。由于这种方法需要花费较多的时间,一般只有大型酒店才采取这种方法。实地盘存制,也称定期盘存制,它通过定期,一般是每月一次,用点数、称重或计量的方法来确定存货数量。

(3) 餐饮标准成本控制

餐饮标准成本控制就是对食品菜肴的成本支出实行定额管理,即通过标准分量、标准菜谱来控制成本。酒店将标准成本和实际成本进行比较,发现差异后,进一步对形成差异的原因进行分析,提出改进措施,从而控制餐饮成本。酒店标准成本的控制不仅可以有效地控制成本,提高利润,还可以保证食品的质量。

四、酒店营业收入及利润分配管理

1.酒店营业收入的概念及计量

酒店按一定的价格,通过提供劳务或出租、出售等方式所取得的货币收入被称为营业收入,包括出租客房、提供餐饮、出售商品及其他项目所取得收入。具体来说主要有以下内容:客房收入、餐饮收入、商品销售收入、洗衣收入、康乐收入和其他收入。

营业收入核算的正确与否直接关系到利润的准确性。一般来说,营业收入的确认有权责发生制和收付实现制两种。《企业会计准则》规定,企业应按权责发生制原则确认各期的收益和费用。按照《旅游、饮食服务企业财务制度》的规定,酒店应该在劳务已提供、商品已发出,同时收讫价款或取得收取价款权利证据时,确认营业收入的实现。酒店实现的营业收入,应按规定合理计价,核算营业收入时应按实际价款进行计价入账。对于发生的销售折扣和折让,应作为营业收入的抵减项目核算,即按营业收入实现当时确认的价款作为营业收入记账。

2.酒店利润的构成

酒店利润是酒店一定时期内实现的财务成果,主要由营业利润、投资净收益和营业外收支净额等几部分构成,其计算公式为:

$$利润总额 = 营业利润 + 投资净收益 + 营业外收支净额$$

(1) 营业利润

营业利润是指企业主要经营活动所取得的利润，是酒店利润的主要组成部分。营业利润指标完成的好坏最终会影响企业利润计划的实现。

$$营业利润 = 经营利润 - 管理费用 - 财务费用$$
$$经营利润 = 营业收入 - 营业成本 - 营业费用 - 营业税金及附加$$

上述公式中，管理费用是指酒店行政管理部门为组织和管理经营活动而发生的各项费用，如人事等部门的办公费用；财务费用是指酒店筹集和使用经营所需资金而发生的费用，如借用资金支付的利息；营业收入是指酒店的各项经营业务收入，主要包括客房收入、餐饮收入、康乐收入等；营业成本是指经营部门发生的直接成本，如酒店餐饮部各种原料的采购成本，客房部各种低值易耗品的损耗成本；营业费用是指各营业部门发生的营业费用，如营业部门人员的工资、办公费用等；营业税金及附加是指企业在经营过程中负担的税金及附加，如营业税、城建税等。

(2) 投资净收益

投资净收益是指酒店对外进行投资所取得的净收益，等于投资收益扣除投资损失后的数额。投资收益的形式有对外进行债券投资所获得的利息，对外进行股票投资所获得的股利，以及转让股票或者债券所获得的价差收益。如果酒店对外投资所取得的收入额大于损失额，表现为投资净收益；反之，则表现为投资净损失。

(3) 营业外收支净额

酒店营业外收支净额是指与酒店经营无直接关系的收入和支出差额。其公式为：

$$营业外收支净额 = 营业外收入 - 营业外支出$$

营业外收入主要包括处置固定资产的净收益、罚款净收入等；营业外支出主要包括固定资产的毁损报废净损失、非常损失、赔偿金等。

3.酒店利润分配的程序

酒店利润分配是对经营所取得的净利润或亏损进行分配和处理的过程，体现着酒店与国家、投资者及职工之间的经济利益关系，同时还涉及酒店短期利益与长期利益、局部利益与整体利益的协调工作，因此，必须在兼顾各方利益的基础上进行分配。

在利润分配过程中所分配的利润是酒店的净利润，即税后利润。公式为：

$$净利润 = 利润总额 - 所得税额$$
$$所得税额 = 利润总额 \times 所得税率$$

我国企业所得税的基本税率是25%。

酒店所取得的净利润应按下列顺序分配。

(1) 支付被没收的财物损失和各项税收的滞纳金、罚款

酒店如果存在因违反法律法规而被没收的财物损失和延期缴纳的各种税收的滞纳金、罚款，应当在税后列支，而不能在税前扣除。

(2)弥补以前年度亏损

我国法律规定，企业的亏损在法定年限内（5年）可以用税前利润弥补，超过法定年限未弥补完的亏损，可以用税后利润来弥补。所以，如果酒店有以前年度未弥补完的亏损，应该先弥补亏损，再进行其他的利润分配。

(3)提取公积金

公积金是指企业按照规定从税后利润中提取的积累资金。按照其用途，公积金分为法定盈余公积金和任意盈余公积金。法定盈余公积金在其累计提取额未达到注册资本50%时，按税后利润10%提取，累积额达到注册资本的50%以后可以不再提取。任意盈余公积金是由企业章程规定或者按照股东大会的决议提取的公积金。

公积金的用途主要有弥补亏损、扩大企业经营规模或者转增资本金、分配股利。酒店超过5年未弥补完的亏损才可以用公积金来弥补；公积金转增资本后，所留有的该资本公积金不得少于注册资本的25%；原则上酒店当年没有利润，不得分配股利，如为了维护企业信誉，用盈余公积金分配股利，必须符合下列条件：①股利率不得超过股票面值的6%。②分配股利后，法定盈余公积金不得低于注册资本的25%。

(4)向投资者分配利润

酒店向投资者分配利润又称发放股利。股利是指按照董事会提交股东大会审议批准的股利率或每股股利金额，向股东发放的投资报酬。普通股股利的实质是企业财富中属于普通股股东的那一部分盈余收益。因此，股利的来源是企业的盈利。《中华人民共和国公司法》规定，若企业当年无利润，一般不得向股东分配股利。但是，企业盈余弥补亏损后，经股东大会决议，可以按股票面值的较低比率用盈余公积金支付股利，以维护企业信誉，避免股价发生大幅度波动。酒店发放的股利主要有现金股利和股票股利。

第二节 酒店财务部岗位设置及职责

一、酒店财务部组织结构

酒店财务部可划分为四个分部：会计分部、收银分部、成本控制分部、采购分部。

1.会计分部

会计分部主要进行账务处理，记录酒店的经济业务，包括资金的筹措使用；酒店经营活动、经营成果、财务状况的核算与监管，为总经理及董事会提供准确可靠的会计信息；监控酒店的运营方针，加强财务分析，考核各项指标执行情况，总结经验、发现问题、促进管理。

2.收银分部

收银分部主要是保障酒店收入的完整回收，保证对客服务质量，是酒店对外的形象窗口。

3.成本控制分部

成本控制分部主要对各种物资的成本进行核算与控制，监督检查物资的使用和保管情况，节约费用、降低成本、增加利润。

4.采购分部

采购分部要保证企业运转的物品及时购买，不断开拓货源供应，努力降低采购成本，保障采购质量。

二、酒店财务部岗位设置及职责

1.财务经理的职责

① 在总经理领导下，组织和负责编制酒店财务预算，做好财务预算的执行、检查和监督分析，确保酒店经营目标的实现。

② 负责组织酒店的经济核算工作，组织编制和审核财务报表，并负责向酒店管理者报告工作。

③ 制定、修改和完善酒店财务管理制度，落实检查各项执行情况。

④ 参与酒店重大经济合同的谈判，配合酒店高层管理者进行经济分析和经营策略的制定。

⑤ 做好酒店经营资金的组织、管理和调度工作。

⑥ 负责与税务、金融、财政等有关机构、部门的联系，与这些行政单位建立良好的合作关系，为酒店的经营和发展提供外部支持。

⑦ 检查、控制酒店财务收支，考核各部门经营成果。

⑧ 完善采购制度，控制采购成本，主持好采购工作，保障酒店运营需要。

⑨ 负责协调本部门与其他部门的合作。

2.会计主管的职责

① 协助财务经理做好日常管理工作，对财务经理负责并报告工作。

② 审核各种凭证之会计科目归类及所附带单据的完整性和合法性。

③ 月末检查会计期间所发生费用是否按权责发生制进行入账，正确合理分配有关费用。

④ 编制月度报表、资产负债明细表、损益表等，在每月结束后6天内将财务报表交财务经理审核。

⑤ 检查督促会计人员所经管的账册、报表、凭证的装订、保管，提出规范的要求并做好会计档案的管理工作。

⑥ 负责对外报税，掌握当地财经政策、税务政策，了解各种税务申报方面的规定，并按时缴纳各种税款及代扣代缴税款。

⑦ 做好酒店在外资金的回收工作，缩短资金在外停留的时间。

3.总出纳的职责

① 每天早晨去总台的保险箱收取营业款，并按照记录表核对交款数。

② 将每日收到的营业现金及支票和收款员收回的挂账款及时存入银行，不得"坐支"，不得以"白条"抵库，更不许挪用现金。

③ 根据每日收入资料编制营业款收入日报表。

④ 对手续齐全的费用报销单给予报销。

⑤ 登记现金日记账和银行存款日记账，做到日清月结。

⑥ 月末做好与银行的对账工作，填写银行余额调节表，交上级主管。

⑦ 配合做好资金盘点工作，月底做好资金对账，做到账实相符。

⑧ 到银行拿取信用卡入账单交会计入账。

4.往来账会计的职责

（1）往来账的应付工作

① 根据已审核好的原始单据登记好付款业务。

② 根据成本控制部提供的每月供应商的统计汇总表与供应商做好对账工作，并填写付款申请。

③ 跟催所有借支的冲账进度，督促借支人员在规定时间内核销。

④ 每月及时与应收会计核对相关单位款项的核销。

⑤ 保管好相关的付款原始凭证，并做好整理工作。

⑥ 与总出纳一起盘点营业收入，做好签字确认工作。

⑦ 协助会计主管装订应付账凭证，整理会计档案。

⑧ 月结时应与出纳对账，出应付账账龄分析表。

（2）往来账的应收工作

① 收集、整理、保存好各单位、旅行社的优惠合同，以便于审核账单时核对房价是否准确或按协议给予相应折扣。

② 每日核对日审编制的应收信用卡账单，根据银行回款单及时了解信用卡的到账情况，做好手续费的核算并登记入账。

③ 保管各部门、各班次的营业报告及其附件、原始单据，按审核后的应收账明细表制成凭证。

④ 登记收入明细账及签单账，登记好每一笔营业收入，并与月底做好对账工作。

⑤ 月结时与出纳对账，出应收账账龄分析表，交上级主管审核。

⑥ 协助会计主管装订应付账凭证，整理会计档案。

⑦ 整理、分类、汇总酒店全部营业收入账单，编制营业月报表。

5.收银主管的职责

① 组织管理酒店全部收入业务，保证酒店收入的完整、及时、正确。

② 合理安排分配好收银员值班工作，在人员紧缺时及时填补空缺，在营业高峰期协助收银员工作。

③ 检查收银员是否按程序工作，解决收银员操作过程中发生的问题。

④ 检查收银员的备用金是否完整。

6.收银员的职责

① 将点菜单资料输入电脑,并打印账单以备客人结账。

② 客人离开时,将账单交服务员,请客人付账。

③ 核对客房客人签署的账单并及时将其费用输入客人房间里。

④ 处理宴请账单及挂账单和高级员工账单。

⑤ 按规范做好信用卡业务。

⑥ 根据收款报表核对营业款,清点备用金,并将营业款投入保险箱中。

⑦ 上下班做好事项记录及交接工作,认真阅读酒店有关制度及管理规定。

实训项目

酒店收银工作

一、收银工作应知的相关知识和应会的技能

1. 收银工作应知的相关知识

① 酒店的最新菜价和房价。

② 酒店可接收的币种。

③ 酒店各级管理人员的权限。

④ 酒店可受理的信用卡种类。

⑤ 信用卡的各种操作与限制。

⑥ POS机的功能。

⑦ 客房内有偿物品的收费标准。

⑧ 酒店电话系统的计费标准。

2. 收银工作应会技能

① 酒店结账电脑系统的各项操作。

② 支票、发票、押金收据等单据的使用。

③ 酒店接收币种的真伪辨认。

④ 酒店受理的信用卡使用及查核操作。

⑤ POS机的操作。

⑥ 各种印章的用途。

⑦ 账单的装订与整理。

⑧ 特殊账户的分辨和操作。

二、收银工作操作流程及注意事项

1. 工作流程

(1) 准备工作

① 检查工作前用品,如收银章、发票、订书机、账单、计算器等是否齐备,备用金、零钱是否足够。

② 做好工作场所的卫生工作及检查自身仪容仪表。

③ 提前到岗,将收银章调至当天日期,检查收银机是否正常运转。

④ 根据夜班查欠账单情况记录,查出所欠单据;及时打印房匙清单,核对收到的房匙是否已报查房和结账;与客房部核对酒水转账是否正确,签收转账单并整理放入账格。

(2) 一般收银工作

一般收银工作包括客房收银和餐厅收银。

客房收银的工作流程如下。

① 开设账户是指酒店通常按房号开设账户,为每间入住客人的客房开设一个账户。

② 预收定金指客人登记入住后,收银员根据客人入住天数向客人收取押金,将押金单和房卡交给客人,并向客人说明在退房时押金单、房卡需送回结账处。

③ 转账指客人在酒店其他营业场所消费,在出示允许其签账消费的凭证后,在账单上签字,通过电脑将费用转入其前台账户中。

④ 结账。客人结账时应向客人收回房匙及入住押金单;询问客人入住房号并与电脑读出的房号核对,报房务中心退房;调取客人所有消费凭单,并迅速核对;如楼层服务员报查房结果需要收费的,应立即填写收费单,由客人签认后输入电脑。

一般客房的结账程序,如图10-1所示。

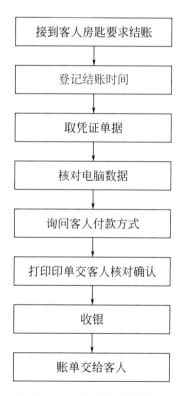

图10-1 一般客房的结账程序

整个结账过程1.5分钟内完成。在客人结账时报查房,查房时间不超过3分钟,且在无办理其他业务情况下,每间客房结账时间3.5分钟内完成。

餐厅收银的工作流程如下。

① 服务员把点菜单交到收银台，收银员应检查点菜单上的人数、台号是否记录齐全，如记录不全则退回服务员。

② 收银员按照点菜单的明细输入收银机，客人要求结账时再打印账单。

③ 客人要求结账时，收银员打印出账单，服务员将账单核对后签上姓名，然后递送客人确认。餐厅收银程序，如图10-2所示。

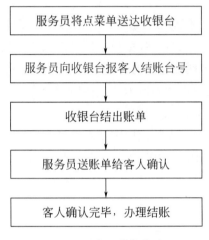

图10-2　餐厅收银程序

收银员的结账速度与服务员的配合有很大关系，在正常情况下，从收银员接到服务报台到账单打出的时间不超过2分钟。

2. 注意事项

① 上岗不得私自携带手袋和现金，也不准为他人保管任何手提包、袋。

② 上岗时间接听电话时，使用的敬语要简明、快捷，不得接打私人电话。

③ 严格遵守和执行财务制度，对违反酒店财务纪律越权赠送、折扣、免单、作弊等现象，必须制止，并及时上报财务部。

④ 客人直接到收银台结账时，一定要先让客人看过账单才能收取款项，不得未打账单先收款。

⑤ 如客人出示会员卡或贵宾卡结账，需按其类别给予折扣，并在账单上注明卡号。

⑥ 凡作废或取消的结账单必须由相关人员写明原因，并由经理签名。

⑦ 客人对消费项目或消费金额产生疑问时，应耐心向其解释，不得推诿责任，离岗回避。

⑧ 对酒店发出的各类票券，回收时应注意检查有效期、是否盖有本酒店有效印章。

⑨ 对收入的外币，不得私自兑换，一律上交财务。

⑩ 收取现金时，应注意辨别真伪并检查是否符合银行收受标准，注意收银安全。

⑪ 受理支票时，应检查支票账号、开户行、印鉴是否完整、清晰。

⑫ 信用卡受理时，应确认为本单位可受理的信用卡，确认信用卡有效完整，信用卡户名与持卡人相符。

 **思考题**

1. 酒店筹资的渠道和方式分别有哪些?
2. 酒店成本费用控制的方法有哪些?
3. 酒店利润的构成包括哪些?
4. 酒店收银工作的注意事项有哪些?

对账

某日,酒店长住的客人到该店前台收银支付一段时间在店内用餐的费用。

当他一看到打印好的账单上面的总金额时,马上火冒三丈地讲:"你们真是乱收费,我不可能有这样的高消费!"面对此情况,应该如何应对?

应面带微笑地回答客人说:"对不起,您能让我再核对一下原始单据吗?"

收银员开始检查账单,同时对客人说:"真是对不起,您能帮我一起核对吗?"

避免用简单生硬的语言(像"签单上面肯定有你的签字,账单肯定不会错⋯⋯"之类的话),使客人不至于下不了台而恼羞成怒。其间,顺势对几笔大的账目金额(如招待宴请访客以及饮用名酒⋯⋯)做口头启示以唤起客人的回忆。

等账目全部核对完毕,应有礼貌地说:"谢谢,您帮助我核对了账单,耽误了您的时间,费神了!"而此时客人也完全清楚自己所有的消费,自然也就不会发火了。

说话时要尊重客人,即使客人发了火,也不要忘记尊重客人也就是尊重自己这个道理。

第十一章 营销部

【学习目标】

1. 了解酒店营销的概念及酒店市场营销观念的发展。
2. 了解酒店营销部各岗位职责。
3. 掌握酒店营销管理程序。
4. 熟悉酒店新的营销理念。

第一节 酒店营销概述

一、酒店营销的概念

酒店营销是指从顾客的需求出发,为了满足顾客的需求,以实现酒店的经营目标而开展的一系列活动。其内容包括市场研究、产品组合、广告和促销、营销结果等。

二、酒店市场营销观念的发展

1.生产观念

在生产导向阶段,酒店所有的经营活动都围绕着生产来进行。在这种建立在买方市场基础上的典型的"以产定销"思想的指导下,酒店管理者认为顾客的购买、消费行为,是由酒店是否供应某种产品,以及产品的价格是否低廉决定的。这是一种"我生产什么,就出售什么"的观念,对产品的广告和促销等都不重视。酒店的经营管理人考虑的是怎样生产更多的产品,提升接待能力,降低客房用品的消耗和餐饮成本等,而没有或者根本没有考虑顾客需求变化和本酒店产品如何去适应不断变化的市场。这样就会使酒店缺乏市场竞争力,甚至会失去自己的客源市场。

2.推销观念

推销观念认为消费者不会因为自身的需要和愿望来主动购买产品,消费者的购买行为是通过"销售刺激"来实现的。在销售导向阶段,酒店管理人员重视销售环节,经营管理的核心是"我推销什么,顾客就买什么"。酒店运用各种推销术,纷纷组织起推销队伍,使用多种推销手段,展开了大规模的推销活动,以争取客源,为了吸引顾客上门而不是坐等顾客上门。这对酒店的经营和酒店产品的销售起了很大的作用。但这种方法只注重酒店现有产品的推销,而不注重市场调查研究,不了解不断变化的市场对酒店市场需求的变化,只是漫无目标地去进行销售活动。

3. 营销观念

营销观念是以顾客为中心,以顾客需求为导向。该观念认为酒店要实现其组织目标,关键在于正确地确定目标市场,了解顾客的愿望和需求,并比竞争者更有效地适应和满足顾客的需要。它的原则是"顾客需要什么,我们就生产什么,销售什么"。营销观念比单纯的销售活动包含更多的内容,销售活动是营销活动的一个重要组成部分,但不是它唯一的内容。推销观念强调买方市场的需要,注重酒店现有产品,采取劝说性的推销手段来扩大销售量,从而获取利润。而营销观点强调的是使酒店自己的产品去适应和满足顾客的需要,然后从满足顾客的需要中获取利润。

三、酒店市场营销新概念

1. 绿色营销

所谓绿色营销就是酒店以可持续发展思想作为经营理念,从环境保护、节约资源、保护和发展当地文化,以及促进所在地区发展出发进行酒店经营。实施绿色营销有三个宗旨:第一,节约材料耗费,保护地球资源;第二,确保产品使用安全、卫生和方便,以利于人们的身心健康和生活品质的提升;第三,引导绿色消费,培养人们的绿色意识,优化人们的生存环境。绿色营销旨在人们从环境中获得绿色消费,并还环境以绿色。

酒店实施绿色营销,应从以下方面进行。

(1) 确保产品的使用安全、卫生和方便,以利于人们的身心健康和生活品质的提高

开辟"绿色客房",绿色客房的建筑材料是无污染的"绿色装饰材料"和低能耗的"生态装饰材料",另外客房应摆放一两盆植物,使客房有生气,有春意。床单洗涤次数、牙刷一日一换变为一客一换、放绿色告示卡。创办"绿色餐厅",推广绿色食品,绿色食品指无化肥、农药、激素、天然色素、化学合成剂的食品。

(2) 引导绿色消费,培养人们的绿色意识

开展"绿色服务"能满足绿色消费的服务,如提示点菜的数量,提供"打包"等,食用绿色蔬菜,不食用珍惜的野生动植物及益鸟、益兽。开设无烟楼层,设立收集旧电池废物箱。

2. 网络营销

网络营销就是指酒店利用国际互联网的信息沟通渠道,推销酒店产品的一种市场销售方式。目前酒店有三种网络营销途径,分别是GDS预订、网络订房系统、酒店独立网站。

（1）GDS预订，即全球分销系统

全球分销系统是全球60多万家旅游代理商用于预订旅游业务（包括酒店客房）的电脑系统，是由美国美洲航空公司的子公司SABRE有限公司于1960年建成并投入使用的全球第一个航空预订系统，至今已有50多年的历史。酒店通过加入GDS全球分销系统进行网络营销。加入了GDS系统等于直接与全球50万家旅行社签订了订房合作协议，有利于提高酒店在全球的知名度，提高客源的质量和增加客源的数量，增加酒店的收入。

（2）网上酒店中介——网络订房系统（携程、艺龙）

网络订房系统作为酒店预订的一个平台，近年来发展十分迅速。从网上（如百度）搜索"订房"，立马在网上出现很多相关的网页，首页显示的订房中心都表示能够提供在北京、上海、杭州等旅游城市数千家酒店2～7折优惠预订。有的还承诺一小时确认，首页下还有其他网站的提示。

（3）酒店独立网站

酒店建立自己的网站，等于在互联网上为酒店打开一个窗口。酒店自己的网站可以对自己的产品、服务及设施设备进行比较详细的个性化的介绍，同时通过网上调查可以及时了解网上客户反馈的意见，并接受在线预订。

3. 内部营销

所谓酒店的内部营销，就是把营销理论和思想应用于酒店内部员工，把员工当作"顾客"，向员工提供令其满意的服务，从而激发员工的热情，增强员工的对外营销意识，以促进员工干出最佳业绩，提高服务质量。内部营销活动的核心思想就是增强员工的意识，造就一支令人满意、高素质的员工队伍。要实现目标，就必须树立"以人为本，注重感情的投资"的思想。

要想做好酒店内部营销策略的选择，要做到以下几方面。

（1）树立内部营销意识，酒店把员工看作是内部顾客，重视顾客需求，达成顾客满意

内部营销要求对酒店与员工的关系及员工的作用进行重新认识和定位。与外部顾客相同，员工也是酒店的"内部顾客"，两者的差异在于酒店服务的对象有所不同。而且，酒店产品是通过"内部顾客"提供给外部顾客的。在此，酒店成为"提供者"，员工是顾客，酒店必须根据顾客的需求，开发设计出有吸引力的"内部产品"，积极营销，鼓励员工"购买"，成为忠诚的顾客。当然，对两种不同的顾客而言，酒店提供的产品有所不同。酒店是把工作、计划、理念等作为"内部产品"向员工营销。所以，酒店必须像对待外部顾客那样对待员工，调研员工需求，满足其需求，提高员工的满意度。

（2）建立市场导向的组织结构

酒店服务过程是员工与顾客之间的互动过程。顾客是通过一线员工的工作态度和能力来感知酒店服务水平的，所以"服务业成功的秘诀在于认清与顾客接触的工作人员才是企业最关键性的角色"。作为最重要的人力资源，这些内部顾客满意与否会直接影响到外部顾客的满意度的高低。为了造就满意的员工，内部营销倡导建立一种市场导向的"倒金字塔"形组织结构。其核心思想是："顾客是变革的着眼点，按照组织目标设计、整合程序，把权

限和责任下放，组织重构以支持一线员工的工作。"

（3）让员工及时获得最新的营销信息

如果员工能及时地获得酒店的促销信息，并有机会提前尝试、体验，那么在把产品推销给客人的那一瞬间，就会产生积极的营销效果。芝加哥的劳瑞原肋餐馆在感恩节一周前，邀请所有服务员参加一个感恩节宴会，这个宴会所提供的食物与感恩节期间向客人提供的食物完全一样，宴会不仅是一个真正的节日盛会，使每个人都沉浸在感恩节的氛围当中，还成了一个培训工具，员工清楚地知道了在感恩节期间都将为客人提供什么食品，知道什么酒品与食物最匹配。劳瑞原肋餐馆的管理层也当场对如何做好促销工作向员工征求意见，在感恩节当天，每一位服务员都佩带一枚胸饰。结果，劳瑞原肋餐馆在感恩节期间取得了巨大的成功，通过员工参与使销售额增加了48%。

第二节 营销部岗位设置及职责

一、酒店营销部岗位职责

1.营销部经理

（1）管理层级关系

营销部经理的直接上级是总经理，直接下级是营销部副经理、各个市场主管（如政企市场主管、旅行社市场主管）、广告策划主管、内勤。

（2）岗位职责

营销部经理负责制订酒店销售工作计划，并进行组织和实施，督导销售人员进行市场开发，负责酒店形象的树立和改善，最终实现酒店的经济效益和社会效益。

（3）工作内容

① 对酒店市场做出准确预测，确定本酒店的目标市场。

② 确定酒店经营战略目标，并确保这一目标的最终实现。

③ 根据顾客的潜在需求，细分市场，确定本酒店的价格策略。

④ 制订酒店客源的开发计划。负责本部门业务计划的制订和方案的实施。全面负责酒店产品的销售工作。

⑤ 根据年度计划的要求，定期检查酒店内部销售计划的执行情况。根据酒店目标市场及顾客的潜在需求，制订对重要客户及潜在客户的销售工作计划。

⑥ 负责酒店市场的开发，指导各部门进行市场开发，提高酒店声誉及扩大影响力。

⑦ 做出酒店销售活动、广告宣传活动及公共关系活动的预算，指导酒店各项广告宣传活动。

⑧ 与其他有关部门协调、密切合作，以确保销售计划的落实。

⑨ 定期对下属进行绩效评估，按照奖惩制度实施奖惩，组织本部门人员参加培训以提

高员工各方面的素质。

⑩ 完成上级安排的其他工作任务。

2. 旅行社市场主管

（1）管理层级关系

旅行社市场主管的直接上级是营销部经理，直接下级是销售代表。

（2）岗位职责

旅行社市场主管负责所有旅行社的市场事务，管理旅游团队合同，负责团队销售工作，并与各部门协调做好对团队的服务工作。

（3）工作内容

① 与旅行社保持联系，根据季节、酒店入住情况等因素，做出团队入住预测。

② 做出销售导向，指导销售人员进行市场开发。

③ 指导下属正确做好团队和散客房间预订及餐饮预订工作。

④ 做好团队和散客的接待及服务等组织工作，确保为客人提供优质服务。

⑤ 监督、指导团队销售代表完成团队预订的建档、存档工作，并注意随时更新档案材料。

⑥ 与其他部门如前台接待、财务收银、餐饮部等协调合作。

3. 政企市场主管

（1）管理层级关系

政企市场主管的直接上级是营销部经理，直接下级是销售代表。

（2）岗位职责

政企市场主管管理所有政府机关、金融、保险及工矿企业、各类公司的订房，并负责对这些客户进行开发、公关及销售工作。

（3）工作内容

① 做出市场销售导向，指导销售人员进行市场开发。

② 定期组织销售会议，与销售人员共同研究市场情况，统一销售策略。

③ 定期访问客户，及时发现客户的潜在需求，与客户保持良好的关系。

④ 参与与客户的谈判工作，根据酒店价格政策确定销售价格。

⑤ 与酒店其他有关部门协调做好对重要客人的服务工作。

⑥ 与各政府机关部门保持联系，了解客源信息，争取客源。

4. 销售代表

（1）管理层级关系

销售代表的直接上级是旅行社市场主管、政企市场主管。

（2）岗位职责

销售代表负责与客户保持联络，为客户提供服务，发掘潜在客户，扩大企业市场范围。

（3）工作内容

① 根据市场需求，分析报告及统计资料，确认潜在顾客及其需求，访问客户并提交访

问报告。

② 负责团队、散客及宴会、会议等服务项目的销售工作，并参与一切服务活动。

③ 根据酒店价格策略，与客户进行谈判，最终达成协议签署合同。

④ 与酒店其他部门做好协调工作，以确保对重要客人的服务。

⑤ 根据指导，负责搜集、整理市场情报及销售信息。

5.广告策划主管

（1）管理层级关系

广告策划主管的直接上级是营销部经理，直接下级是美工。

（2）岗位职责

广告策划主管全面负责广告策划工作。

（3）工作内容

① 统筹酒店的广告宣传活动。

② 作为酒店的发言人向外界发布消息和信息。

③ 制订本岗位的工作计划，并监督计划的执行。

④ 督导本岗位员工的各项工作，按计划高质量地完成。

⑤ 组织一些大型的公关活动，提高企业整体形象。

⑥ 与国内的新闻界保持良好的关系。

6.美工

（1）管理层级关系

美工的直接上级是广告策划主管。

（2）岗位职责

美工具体负责酒店的美术设计与制作和其他有关工作。

（3）工作内容

① 根据广告策划主管的安排完成一般美术设计及制作，如告示牌、广告牌、横幅、招贴画等，并随时核查是否符合五星级酒店的要求。

② 负责重大宴会会场布置、大型广告的设计制作等。

③ 妥善保管、节约使用各种美工工具、颜料、材料等。

7.内勤

（1）管理层级关系

内勤的直接上级是营销部经理。

（2）岗位职责

内勤负责处理营销部的日常事务，如文件打印、分发等，以及来访人员的接待等。

（3）工作内容

① 迎接来访客户，并协助客户与相应的销售人员会面。

② 接听电话，并将电话转接给相关销售人员。若销售人员不在时，负责留言。

③ 根据需要安排本部门会议的时间、地点，并负责通知全体人员。
④ 将本部门发出的备忘录分发到相关的其他部门。
⑤ 整理本部门所有文件，并分类、归档。
⑥ 负责办公用品的申领工作。
⑦ 负责办公用品的保管工作。

二、酒店营销管理程序

酒店营销管理程序是由分析市场机会、选择目标市场、营销因素组合、控制营销活动四个环节组成，其中目标市场的选择是最重要的一个环节。酒店的目标市场选择的正确与否，直接影响酒店营销策略的制定。

1. 分析市场机会

市场机会就是消费者尚未满足或尚未完全满足的需求，分析市场机会，也就是分析市场需求。

（1）按地理变量细分市场

按照消费者所处的地理位置、自然环境来细分市场，比如，根据国家、地区、城市规模、气候、人口密度、地形地貌等方面的差异将整体市场分为不同的小市场。对一家酒店来说，了解顾客的地理分布很重要，因为只有了解不同地区宾客的不同习惯、爱好、需求，才能选定合理的目标市场。根据顾客来源地的远近，酒店可以把顾客划分为从远处来的和从近处来的两个细分市场。市场调查研究表明，长途旅客和短途旅客之间存在着许多差别。如接受广告的途径，除了阅读报纸、杂志这一共同的途径外，短途顾客收看电视的时间明显比长途顾客要长，长途顾客则更希望增加对当地的了解，在知识方面获得一些收获。许多世界著名的酒店集团常以整个世界的不同的旅游地带（如西欧带、北美带）来划分旅游市场。全国性的酒店集团则常以国内旅游客源和国际旅游客源来划分旅游市场。

（2）按人口变量细分市场

按人口统计变量，如年龄、性别、家庭规模、家庭生命周期、收入、职业、教育程度、宗教、种族、国籍等为基础细分市场。不同年龄的消费者有不同的需求特点，中年人旅游市场人多，潜力大，多数是观光旅游者，度假旅游的比例相当大。但他们以短途旅游者居多，他们在选择旅游目的地的时候，很看重价格是否合宜。老年人市场多是度假旅游者，经济地位较高，是长途旅游者的主要来源。他们对旅游目的地的产品质量，特别是酒店住房条件和餐饮质量最为关心。青年市场人数也很多，也有潜力，但是青年人由于受经济条件的限制，消费水平相对较低。由于生理上的差别，男性与女性在产品需求与偏好上有很大不同，如在服饰、发型、生活必需品等方面均有差别。像美国的克雷斯托大酒店就设有妇女客房，房间内是女性化的装饰和设施，有穿衣化妆镜、华贵的成套化妆用具、淋浴用的芳香泡沫剂、电吹风以及妇女阅读的杂志等。

（3）按心理变量细分市场

根据购买者所处的社会阶层、生活方式、个性特点等心理因素细分市场就叫按心理细分市场。处于同一阶层的成员具有类似的价值观、兴趣爱好和行为方式，不同阶层的成员则在上述方面存在较大的差异，因此出现了不同等级的酒店。识别不同社会阶层的消费者所具有的不同特点，能够为很多产品的市场细分提供重要的依据。生活方式是指一个人怎样生活。人们追求的生活方式各不相同，如有的追求新潮时髦，有的追求恬静、简朴；有的追求刺激、冒险，有的追求稳定、安怡。对于一些具有另类追求的顾客就出现了异化酒店，如海底酒店，监狱酒店等。

(4) 按行为变量细分市场

按消费者行为划分，就是根据旅游者的目的、住宿时间长短、购买方式等因素进行细分市场。根据旅游目的地，通常可以分为三大类，即商务旅游市场、度假旅游市场、其他目的的旅游市场，如探亲访友、宗教朝圣、文化交流等。商务旅游日平均消费高，他们对价格的敏感度较低，并要求有完善的通信设备和适当的会议场所、良好的交通条件和消遣娱乐设施。观光度假旅游者一般选择风景区的酒店，停留时间较长，喜欢健身娱乐活动，要求有康乐设施等。其他目的旅游者具体目的不同，顾客的需要和对酒店的要求也不同。根据旅游者住宿时间长短，酒店可把他们分为长住和暂住两类。根据旅客购买方式，酒店可把他们分为团体和散客两类，或分为直接预订和通过旅游公司代为预订。

2.选择目标市场

酒店分析研究了所有的细分市场以后，就必须决定把哪一个或哪一些细分市场作为目标市场。通常目标市场应该用以下条件作为指导：要有足够大的规模保证酒店盈利；要有一定的发展潜力；不存在过多的竞争对手，且或多或少存在着未满足状态，而本酒店有能力满足其需求。

酒店在选择目标市场营销策略时，还须考虑酒店本身的特点及产品和市场状况等因素，在对主客观条件全面衡量后才能加以确定。具体来说，酒店在选择目标市场营销策略时，通常应考虑以下几个因素：酒店资源、市场同质性、产品同质性、产品生命周期、竞争对手数目、竞争对手的营销策略。

(1) 酒店资源

酒店资源包括酒店的人力、物力、财力及酒店形象等。如果酒店规模较大，实力雄厚，有能力占领更大的市场，可采用差异性营销策略或无差异性营销策略；如果酒店资源有限，实力不强，无力兼顾整体市场或几个细分市场，可采用集中性营销策略。

(2) 市场同质性

市场同质性是指市场上消费者需求和偏好所具有的类似性。如果消费者的需求和偏好十分相近，购买数量和方式也大体相同，说明市场同质性较高，可采用无差异性营销策略。如果市场需求的差别较大，就适宜采用差异性营销策略或集中性营销策略。

(3) 产品同质性

产品同质性是指本酒店产品与其他酒店产品的类似性。如果本酒店产品同其他酒店产品相似，说明产品同质性高，适宜采用无差异性营销策略；反之，则适宜采用差异性营销策略或集中性营销策略。

(4) 产品生命周期

一般而言，酒店产品所处市场生命周期的不同阶段，采用的营销策略也有规律可循。若产品处于导入期或成长期，竞争者少，宜采用无差异性营销策略，以便探测市场的需求；产品进入成熟期，适宜采取差异性营销策略，以开拓市场；产品进入衰退期，应采取集中性营销策略，集中力量于最有利的细分市场，以延长产品的市场寿命。

(5) 竞争对手数目

当竞争者数目少时，一般采用无差异性营销策略；当竞争者数目多、竞争激烈时，宜采用差异性或集中性营销策略。

(6) 竞争对手的营销策略

酒店在选择目标市场的营销策略时，必须考虑到竞争对手所采取的营销策略。一般来说，酒店应采取与竞争对手相反的营销策略，以避免与竞争对手直接抗衡。当然，究竟采用什么样的营销策略，在实践中要根据不同时期双方的具体情况做出抉择。如果遇到强有力的竞争对手实施无差异性营销策略时，因可能有较次要的市场被冷落，酒店可乘虚而入，应采用差异性营销策略予以占领；如果实力较强的竞争对手已经采用了差异性营销策略，本酒店难以与之抗衡，则应进行更有效的市场细分，实行集中性营销策略；如果竞争对手的力量较弱，而自己的力量较强，则可完全根据自己的情况确定营销策略。

3.营销因素组合

营销因素组合，是酒店在目标市场中实现预期目标，而对可控的各类营销因素的特殊组合和综合运用。麦卡锡的四"P"方案在酒店业中得到广泛的应用。四"P"是指四类因素，它们的英文单词的第一个字母均为"P"，分别是产品（product）、分销渠道（place）、促进销售（promotion）、价格（price）。

(1) 产品

酒店可以选择决定开发什么样的产品和服务方向，向目标市场提供能满足其需求的产品和服务。酒店营销可根据企业的销售要求，针对顾客的不同需要，开发各种受顾客欢迎的组合产品，以吸引客源。

酒店可开设的组合产品方式有以下几种。

① 公务客户组合产品。针对公务客户的特殊服务，为公务客户提供优惠。如免费在客房供应一篮水果，免费提供欢迎饮料，免费使用康乐中心的设施和器材，免费参加酒吧的歌舞娱乐活动。

② 会议组合产品。会议组合产品包括使用会议厅，会议休息时间供应点心和咖啡，对于会议期间的工作餐，按每人一个包价优惠提供。

③ 家庭住宿组合产品。其形式有双人房供全家住宿，小孩与父母同住免费加床，提供看管小孩服务，小孩免费使用康乐设施，餐厅提供儿童菜单。

④ 蜜月度假产品。蜜月度假产品只向新婚夫妇提供，一般需要漂亮而宁静的客房以及一些特殊的服务，如一间布置漂亮的洞房，免费床前美式早餐，免费奉赠香槟酒，客房里供应鲜花、水果篮。

⑤ 婚礼组合产品。这类产品主要针对当地居民市场，结合婚礼消费的形式，适应消费的心理，强调喜庆的气氛，吸引消费者。该产品组合内容有豪华级京式或广式筵席，免费提供全场软饮料，四层精美婚礼蛋糕一座，以鲜花和双喜横幅隆重地布置婚宴厅，根据具体要求制造婚宴气氛，播放婚礼进行曲，洞房花烛夜免费提供新婚套房、鲜花、水果和香槟酒，免费美式早餐送到客房。

⑥ 周末组合产品。周末组合产品可吸引客人在一周工作之余来休息和娱乐一下，因而需策划组织一些娱乐体育活动，如举办周末晚会、周末杂技演出等，将娱乐性活动加上酒店的食宿服务组合成价格便宜的包价产品。

⑦ 淡季度假产品。在营业淡季时以一周、十天住宿加膳食以包价提供给客人。同时，为了吸引客户，还要策划组织客户免费享受娱乐活动。

⑧ 特殊活动组合产品。这类组合产品的开发需要营销人员具有创造性思维，设计出既新颖又在经济和销售上可行的产品，可利用现有的设施和服务组织，如乒乓球、网球、保龄球赛等活动，提高酒店的声誉及形象。

(2) 分销渠道

酒店经营管理人研究并决定如何把适销的产品送到目标市场，并在何时何地，由谁来向目标市场的消费者提供产品和服务。酒店的分销渠道可分为两种：一是直接销售渠道，就是酒店自己直接把其产品和服务销售给顾客；二是间接销售渠道，就是产品和服务经过一定的中间环节销售给顾客。在酒店和客人之间有以下中间商。

① 特许经营。酒店通过加入特许经营系统的形式来扩大酒店经营业务，有些经营具有特许经营权的酒店拥有遍布世界各地的预订系统，比如希尔顿酒店。

② 酒店预订系统。这是在很多地方设立分支机构，为委托其客房的酒店做预订工作的公司。它们受酒店委托，代表酒店向旅行代理商、大公司、大企业及其他需要酒店设施的客户进行推销和代理预订。除了很多独立的预订系统外，有些大酒店、大集团的预订系统不仅为本酒店集团服务，还为其他酒店提供预订服务。

③ 航空公司。航空公司不仅向客人提供交通运输，还以中间商的身份向客人介绍酒店，代酒店接受预订客房。其他一些交通运输公司，如汽车出租公司、铁路公司等，也可以成为酒店销售渠道的一员。

④ 酒店协会。酒店可以通过加入酒店协会或旅游协会来推销酒店产品。如世界一流酒店组织，由200多家豪华酒店组成，形成一个全球性的酒店促销与预订联合体，它不是酒店集团，不拥有也不经营任何酒店，但经营着一个促销与预订公司，为其遍及世界各地的成员提供服务。

(3) 促进销售

促进销售是指酒店如何向目标市场提供信息，使消费者了解其产品和服务，促进消费者购买。市场营销除开发新产品、新活动项目外，更要推出独特的宣传方式来吸引客源，这就要在广告策划推销上多做文章。以下方式是促进销售采用的手段。

① 可选择电视、电台、报刊等媒体，经常性地报道酒店新近推出的特色菜肴、客房环境、活动项目等，提高宾客对酒店的感官印象。

② 运用行业性杂志、报纸、旅行线路小册子、指南、广告传单、直接信函等方式对酒店产品进行宣传。

③ 以邀请知名项目演出的方式壮大声势，扩大影响面，营造酒店的消费热点，如邀请一些单位举办省市模特大赛、时装秀；大型歌舞、器乐演奏等。

④ 设计推出啤酒节，菜肴品尝的方式提高酒店消费，增加效益。

(4) 价格

酒店制定的产品和服务价格，应该对目标市场有很强的吸引力。酒店在运用价格工具时有很多策略，主要有以下几种。

① 心理策略。心理策略常使用的方法有尾数定价法、整数定位法和分级定价法。

尾数定价法一般会给客人价格低的印象，如客房通常为198元而不是200元，使客人从心理上觉得一百多就是比两百多便宜。

对于高档产品，采用整数定价法来满足特殊客人的要求。例如，总统套房、满汉全席等通常可以满足顾客的虚荣心。

分级定价法指酒店要将产品分为各种档次和级别，使价格符合每一阶层客人的心理。

② 折扣和让价策略。折扣是企业最常用的价格策略，酒店折扣让价策略一般有以下几种。

a. 数量折扣。对于团体人员、会议人员、公司人员、常住人员，酒店通常给予数量折扣，一般分为累计数量折扣和一次性购买数量折扣两种。在酒店业中，最常见的数量折扣形式还有公司价格、团体价格、常住宾客价格、会议价格等。

b. 现金折扣。即是付款期折扣，是对在约定付款期内或提前以现金付款的宾客给予一定折扣的方法。

c. 季节折扣。通常酒店在淡季都会采用季节折扣。

d. 同业折扣。一般是指酒店给中间商如旅行社的价格折扣，有时候还给一定的佣金。

e. 招徕价格。通常酒店在促销时都会采用降低价格、提供优惠、附赠服务等招徕策略，以吸引客人。

4. 控制营销活动

控制营销活动，也可以说是营销管理，是指对酒店营销活动进行分析、计划、组织、执行和控制。

(1) 酒店营销活动的分析工作

酒店营销活动的分析工作包括酒店营销环境分析、酒店产品分析、市场分析、竞争对手的分析、酒店自身的优势和劣势的分析等。

(2) 酒店营销活动的计划工作

酒店营销活动的计划工作包括制定酒店营销目标和策略、制订短期和长期的营销计划、对产品销售进行预测等。

(3) 酒店营销活动的组织和执行方面的工作

酒店营销活动的组织和执行方面的工作包括配备合格的酒店营销人员，并定期进行培训，健全和完善酒店营销部门，与酒店其他部门进行协调，开展各种促销，使全体员工树立营销观念等。

(4) 酒店营销管理的控制工作

酒店营销管理的控制工作是指把酒店经营的实际情况和营销活动的原计划进行比较，找出差距，分析各种营销手段的有效性，并进行总结，采取纠正措施。

项目一　酒店营销管理程序的实施

要求：

选择市场上已经存在的某成功酒店，介绍其基本情况。先组织学生分小组讨论，如何为该酒店确定市场细分步骤方案。然后组织学生分小组对酒店市场调查并进行市场细分。根据市场细分结果，确定酒店企业的目标市场，设置酒店市场营销因素组合，对酒店开展组织控制营销活动。最好将该酒店的成功情况进行讲述，从而使学生和实际操作者形成对比，以便学生对酒店营销管理程序有更好的掌握。

项目二　如何使外出就餐学生回食堂就餐的市场调查及措施建议

要求：

1. 每组设计一份调查问卷。
2. 根据调查学生外出就餐的情况，分析学生外出就餐的原因。
3. 找出食堂解决学生外出就餐问题的措施。
4. 写出调查报告。

1. 简述酒店市场营销的发展情况。
2. 酒店的营销程序包括哪些步骤？
3. 试分析酒店营销因素组合的内容。
4. 举例说明酒店市场营销新概念。

万豪国际集团的营销管理

万豪国际集团是世界上著名的酒店管理公司和入选财富全球500强名录的企业。万豪国际集团创建于1927年，总部位于美国华盛顿。万豪国际集团拥有21个著名酒店品牌，在全球经营的酒店超过4000家，年营业额近200亿美元，多次被世界著名商界杂志和媒体评为首选的酒店业内最杰出的公司。从万豪酒店的营销管理中我们可以看到：

一、市场的细分

早在19世纪70年代，万豪酒店还只是一个单一品牌，后来经过了非常详尽的市场测试，从顾客需要多大的床到他们的浴缸如何摆放等这些非常琐碎的细节方面进行分析调查，建立Matton第一个副品。另一个品牌万怡（Courtyard）的创建，是基于20世纪80年代，全球旅行的商务人士越来越多，希望有相对低价但是能够提供高水准的要求即将成为一种趋势，万豪意识到全球数以亿计的商务旅行人士将是一个巨大的市场，于是精心设计并推出中等价格但是服务和设施一流的酒店，例如摆设时尚家具、设置独立厨房和提供先进的娱乐配套，另外专设商务工作间，"让商务如同在家"，此品牌刚一问世，就成为行业的佼佼者。现在，几乎每一个市场都有万豪酒店品牌的存在，他们有着不同的价格和细分服务，并且保持着相同的品质感和亲和力，都是细分市场的领导者。如在Ritz-Carlton酒店，门童服装都非常奢华，他们非常帅，你会感到非常优雅；在Renaissance酒店，更强调职业化的装束，门童更像是你的同事；而在Fairfield Suite公寓里面，你会感受到服务是谦虚温和的，酒店的服务人员更像是你的朋友和管家。

二、服务细节

对于那些经常入住万豪旗下各个品牌酒店的旅客来说，万豪总有一些"刻意而为之的惊人的相似点"，比如酒店房间地毯的花纹，甚至当客人进入每一个房间的时候，都会发现所有的电源插头都在同一个位置，"力求在细分市场上让顾客不经意之间感受到这些细微差别"。酒店的客户管理系统会记录顾客的每一个细节。在一些高端品牌里面，客人待的每一天、每一分钟，酒店都会进行追踪服务，研究客人如何更好地使用房间，以及如何在客人下一次到来的时候重新定义房间的使用功能。酒店可以做到，一个左撇子的客人进入餐厅后，服务员可通过观察正确地把餐具放到该放的位置上。

万豪每年会更换将近50万套床上用品来保证客人一定能酣然入梦，无论是床单、被罩，还是枕套，无论是织物面料，还是加工精度，万豪都要求不容许"一针一线"的马虎，为了了解顾客对新床单的态度，万豪甚至对新被褥的舒适程度做了深入细致的顾客调研。

三、进入中国市场

1996年以前，中国几乎没有一家万豪酒店，但是到2006年，万豪酒店已经成为中国酒店服务管理输出的最大供应商，除了已有的34家酒店以外，另外还有29家酒店正在建设之中。中国现在是全球第三大旅游市场，万豪酒店并不把盈利看作是最重要的目标，而认为最重要的是培养一批万豪的忠实客户，不仅仅让顾客知道万豪旗下各个细分的品牌，也要让顾客了解他们统一来自万豪。

万豪一般会选择首都作为开店选址的第一站，因为首都的示范效应和品牌方面的积累效应意味着更多的机会。他们一旦发现有一个品牌可能更加适合这么一个市场，就会以适当的方式进入，通过直投广告等形式更有针对性地向特定的消费者群体推介万豪的品牌。为了提高顾客回头率，万豪出台了类似于航空折扣的奖励制度，经常入住万豪的顾客可以享受到诸如免费升级豪华房间、礼品赠送和现金或折扣返券，等等。

第十二章

工程部

【学习目标】

1. 了解酒店工程部的组织结构和各岗位职责。
2. 掌握工程部的设备管理。
3. 熟悉工程部的日常工作。

第一节 工程部概述

一、工程部的管辖范围

工程部在酒店中属于后台服务部门,也可以称作后勤保障部门,其服务一般不直接与顾客接触,而是通过创造和维持优雅舒适的待客环境,保证顾客在酒店住宿、餐饮、娱乐等各方面消费活动的正常进行。该部门主要负责电力、电梯、空调、给排水及弱电等系统的运行管理、设备的维护保养,负责装修设施的维修工作,堪称公司的心脏部门。

工程部的管辖范围包括负责公司电力、电梯、空调系统;冷热给水、排水系统、弱电系统的运行管理、设备维护、保养和故障检修;负责公司水暖设备、机械设备的维修保养和故障检修;负责公司电冰箱、清洁机械、人力推车和五金构件的检修工作;负责公司内外装修设施、家具、装饰灯具的维修、保养工作;负责公司动力各系统的完善改造、设备更新和小项增改工程施工;对公司土建结构方面的渗漏水等负责联系处理;负责油料的储存和发放及其设备的维修与保养。

二、工程部的日常工作

1. 设备管理

(1) 建立设备档案

酒店建立设备档案有利于今后酒店设备的维修,制订设备的预防性维护计划和巡回检查制度。设备档案的建立包括以下内容。

① 设备卡片。设备卡片要有设备的名称与规范、操作条件、设备更新记录、安装地点、使用日期等。

② 设备的设计或技术说明书。

③ 设备结构及易损配件图纸和测绘备件图纸。

④ 两次检修设备运行累积时间。

⑤ 历年设备缺陷及事故情况记录。

⑥ 购进的设备需由管理员检验，必须有时间说明书和产品合格证。

(2) 设备的使用

设备管理的目标之一就是要保持设备在工作中有良好的运行状态，包括性能良好、运行正常、耗能正常。保证设备正常使用的主要措施是明确使用部门和使用人员的职责，并要求其按照规范程序进行操作。操作人员只有熟悉了设备的用途和基本原理，熟悉了设备的性能要求，熟练掌握设备的操作规程，才能正确地使用设备。

设备在使用之前要做到以下几点：第一，每台设备必须编写操作规程或使用规程，作为正确使用的依据；第二，在使用任何一台新设备或新员工进行独立操作之前，必须对该设备的结构性能、安全操作等方面的技术知识进行教育和实际操作培训。对于一些重要设备的操作工作，进行技术知识培训以后，还要进行考试，考试合格者才能独立使用或操作该设备。有的设备还应建立凭证操作制度。另外，酒店的主要动力设备和其他的一些重要设备为多班制运行，多班制运行应执行设备交接班制度，要求交接班人员在使用设备中做好设备运行记录。

(3) 设备的维护保养

设备的维护保养是操作人员为了保持设备的正常运转，延长设备的使用寿命而进行的日常工作。设备使用，必须严格执行设备维护、保养规程，确保设备在被使用时完好。设备的维护保养是设备管理中的重要环节，这项工作做好了，可以减少设备故障，从而节约费用，保证服务质量。

设备的维护保养分为两个层次：一是设备日常维护保养；二是设备定期维护保养。

① 日常维护保养。设备的日常维护保养要做到设备整齐、清洁、润滑、安全、完好。所谓整齐，就是酒店内所有非固定安装的设备和机房的物品都必须摆放整齐，设备的工具、附件、零部件要整齐放置等；设备的清洁为设备的正常运行创造了一个良好的环境，如要保持机房内设备场地的清洁，保持设备表面的清洁等；设备的润滑是指向机械设备零部件的摩擦表面供给适当的润滑油，以减少零部件的磨损，使设备处于一个良好的状态。设备的管理要遵守设备的操作和安全技术规程，防止事故的发生，如电气线路要绝缘良好，信号仪表指示准确，只有设备完好，才能更有效地发挥其功能。

设备的日常维护保养有每班保养和周末保养。

每班保养要求操作人员在每班工作中要做到：班前对设备的各部分进行检查，并按规定加润滑油，确认设备正常后才能使用；工作中按照设备的操作要领，维护、使用设备；下班前认真清洁、擦拭设备。

周末保养要求操作人员每周末用1～2小时对设备进行彻底清洁、擦拭、加润滑油,并按照设备的维护要求进行检查评定和考核设备。

② 定期维护保养。设备的定期维护保养是工程部以计划的形式下达任务,由维修工进行的定期维护工作。这种维护工作主要针对的是重要的机电设备。不同的设备定期保养的时间间隔不同。定期保养包括拆卸设备的制定部件,调整各部件配合间隙,等等。根据维修保养工作的深度、广度和工作量,定期维护保养可分为一级保养和二级保养,二级保养要比一级保养的工作量要大。

(4) 设备报废、停用与维修

设备经长期使用,已满使用年限,损坏严重又不能修复的,可以申请报废,设备报废需经管理员鉴定,由工程部和财务部办理报废手续。

由于事故造成的设备报废,要调查、分析事故发生的原因,按设备报废手续处理。由于某些原因进行停用闲置的设备,在停用前应采取清洗、封闭等防护措施。不允许任意拆卸或挪用,要建账建卡,妥善保管。

酒店设备的维修工作不仅要使设备处于良好的运行状态,还要保证各项维修参数合格,以达到设备的设计性能和服务年限。酒店工程部要做好设备的计划内维修,尽量避免临时性的紧急维修。

(5) 设备的更新和改造

酒店为了避免设备的老化和发挥设备的综合效益,提高和完善酒店形象,增强竞争力,会对其设施、设备进行更新和改造。酒店会根据自身的发展目标,制定3～5年设备增添和更新改造的具体规划。

2. 日常工作流程

(1) 设备的日常巡查检修

工程部当班人员交接班前后应对所属范围的设备设施进行细致的巡查。每班至少进行两次巡查,重点部位至少进行三次巡查,并认真做好巡查记录。巡查内容还包括对各部门节能降耗情况的监督。发现异常,随时检修,不能修复的,报告给主管并及时采取措施保证正常的营业不受影响。巡查过程中发现的故障修复后,应要求设备所属部门补填报修单,并按日常报修的程序处理耗用材料等。

(2) 设施设备的日常报修

① 设施设备使用部门发现该设施设备故障或异常现象后,填写报修单送工程部值班室。特别紧急的报修也可直接电话通知工程部,事后再补报修单。报修单一式三份,由报修部门填写报修项目后一起交工程部。维修完成后,由工程部维修人员填写完整,交报修部门验收签字,"报修部门"联由报修部门留存。"财务部"联和"工程部"联由工程部收回。酒店内所有的维修都应有报修单。电话通知的报修应及时补填报修单。正常情况下,报修单应由报修部门主管签字,维修完成后应有验收人签字,这样才算是有效的报修单。

② 工程部值班人员接到报修单或报修电话后,应标明时间,根据类别通知班组技工前往检修。

③ 检修人员应在接到报修通知后5分钟内赶到现场进行检修。不能马上修复的故障，应立即向上级部门报告。属于配件原因的，马上报告领班申领或申购；属于技术或其他原因的，应报告主管；属于技术或其他原因未能马上修复的故障，主管组织相关班组人员到现场查看，确认工程部暂无法解决的，应立即采取临时措施保证酒店正常营业不受影响。设备故障未能修复，并可能会对酒店正常营业造成影响的，应报告酒店总经理，以便做出适当安排。重大设备故障未处理完毕，当班检修人员不得下班，应协同接班的人员共同修复。

④ 设备故障修复后，经报修部门试用验收，维修人详细填写报修单中的维修项目和耗用材料项目，由验收人签字。"报修部门"联由报修部门留存。"财务联"和"工程部"联由工程部收回，其中"财务联"每月汇总后转交财务部。

(3) 重大设施设备保养

酒店重大设施设备保养应从以下方面进行：酒店的重大设施设备应有专人、定时进行日常保养，主管应亲临现场，负责检查；酒店技工难以胜任的保养、维修项目，应由工程部上报酒店管理层，委托专业人员进行；在专业人员保养、维修过程中，技工应进行跟班，使其由专业维修保养逐渐转变成本部门维修保养；设施设备保养人员应详细记录设施设备每次的维修保养的内容、方法、使用的工具、所花的人力、更换的部件等详细信息，经工程部主管审阅后存档。

(4) 酒店重大活动及贵宾接待的工程保障工作流程

酒店重大活动及贵宾接待任务是由总经理办公室将具体安排通知工程部值班室。工程部接到重大活动或贵宾接待任务安排通知后，首先，应详细了解各项细节，及时与其他部门联系协调，制订工程保障计划。其次，工程部应提前对涉及重大活动或贵宾接待的场所内所有电气设施、水暖洁具、装饰装潢等进行全面的检查、维护，必要时进行检修、添置或改造。对其他区域也应加强巡检力度，确保万无一失。再次，在活动或接待期间，各岗位人员要加强戒备，工程部主管、领班应随时在场督促检查，将各项工作落实具体。最后，在每次任务完成后，都应做总结，不断积累经验。

第二节　工程部岗位设置及基本职能

一、工程部的岗位设置和组织结构

1. 工程部的岗位设置

根据公司物业规模、设备概况及工程部职责范围的任务内容，设置以下类别岗位。

① 工程部主管：负责工程部的运作管理。

② 弱电工：负责配电及电气设施的运行维修。

③ 空调工：负责空调系统的运行和维护。

④ 电梯工：负责电梯的运行和维护。

⑤ 水暖工：负责给排水和水暖设施的维护检修。

⑥机修工：负责洗涤设备、五金构件和机械的维护检修。
⑦锅炉工：负责锅炉运行和维护检修。

在实际中，多数酒店及物业管理工程部都采用了"万能工"的模式，即一名技工同时负责某个区域的多个系统类别的设备的运行维护。这种模式是假日酒店管理集团首先应用于酒店工程管理的，可以极大地提高人力利用率，降低工程部的人力成本，提高运作效率。这种模式是把相互间技术障碍较小的"配电及电气维修、电梯、空调"三个岗位合并为电气班，其余岗位合并为综合班。电气班的责任范围如下：配电及电气维修、电梯运行维修、空调运行维修。综合班的责任范围如下：水暖管道、洁具、五金构件及机械维修，锅炉运行维修。

2. 工程部的组织结构

（1）按公司的管理结构，工程部实行主管负责制

工程部主管对工程部责任范围内的各项事务负责，其直接上级是公司总经理。主管根据工程部的任务内容将工作分配到各班组，进行统筹和协调。主管直接对领班进行考评，必要时直接对班组技工进行考评。

（2）每个班组设一名领班

领班负责分配本班组人员的工作，并带领本班组人员按照相关程序完成所属范围内的任务。领班负责对本班组人员进行考评，其直接上级是工程部主管。

（3）各班组内采取灵活的岗位人员分配方式

领班根据排班或工作任务情况来安排本班组内工作人员的岗位，并可随时根据需要进行调整。各班组人员按照岗位职责分别对所属工作负责。

（4）当班人员对所在岗位的工作负责

当班人员应按照岗位职责和操作程序来完成所属范围的工作；保证工程部的运作规范有序、有条不紊地进行。每班组内的人员对本班组各个岗位均能熟练胜任，以便随时适应不同岗位的工作。

（5）特殊情况、紧急任务的应对

如遇特殊情况或紧急任务，工程部所有人均应不分班组岗位和工种，服从公司领导和主管的调配，不计时间和报酬，积极配合其他班组、岗位或公司其他部门完成任务，保证公司正常运行。

二、工程部在酒店的基本职能

1. 为酒店供应能源

工程部必须管理好为酒店日常经营提供能源的设备，如供电、供热、供冷、供气等设备，负责控制和运行这些设备，并保证满足酒店的需要。

2. 对酒店设施设备进行维修

工程部负责酒店的设备设施维修和保养。维修工作不仅要使设备处于良好的运作状态，

并且要保证各项维修参数合格,已达到设备的设计性能和服务年限。

3.对酒店设备设施进行增建、更新和改造

为了发挥设备的综合效益和避免设备老化,并不断提高和完善酒店的形象,提高竞争力,应对设备设施和公司装修进行增建、更新和改造。

让学生分组讨论酒店工程部门如何进行节能控制管理,并写出报告。

分析:从树立节能意识,保证酒店设施设备经常处于良好的性能和状态,合理安排设施设备的运行,定期检查设施设备能耗等方面进行考虑。

1.酒店工程部的基本职能有哪些?
2.工程部如何进行设备管理?
3.简述设施设备的日常报修工作流程。

不速之客

晚上10点水电班值班员小吴接到总台电话,需到406房维修水龙头,因为是晚上,他没有按饭店的规定穿工作服,只穿便衣,拿着工具箱就到相应楼层了。当按了三次门铃都没人应答时,小吴便拿出总控卡打开房门,"啊……"一位刚从床上爬起来准备开门的中年女客尖声惊喊起来,"快来人啊,有人闯进房间来了!"

小吴的做法对吗?如果你是小吴应该如何处理?

点评

小吴的做法是错误的。

作为酒店的一名员工,只要是上班时间就应该按规定穿工作服及佩戴工号牌。在酒店服务行业,每一个部门都有代表部门的工作服,是方便客人更容易识别服务员的工作性质。而案例中小吴穿着自己的便衣去为客人服务,这让客人很难分辨出他是否是本酒店的员工,从而产生误会。

当小吴按三次门铃后,房内还是没有声响,这时应该与总台联系,让总台与客人联系,确定客人是否在房内,再决定用总控卡开门进行工程维修。

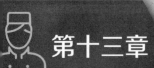

第十三章 采购部

【学习目标】

1. 了解酒店采购部的组织结构和各岗位职责。
2. 熟悉酒店采购程序和原则。
3. 掌握酒店采购技巧。

第一节 采购部概述

一、酒店物资采购管理的主要任务

酒店为客人提供高效优质的服务必然要涉及物资。酒店的物资分为酒店建筑、设备等固定物资和餐饮、商品、能源等流动物资。酒店负责采购和供应物资的部门一般称为采购部或采购供应部。其主要任务是在酒店采购计划的管理指导下,按质、按量、按时、适价地组织和采购酒店经营所需要的物资,确保酒店经营活动的需求供应。在酒店中,采购的物资成本占酒店运营成本的比例很大。酒店采购物资的价格、质量、数量和时间,会直接影响到酒店的经营。采购和供应的周转率高,可以提高资金的使用效率。合理的采购可以避免物资的短缺,降低库存,从而减少资金的积压。采购部对酒店物资市场最为了解,可以提供新物资替代旧物资,从而可以提高酒店的品质,降低成本。因此,酒店物资采购管理非常重要。

酒店物资采购管理对酒店经营效果起着重要作用,其有以下主要任务。

① 根据总经理的指示,结合市场的具体情况,了解酒店所需物资的情况,审定采购计划。

② 寻找合适的供应商,并建立长期良好的合作关系。确定供应商所提供物资的价格、品质、交货时间、数量。

③ 及时购进酒店经营所需的各类物资并与酒店星级、档次相适应,以确保酒店的正常

运营。另外，在采购工作中应严格控制成本费用。

④ 验收所采用的物资，核实数量、品质、价格、交货时间。

⑤ 对采购的物资做好储藏和发放工作。

二、采购原则

1.适价

价格永远是酒店采购活动的焦点，一个合适的价格往往要经过以下步骤来完成。

首先，是报价。报价就是酒店向供应商询价，根据"货比三家"的采购原则，酒店采购部门在物品采购时依据所要采购物品的具体采购要求，通过多种渠道向供应商发出物品采购要约，从而获得来自不同供应商的多方面的报价。

其次，是比价。比价就是各供应商所提供的价格的对比，当然是越低越好，但是经常会由于供应商在报价单中所包含的条件不同，从而价格也不一样。这就需要酒店采购人员将不同供应商的报价中的条件转化一致后才能比较，从而得到真实可信的比较结果。

再次，就是议价。酒店采购人员通过比价环节后，筛选出价格最适当的2～3个报价（注意：是适当价格，不是最低价格），然后进入议价环节。随着进一步的沟通，不仅可以将详细的采购要求传达给供应商，还可以进一步"杀价"。

最后，是定价。经过以上环节以后，酒店和供应商均能接受的价格便可作为日后的正式采购价格，一般需要保持2～3个供应商的报价。这些供应商的报价可能相同，也可能不同。

2.适质

在采购物品时，价格是第一位的，但质量同样不可忽视。并不是最低的价格就是可取的价格，还应该考虑价格所对应的质量，同时并考虑与供应商的长远合作关系和其他采购因素，在保证物品的质量在合格的前提下，采购价格达到最低最优水平。

3.适时

酒店采购人员应该严格按照采购的要求，把握采购物品的交货时间。若采购物品未能如期购到，则会影响酒店的正常经营运作。若提前太长时间买回来放在仓库里，一方面会造成物品的变质或耗损，另一方面将造成采购资金的积压。

4.适量

采购人员不仅要把握好采购的时间，还要控制好采购的数量。虽然批量采购可以获得数量折扣，但并不是越多越好，因为数量多会造成采购成本的积压，增加储存成本，但数量太少又不能满足经营需要，所以确定合理的采购数量的确定相当关键。

5.适地

酒店采购人员在选择供应商时，还必须考虑供应商的地理位置，因为近距离的供应商不仅沟通方便，处理事务更快捷，还可以降低采购的物流成本。

三、采购部日常工作

1.采购的基本工作程序

（1）申请采购

酒店各个部门根据本部门物资情况编制采购计划，确定采购数量，交由上级部门或酒店总经理审批。审批通过后，上级部门开出采购申请单交予采购部门。

（2）采购的实施

采购部门收到采购申请单，首先要对采购物资进行估价，预算采购开支。然后搜集供应商的资料，通过问价、比价，与供应商洽谈，签订采购合同，开具订购单。同时，要保持和供应商的联系，监督其按期按质量交货。采购中的重要部分就是供应商的选择。选择供应商时，要注意其是否有优秀的企业管理者和稳定的企业员工，是否有良好的机器设备、技术能力和管理制度，原材料供应来源是否稳定，供应渠道是否畅通，是否有良好的财务状况和信誉，以及其是否有优惠条件。供应商的选择直接关系到采购工作能否顺利进行。

（3）验收

酒店物资采购后进行的工作就是验收。验收是酒店采购的重要环节，其目的是检查供应商交货是否及时，所交的物资在品质、数量等方面是否符合要求。在验收过程中，验收员要及时反馈信息，防止酒店出现损失。具体来说，验收有以下作用。

① 检查。确保购进物资的数量、质量、价格符合采购计划，即满足酒店的需要。

② 控制。验收过程可以对酒店的采购工作起到监督作用，并控制减少物资的差错，以满足酒店需要。

③ 整理。对采购进来的物资进行分类整理，以利于入库储存和发放。验收过程也是物资整理与分类的过程。

一般来说，物资的验收要求验收员检查所送物资的名称、规格、数量、质量、重量、价格等方面和相关单据所列是否一致。对于特殊的物资如机器设备等，需要请专业技术人员或酒店相关部门人员共同参与验收。对于大批量的物资或某些不能拆封的物资，应采用抽样检查法进行验收。如果验收合格，验收员在验收单上盖章签收。如果验收不合格，验收人员将检验报告通知采购人员，采购人员将验收情况通知供应商，使其改正，并对不合格产品做退货处理。

（4）储存保管

验收工作完成后，酒店物资要被妥善地保管于仓库中，在酒店各个部门需要时，进行分发。酒店物资储存的主要目的就是有效地保管和维护采购的物资，随时保证酒店有充足的物资供应。对于酒店有的物资保管，不同酒店有不同的做法。有些较大的酒店把货仓保管机构分出来，作为一个独立的部门，有些酒店将物资保管机构置于采购部之中，也有些酒店根据各个部门的不同情况，在各部门设立相应的货仓保管机构。然而，酒店物资储备具有不同于其他一般企业的特点。

① 流动性。酒店日常物资消耗量大，物资流动量大，也就使得物资储备流动性较大。

② 季节性。旅游业本身就有季节性，加上酒店所需食品具有季节性，所以酒店物资储

备也具有季节性。

③ 预防性。酒店采购部应善于观察市场变化，通过提前储备物资来应对突发事件。

(5) 发放

酒店物资发放就是发放人员根据各个部门的计划，将仓库储存的物资发放给领取人员的过程。作为采购的最后一个环节，发放工作可以满足酒店各个部门的需求，做好后勤保障工作。物资的发放要严格遵守相关的制度，发放前要先看申领凭据，坚持先进先出的原则，定期进行盘点。发放工作的严格执行可以减少人为因素如偷窃、盗领、误领等造成的损失，使酒店物资得到较好的管理，从而有效地控制成本。

2.采购工作流程中需注意的事项

(1) 采购申请单的相关信息

采购申请单一共四联。在经审核批准后，第一联留作仓库收货用，第二联由采购部存档并组织采购，第三联由财务部成本会计存档核实，第四联由部门存档。

(2) 采购申请单的审核

采购部收到采购申请单后应做出以下复查，以防错漏。

① 签字核对。检查采购申请单是否有部门经理签字，核对其是否正确。

② 数量核对。复查存仓数量及每月消耗，确定采购申请单上的数量是否正确。

(3) 采购订单的跟催

当采购订单发出后，采购部需要对整个过程进行跟催直至收货入库。

(4) 采购订单的取消

① 酒店取消采购订单。如因某种原因，酒店需要取消已发出的采购订单，供应商可能会提出取消订单的赔偿，故采购部必须预先提出有可能出现的问题及可行性的解决方法，以便报董事会做出决定。

② 供应商取消采购订单。如因某种原因，供应商取消了酒店已发出的采购订单，采购部必须能够及时找到另一供应商并立即通知需求部门。为保障酒店利益，取消订单的供应商必须赔偿酒店的人力、时间及其他经济损失。

(5) 档案储存

采购人员每天不仅要将自购物品的价格信息录入采购部价格信息库，还要将所有供应商的名片、报价单、合同等资料进行分类归档，以备查。

(6) 采购交货延迟

凡未能按时、按量采购所需物品，并影响申购部门正常经营活动的，采购人员需填写"采购交货延迟检讨表"，说明原因及跟进情况，并呈财务部及董事会批示。

四、酒店采购技巧

1.采购量严格按照采购计划进行

采购人员采购时要严格按照采购计划进行。但是，对一些保质时间较长又不受时间影响的产品，在质量较好、价格较低而资金充足的情况下，可以多采购。

2.拓宽供货渠道

采购人员在进行采购的时候,通常要货比三家后再确定采购供应商,这样既能保证采购物品的质量,又能以低价购进物品。

3.在大型批发市场寻找第一手货

大型批发市场的物品价格一般比较低。第一手货是指没有经过转手的货品,因为这样可以避免在转手中增加无形的成本。

4.亲自采购

采购人员亲自到市场采购,避免用中间商采购。采购人员直接面对市场,无论在节约成本还是在货物质量上都能够得到更好的保证。

5.建立稳定的供应渠道

采购人员要和供应商建立稳定的供应渠道,但又要及时掌握市场变化信息。在同等质量的前提下,如果供应商价格不合理,采购人员可以到别处购买。

第二节 采购部岗位设置及职责

一、采购部的岗位设置

采购部由采购部经理、报关组、采购组等构成。其中采购组又分为食品采购组、能源采购组、设备采购组、酒店日常用品采购组等。一般来说,采购部岗位设置,如图13-1所示。

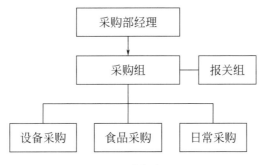

图13-1 采购部岗位设置

另外,一些大型酒店部门设置比较全面,大体上设置了部门经理、报关组、采购组、验收组、发放组等机构。

二、采购部各岗位的职责

1.采购部经理的职责

采购部经理全面负责采购部的日常工作;按质、按量、按时、适价地满足酒店的一切供应要求。

采购部经理的具体工作内容如下。

① 制定采购方针、策略、程序、计划等，安排采购员做好采购工作。

② 负责组织市场调查研究，掌握市场信息，指导采购员努力降低采购成本。

③ 根据酒店要求与市场供应情况审定价格合理、质量可靠、信誉好、服务优的供应厂商，确立供求关系。与各供应商建立稳定的供应渠道，降低进货价格。

④ 掌握、指导库存商品的周转和存量，了解所采购商品的有效使用率。审批所有的采购申请单、订货单。

⑤ 与各部门密切配合，组织安排物品材料申购的报价、择商、订货等。

2. 采购员的职责

采购员具体实施酒店工程设备、材料、营业及办公用品的采购供应工作。

采购员的主要工作内容如下。

① 根据采购申请单或仓库补货单，采购各部门需要的物品。

② 配合收货部门对购进的物品进行严格把关，对于不合要求的货物，负责与供应商交涉退换。

③ 开展市场调查研究，不断开发货源渠道，推荐新产品，提供市场信息。及时向上级报告有关产品和产品价格的最新行情。

④ 保存采购工作的必要记录，做好统计，定期上报和结算。

⑤ 完成采购经理分配的其他工作。

3. 报关员的职责

报关员负责组织安排进口货物的报批、报关、报检及接货等相关的工作。

4. 验收员的职责

验收员负责对所采购物品的验收。其主要工作内容有：根据供应商的送货单对所交物品的数量、质量、价格、送货时间等进行详细的检查；填写收货单或验收单；将验收物品转交有关部门或直接入库；填写好每天的收货记录或进货报表。

5. 仓库保管员的职责

仓库保管员负责物品的储存保管工作。其主要工作内容有：与验收员办好交接手续，确保次品或有问题的物品不得入库；按照酒店物品出库工作程序，接到出库单后，及时准备出库物品，并办理好相关手续；定期进行账实核查，健全仓库保管账目；做好仓库日常管理工作，确保储存条件，定期进行盘点，发现物品异常时，查明原因，及时处理，必要时报上级审查。

6. 物资发放员的职责

物资发放员主要负责酒店所购物资的发放。其具体工作内容有：按照酒店物资申领单核对物资数量，进行发放；对申领单或出库单签字后，做好仓库记录；发放物资后，填写销货卡。

题目:设计一个酒店用品的采购计划,让学生分组到市场上对供应商进行调查,分析其产品和价格,以及供应商的情况,来确定供应商,写出调查报告。

1. 酒店的采购原则有哪些?
2. 简述酒店采购部门的基本工作程序。
3. 酒店采购的技巧有哪些?

采购物品出现问题怎么办

某市技术监督部门对该市市场上的卫生洁具进行抽查,并将季度质量抽查结果公布,结果显示被抽查的20种卫生洁具中,只有A卫生洁具厂的产品各项指标都合格。B酒店工程部根据以往使用卫生洁具厂的情况,也把该厂列入合格供应商名录。近日,B酒店由于厕所马桶节水改造,急需一批卫生洁具,但市场一时买不到A卫生洁具厂生产的产品,采购员没有与其他部门协商就从建材市场买回了一批外地C厂生产的洁具。结果使用不久,就发生了多起密封件漏水事故。

此案例中酒店工程部应该按照采购的基本程序进行采购,即采购申请、采购实施、验收等。在采购中,要与使用部门多沟通,严把采购物品质量关。

第十四章 保安部

【学习目标】

1. 了解酒店保安部的机构设置及岗位职责。
2. 熟悉酒店防火防盗等安全措施。
3. 掌握酒店安全事故的处理程序。
4. 掌握各种灭火器的使用方法。

第一节 保安部工作任务和岗位设置及职责

一、酒店保安部的工作任务

1.提高酒店员工的安全意识

酒店保安部门要经常对员工进行安全和法制教育,提高员工的安全保卫意识,使员工树立"安全第一,预防为主"的观念。

2.健全保安部的安全防范管理制度

酒店保安部根据酒店的实际情况,逐步健全安全防范管理制度。

安全防范管理制度包括:客人入住登记制度、房门钥匙管理制度、防火安全制度等。这些制度的建立能够有效地控制酒店违法犯罪案件的发生,提高酒店安全标准。酒店保安部要督促和检查安全防范制度的实施情况。

3.加强酒店内部治安管理和安全防范,维持内部治安秩序

保安部在酒店内部治安管理的主要职责,是在酒店总经理的领导下,接受公安机关的治安部门的指导,对酒店内部的治安管理工作进行管理、检查、监督,以维护酒店内部的治安秩序。

4.做好消防和交通管理方面的配合，防止事故的发生

酒店保安部门根据实际情况，采取切实可行的措施，确保财务部门、机房、油库、重点客人下榻客房等酒店重点和要害部门的安全。

5.协助公安机关在酒店执行公务

酒店的一般治安案件由酒店的保卫部门负责调查取证，需要给予治安处罚的，要报送公安机关。对于一般刑事案件，要由酒店保安部门协助公安机关进行侦破查处。

二、保安部的组织结构及工作职责

酒店保安部的组织结构一般进行如下设置。

1.保安部经理

保安部经理负责酒店的安全，组织安排酒店保安的日常工作，具体工作职责如下。
① 组织保安工作例会，写好部门日志。
② 根据需要，积极改进和完善保安部相应的设施和器材。
③ 落实上级主管部门的工作布置和检查，配合查处各类案件。
④ 亲自组织和配合调查发生在酒店内的各类案件和重大事故，并及时汇报。
⑤ 发生火灾时，立即赶赴现场，组织灭火工作。

2.保安部办公室

保安部办公室掌握酒店各部门安全情况，管理保安员档案，收发部门文件，进行日常考勤等，具体工作职责如下。
① 制订突发事件的应急计划，对酒店每天发生的突发事件进行应急处理。
② 对当天入住的客人的证件资料进行统计整理，建立常住客人的治安管理档案。
③ 与当地派出所、公安机关保持联系，掌握当地的治安情况。

3.内勤

保安部内勤主要负责酒店内部的安全事宜，具体工作职责如下。
① 负责酒店大堂、会议室等公共场所的安全和秩序，对无证或证件不全的客人，要协助总服务台问明情况后，填表报当地派出所批准后，安排入住。
② 负责餐厅客人就餐时财务的安全，防止物品被盗。
③ 负责长住客户在店期间的安全，根据情况，建立常住客户档案。
④ 协助客房值班员，负责住客安全，防止和处理突发事件。
⑤ 对本店员工的仪容不整给予纠正。

4.外勤

酒店保安部外勤负责酒店大院、前厅、机房、仓库等地方的安全事宜，具体工作职责如下。

① 负责大院内车辆指挥和车辆安全，并相应地收取管理费用。
② 负责酒店大院内的客人及财产安全，防止突发事件。
③ 负责酒店内重要部位（机房、仓库、油库）的安全，保证正常运转。

5. 消防中心

酒店消防中心对酒店消防安全负有重要责任，对酒店进行全天、全方位的安全监督，主要任务如下。

① 严格执行国家消防安全工作法规，制定酒店防火安全管理措施，并负责组织实施。
② 定期检查酒店消防系统，保证系统的灵敏度。
③ 管好消防监控中心的各种设备和设施，保证监控中心正常工作。

第二节 酒店安全措施及安全事故处理

一、酒店安全措施

1. 防火

（1）防火设施设备

① 警告灯。紧急出入口安装警告灯和提示走火逃生指引。
② 走火逃生图。消防部门规定，酒店不管是客房还是餐饮包间，都必须配备走火逃生图。
③ 灭火器。按规定摆放灭火器，同时灭火器上还要附加一张使用说明书，具体内容有灭火器名称、使用范围、使用方法。

（2）常用灭火器和消防栓的使用

① 二氧化碳灭火器。这种灭火器主要针对各种易燃、可燃液体、可燃气体火灾，也可扑救仪器仪表、图书档案、工艺品和低压电器设备等初起火灾。把灭火器提到或扛到火场附近，在距离燃烧物5米左右，放下灭火器，拔出保险销，一只手握住喇叭筒根部的手柄，另一只手紧握启闭阀的压把。对没有喷射软管的二氧化碳灭火器，应把喇叭筒往上扳70°～90°。使用时，不能直接用手抓住喇叭筒外壁或金属连线管，防止手被冻伤。灭火时，当可燃液体呈流淌状燃烧时，使用者将二氧化碳灭火剂的喷流由近而远向火焰喷射。如果可燃液体在容器内燃烧，使用者应将喇叭筒提起，从容器的一侧上部向燃烧的容器中喷射，但不能将二氧化碳射流直接冲击可燃液面，以防止可燃液体冲出容器而扩大火势，造成灭火困难。

在室外使用二氧化碳灭火器时，应选择在上风方向喷射。在室内窄小空间使用二氧化碳灭火器时，灭火后，操作者应迅速离开，以防窒息。

② 泡沫灭火器。这种灭火器主要针对各种油类火灾及木材、纤维、橡胶等固体物质可

燃物火灾，但不能扑救水溶性液体火灾，也不能扑救带电设备火灾。使用时，把泡沫灭火器拿到起火现场，用右手按住上部，左手抓住下部，使用者站在离火源8米的地方，将灭火器喷嘴朝燃烧区喷射，并逐渐向前走，一直到把火焰扑灭。然后把灭火器卧放在地上，使喷嘴朝下。

③ 干粉灭火器。这种灭火器主要针对各种易燃、可燃液体和气体火灾，以及电器设备火灾。灭火时，可手提或肩扛灭火器快速奔赴火场，在距离燃烧处5米左右，放下灭火器。拆断封条，拔起保险插销，喷嘴管朝向火点口压下二氧化碳钢瓶压把即喷出。如在室外，应选择站在上风方向喷射。

④ 室内外消防栓。室内墙上消火栓箱内装有消防水带卷盘和枪头，紧急情况下击碎消火栓箱门玻璃，把枪头、水带和消防供水接口接好，将水枪拉至需要灭火的部位，水带要拉直，然后再打开阀门用水枪喷水，实施扑救火灾。室外消火栓同样需要接好枪头、水带和消防供水接口，把水带拉直使用，但需要用专用扳手打开消火栓阀门来喷水灭火。

2.防盗

（1）防盗设施设备

酒店为了防止客人物品被盗，专门配有一个保险柜，提醒客人存放好个人物品。

（2）酒店钥匙管理

目前，一般酒店里使用的钥匙有两种，一种是属于传统钥匙，另一种是电脑化管理系统。

① 传统钥匙。对于传统钥匙，首先，员工绝不能把酒店钥匙带回家。员工下班之前应将酒店钥匙寄存到24小时值班的保安值班室的保险箱里。其次，员工寄存和取拿钥匙必须签字。员工寄存钥匙时，值班保安给寄存员工一个信封，将钥匙放入信封，把封口封好，寄存员工在封口上签字之后放入保险柜。当然寄存员工需在钥匙寄存记录上登记，并由保安签字，第二天寄存员工查看信封完好无损，才可签字并取走钥匙。若非通过正常程序去领钥匙，则需取拿人、酒店值班经理、保安部值班经理、值班保安四人同时在场。

② 电脑化管理系统。近年来，酒店多采用电脑化管理系统，保护客房门户的安全。对于这种情况，应该考虑以下条件：钥匙的可靠性，即无法复制。钥匙使用方法简单，避免给住店旅客带来麻烦，随手可进入房间。系统易于安装和管理，使其发挥最大可能的成本效益。门锁系统可以和酒店中的其他电脑连线，从而可以互通信息。

3.预防其他事故

① 防滑提醒。大堂地面一般是大理石、花岗岩的，若正在清洗或者是打蜡时，要有一个牌子提醒"正在清洁，小心地滑"。客房卫生间的地面、浴缸特别滑，也得配备防滑垫和消防提醒标志。

② 防烫提醒。酒店的明档灶炉、水龙头热水等应有防烫提醒。

③ 防电提醒。所有有电线和插座的地方，都应贴上醒目的安全使用标志。

二、安全事故处理

1.安全事故处理原则

(1)"谁主管谁负责"的原则

酒店安全事故处理都要在总经理的领导下,由保安部经理和各部门领导承担必要责任,及时处理。

(2)"三不放过"的原则

即事故原因不清楚不放过,事故责任者和员工没有得到教育不放过,没有类似事故的防范措施不放过,以保证事故处理及时、得当,能够起到预防警示作用。

(3)依法办事的原则

酒店安全事故的性质不同,适用于法律法规的范围和程序也不同。凡是涉及法律问题的安全事故处理,都必须坚持以事实为依据,以法律为准则,要依法办事,依法处理。

(4)教育与处罚相结合的原则

在酒店安全事故处理中,对那些损失较小、影响不大或难以估计的突发事故,应采取批评教育的办法,坚持教育与处罚相结合的原则。

2.常见安全事故处理规范

(1)火灾事故处理规范

任何人在酒店发现煳味、烟火,或有不正常热度等情况,都有责任及时报警。发现火情,打店内报警电话,报警时要讲清起火的具体地点、燃烧为何物、火势大小等。根据火情采取行动,有可能先灭火的,应先进行灭火,然后报消防中心,并保护好现场。如火情不允许,应立即打碎墙上的报警装置进行报警,同时拿上本区域的轻便灭火器进行自救灭火。

发生火灾时应迅速组成领导小组,负责组织指挥灭火自救工作,小组成员由总经理、值班经理、保安部经理、工程部经理、客房部经理等组成。各部门也应采取相应的行动。保安部经理携带对讲机迅速到消防中心,接受救险总指挥部的指令。消防人员及办公室除一人留守外,其余人均携带手电筒、对讲机,迅速赶到现场。保安领班带领保安员维持秩序,控制酒店大门,阻止外人进入酒店,以防发生意外。客房部经理赶到消防中心接受指令。副经理或服务人员带万能钥匙赶到现场待命。服务中心留一人值班,及时向救险总指挥部报告失火楼层住的客人人数。其他人员发现火情时不要慌张,不要高声喊叫,应沉着冷静,服从指挥。

如果已向"119"报警,各部门应密切配合专业消防队员行动。

火扑灭后,要做好以下善后工作:全面疏散人员后,各部门要清点自己的人员,看是否全部撤出危险区域,客房部要清点客人人数,防止遗漏。工程部在火扑灭后,应及时关闭自动水喷淋阀门,更换损坏的喷头或其他消防设备,并使所有的消防设施恢复正常使用,等等。

(2)食物中毒事故处理

食物中毒以恶心、呕吐、腹疼、腹泻等急性肠胃炎症状为主,发现客人同时出现上述症状时，应立即报告总经理、客房、餐饮、保安等有关部门经理。各有关部门经理接到报告后，按以下规范处理。

① 对中毒者进行紧急救护，病情严重者，及时送往医院抢救。

② 餐饮部对可疑食品及有关餐具进行控制，以备查证和防止其他人中毒。

③ 由餐饮部负责，保安部协助，对中毒事件进行调查，查明中毒原因、人数、身份等。

④ 由客房部和销售部通知中毒客人的接待单位或家属，并向他们说明情况，保安部协助做好善后工作。若酒店内部员工食物中毒，人事部要负责做好善后工作。

（3）对打架斗殴事件处理

① 预防。保安部要加强对大厅、酒吧、餐厅和娱乐等场所的巡视，对成群结伙的人员要特别注意观察，若从中发现有闹事的苗头，应立即加以制止。服务人员在工作中如发现有可疑之处，应立即报告保安部。

② 联系酒店保安部处理。酒店一旦出现打架斗殴事件，在场的服务员要及时打电话向保安部报告，并通知在岗保安员控制现场。报案人报警时要说明案发地点、人数、闹事人是否携带凶器等基本情况，并报清楚自己的姓名。

③ 处理办法。保安部值班人员接到通知后，应迅速到达现场。如有人受伤，应立即送往医院。如无人受伤，将斗殴双方分开并带到保安部办公室处理，派人到现场检查遗留物品，并查清酒店设施是否遭受损坏及损坏程度和数量。保安部人员要做好记录，并提出对事件的处理意见。另外，在将斗殴人员带回保安部过程中，要注意检查斗殴双方身上有无凶器，如发现应及时没收。如事态严重，应及时报告公安机关。

实训项目

题目：通过演示与实际操作，让学生掌握常用灭火器的使用方法。

二氧化碳灭火器的使用方法	主要适用于各种易燃、可燃液体、可燃气体火灾，还可扑救仪器仪表、图书档案、工艺品和低压电器设备等的初起火灾
❶ 用右手握着压把	❷ 用右手提着灭火器到现场

续表

 ❸ 除掉铅封	 ❹ 拔掉保险销
 ❺ 站在距火源2米的地方,左手拿着喇叭筒,右手用力压下压把	 ❻ 对着火焰根部喷射,并不断推前,直至把火焰扑灭

干粉灭火器的使用方法	适用于扑救各种易燃、可燃液体和易燃、可燃气体火灾，以及电器设备火灾
 ❶ 右手握着压把，左手托着灭火器底部，轻轻地取下灭火器	 ❷ 右手提着灭火器到现场
 ❸ 除掉铅封	 ❹ 拔掉保险销
❺ 左手握着喷管，右手提着压把	 ❻ 在距火焰2米的地方，右手用力压下压把，左手拿着喷管左右摆动，喷射干粉覆盖整个燃烧区 

（此图片选自广州市公安消防局、广州市消防协会编印的《你会使用灭火器材吗？》宣传挂画）

1. 简述酒店保安部的工作任务。
2. 列举灭火器有哪几种?

假证件登记

某日酒店前台服务员小李在为一客人办理入住登记手续时,发现该客人用假身份证进行登记。小李将此情况向酒店保安部报告,保安部经过调查,发现此人的确可疑,遂立即报告当地公安机关。经公安机关确认,此人是一名在逃犯,于是,立即将其抓获。试分析小李做法的得当之处。

该案例中小李的做法是正确的。按照相关规定,顾客在前厅办理入住登记手续时,必须出示真实的身份证。而此顾客用假身份证登记,小李同志请酒店保安部来协助自己解决问题是最恰当的做法。

第十五章

康乐部

【学习目标】

1. 了解康乐部的作用地位与组织结构。
2. 熟悉康乐部的服务质量与标准。
3. 掌握康乐部的各岗位职责及操作细则。

第一节　康乐部概述

康乐部是为住店客人提供娱乐、体育、健身、声像、文艺、美容等活动场所的部门，是酒店满足住店客人多种消费需求，吸引顾客，提高酒店声誉和营业收入的一个重要部门。因此康乐部是现代酒店不可缺少的一个重要组成部分。康乐部的业务主要包括：健康服务、娱乐服务、球类服务、保健养生服务、文艺演出。其涉及广泛的知识领域，如健身、消遣、欣赏、审美、时装，等等。

酒店康乐部的康乐项目应根据星级档次的不同和酒店的规模、环境的差别来决定康乐项目的投资。否则，收不到应有的效果。

一、康乐部的地位与作用

1.康乐部的地位

在酒店的众多部门中，康乐部是现代酒店一个新兴起的部门。中华人民共和国国家旅游局（现称中华人民共和国文化和旅游部）《旅游涉外饭店星级评定标准》中规定，涉外星级酒店必须具备一定的康乐设施。按照涉外旅游酒店星级评定标准来看，康乐是涉外酒店不可缺少的先决条件，不具备较好、较完备的康乐设施的旅游酒店，无论在其他方面如何优越，都不是较完善的涉外酒店，或不予评审等级。康乐部不仅为客人增加了服务项目，同时也增加了酒店收入。因此，康乐部是涉外酒店不可缺少的一个部门。

2.康乐部的作用

由于人们的现代意识日益增强，旅游者和旅游酒店对康乐的意义都有了深刻的认识，康乐部的重要作用也日益显示出来。

首先，顾客对它的需求越来越大。据统计，旅游酒店所在地区有70%多的年轻人喜欢到这些酒店的康乐中心去玩乐和享受。而对于那些住宿的客人来说，康乐也是必不可少的活动之一。不少旅游者在旅游的日程中，总会把参加酒店的康乐活动列入自己的日程安排，这是一种新的生活观念，表明顾客对康乐项目产生了强烈的欲望，这一趋势无疑为酒店提高效益创造了一个良好的市场。

其次，康乐部已不单是为评星级而设。康乐在整个旅游酒店中的作用日益显示出来。不少旅游者常常就是因为某酒店的康乐设施完善，或对某一次活动感兴趣而投宿的。康乐设施的完善与康乐器械的现代化程度和先进性，都会吸引众多顾客，越来越受到旅游者和公众的喜爱，酒店的经济效益也因此而有所提高。度假型酒店的康乐部门的经济收入给整个酒店带来综合效益。所以，康乐设施完善，是酒店竞争市场的重要手段。

二、康乐部的基本任务

顾客在酒店除了住房和就餐外，还希望在住店期间得到娱乐享受。因此，康乐部要在娱乐项目上做到丰富多彩，以满足不同客人的健身、保健养生、娱乐的需要等，但一定要符合我国的国情与法律规定。

1.做好运动、康乐器械、设施、场所的卫生工作

康乐部运动场所是一个高雅、洁净的场所，客流量大，使用频繁，尤其是康乐的设备与劳械经过多数客人的使用，清洁卫生工作十分重要。运动、康乐的器械、设施和场所的洁净高雅，不但会给客人带来舒心愉快的情趣，也会给客人带来宾至如归的感受。客人的要求就是要有一个清新的环境。

美容室是对卫生要求极高的部门。所有的美容设备、美容物品都会直接与客人的面部、头部接触，卫生要求十分严格，不仅表面要整洁干净，而且毛巾等用具要经过高温消毒处理。另外，所有美容物品、化妆品都要符合卫生标准，化学成分要达标。

2.做好娱乐设施、运动器械及其场所的安全保养

健身运动器械具有"冲撞性"，而且易于损坏，存在着安全问题，潜伏着一定的"危险"性，所以每天必须在客人使用之前做一次检查，并对设施、运动器械、场地进行安全保养，对于存在不安全隐患的器械，要随时更换。

康乐部的健身器械种类较多，有国产的，也有进口的，特别是先进进口设备以及带有电脑显示的体育器材，能为客人提供运动技能技巧指导性服务。服务员应提供正确、耐心的指导，以便一些不会使用的客人能正确使用。

三、康乐部服务设施和质量

康乐部服务经营是一项系统工程，它由接待、服务、管理、营销等过程构成。服务员

的服务质量会影响到整个康乐部经营的各个环节，可以说服务质量是酒店康乐部的生命，会直接影响酒店康乐部的声誉、形象、管理水平和经济效益。

1. 康乐部服务设施的内容

康乐部所提供的项目活动主要是用来满足人们在休闲过程中的精神需要，经营项目最终要通过服务才能实现，服务质量的高低直接关系到经营项目的质量和企业的经济效益。现代的康乐活动不仅要求有现代化的物质环境，而且要求有现代化的精神环境，而康乐服务就是物质文明和精神文明高度发达的产物，因此，要做好康乐服务，就应了解客人对康乐服务的心理需求。顾客在娱乐消费过程中对服务质量的感受和满意程度，通常是以下面五个方面为基础的。

（1）设施质量

设施质量指娱乐活动和项目设施的规格和水平。娱乐设施质量应与企业的等级、规模相适应，包括设施的先进程度、舒适程度、方便程度、安全程度，以及设备的完好程度。

（2）设施性能

首先，设施的性能指标应达到娱乐企业经营服务的要求；其次，在正常使用的情况下，设施性能应能符合产品设计的寿命。

（3）安全和卫生性

娱乐企业使用的娱乐设备无论是桑拿设施、按摩椅还是健身器材等，都应符合国际或国家的安全卫生标准，设施如在噪声方面要求附带有消声、隔音装置，在安全方面要求考虑到设备是否有防止事故发生的各种装置，如自动报警、自动断电、自动停止等，设施的安全性是顾客享受娱乐的保证。

（4）设施外观和舒适性

设施外观应与娱乐活动项目相协调，符合时代潮流，以高雅、精细、容易操作为标准。除外观外，更应注意娱乐设施的适用性和舒适性，保持对顾客的长期吸引力。

（5）使用方便

娱乐设施很多都需要顾客亲自参与和使用，所以，应尽可能地采用易学、易操作的设施，来提高顾客的参与程度。目前，很多娱乐设施都采用电脑控制，自动性强，操作简便。

2. 康乐部服务质量的内容

（1）环境质量

康乐部的外观质量，如建筑物外观、招牌设计、门面装修等可以反映出企业的风格和档次。康乐部的环境质量主要是通过给客人提供休闲、娱乐、健身活动，以及舒适的装饰环境来表现的。装饰环境是用灯光色彩、环境设计等来提高顾客的满意程度的，而环境质量还包括员工、管理者和顾客三者之间的相互友好和谐的人际关系。

（2）项目质量

康乐部所提供的娱乐项目的质量包括项目的趣味性、项目的新潮程度、项目的文化品位，以及项目的价格水平等。康乐部项目质量构成了娱乐企业服务的基础。对康乐部项目质量高低的评价具有一定的客观标准，顾客能直接感受到娱乐项目的好坏。所以加强康乐部项目质量的管理，是提高康乐部服务质量的保证。

（3）劳务质量

劳务质量指康乐部员工对顾客提供服务时的行为表现。劳务质量是康乐部服务质量本质的体现。劳务质量包括外在服务（服务员素质、服务技能、服务项目等）和经营服务（安全卫生、服务态度、地位、名声等）两类，这两类服务概括了顾客消费的利益享受和心理感受，这就是人们以劳务质量来衡量服务质量的原因。劳务质量也是康乐部员工职业道德和团队精神的体现。

（4）时效质量

时效质量指康乐部以迅速、正确、有效的方式为顾客提供服务。康乐部的服务、生产和销售是同时进行的，不可预支，也不可保存，所以抛开时间观念来谈服务质量是没有意义的。在某些情况下，顾客对服务质量在时效方面的需求甚至重于物质和精神方面的需求。劳务质量、环境质量和时效质量构成了康乐部服务的功能质量，也称为无形质量。无形质量的高低在很大程度上依赖于客人的主观感受。

3. 康乐部服务质量的衡量标准

康乐部服务质量是通过一定的形式表现出来的，在很多方面只有形式而没有实物，因此对于娱乐服务就不能像工业企业的产品那样制定可用仪器检测的标准，而是应以顾客的满意度为标准。

康乐部服务质量标准的衡量，需要做到以下几方面。

① 建立标准化的作业程序。

② 尽量把服务有形化。

③ 建立服务质量控制系统。

④ 建立顾客的反馈系统。

第二节　康乐部岗位设置及职责

一、康乐部的组织机构

康乐部作为酒店的一个部门，其职务的设置与其他各部门一样，实行经理负责制的垂直领导的管理体制，并各自向上级领导负责。

其组织机构如下。

健康服务：游泳池、健身房。

娱乐服务：KTV、网吧、电子游戏室、咖啡厅。

文艺演出：音乐厅。

球类服务：保龄球、台球、网球。

保健养生服务：足浴、桑拿浴、美容、美发、化妆等。

二、康乐部各岗位职责

1. 球类、健身房岗位职责及操作细则

（1）球类、健身房岗位职责

① 热情、周到地为客人服务，主动介绍有关的运动项目及其特点。

② 熟悉和掌握有关健身器械的性能和操作要求。提高自身服务素质，为客人提供优质的服务。

③ 按规定及时擦拭和保养运动健身器械，需要消毒的要进行消毒处理，使之符合卫生和保养要求。

④ 各运动场所要保持地面干净清洁，如果有污染或纸屑、烟头等，要随时打扫。

⑤ 对于球类运动项目，应充分了解比赛规则和技巧，对各种健身设备应注意使用方法，并能对不同的客人做一些基础指导。

（2）操作细则

① 客人来时致以问候，热情接待，微笑服务。

② 对不会玩的客人主动提供技术指导，耐心引导，需要为客人捡球的，要为客人捡球或递球。

③ 掌握各类健身运动器械的性能、特点及玩各类球的技巧。

④ 管理好球及玩球工具、设施，爱惜和保养好运动器械，做好运动场所的卫生，保持整洁美观。

⑤ 停止开放后，要整理好运动场地，收拾好球类及器（工）具，搞好卫生，待班长检查合格后方可下班。

2. 游泳池岗位职责及操作细则

（1）救生员职责

① 负责客人游泳时的绝对安全，勤巡视池内游泳者的动态，克服麻痹思想，落实安全措施，发现溺水者要迅速冷静处理，做好抢救工作并及时向有关领导报告。

② 认真做好每天的清场工作。

③ 负责游泳池水质的测验、保养以及游泳场地的环境卫生。

④ 上班要集中精神，不得与无关人员闲谈，救生台不得空岗，无关人员不得进入池面。

⑤ 由于游泳池深浅不一，来的客人中有大人、有小孩，有会游泳的和不会游泳的，对此一定要注意，要勤在泳池边观察。要注意游泳者的动向，防止发生意外，保证客人的安全，对不会游泳者可做技术指导。

⑥ 定时检查更衣室，杜绝隐患。

⑦ 如遇雷雨天气，要迅速安排客人上岸，确保客人安全。

（2）操作细则

① 住店客人一般凭房间钥匙或酒店发的证件进入游泳池免费游泳，服务员要带领客人

到更衣室更衣。客人的衣服用衣架托好挂在衣柜里，鞋袜放在柜下，贵重物品要提醒客人自己保管好，需要加锁的要为客人锁好，钥匙由客人自己保管。

② 发给客人三巾，即浴巾、长巾、方巾，方便客人游泳和游泳之后洗澡用。

③ 若客人未带游泳衣裤来，则可卖给客人游泳衣裤，服务一定要周到细致。

④ 客人离开泳池时，要注意提醒客人带齐自己的东西。

(3) 池水净化与卫生打扫程序

① 晚上泳池停止开放后，向泳池中投放净化及消毒药物，进行池水净化和消毒。

② 每天早晨，泳池对宾客开放前要进行池水净化，即吸尘，去掉水面杂物和池边污渍，搞好泳池周围的环境卫生。

③ 净化池水，要先投放次氯酸钠，过两小时后再投放碱式氯化铝。

④ 注意若投放次氯酸钠消毒就不能投放硫酸铜，避免因化学作用而引起游泳池水面变色。

⑤ 药物控制。根据泳池的大小，次氯酸钠在0.5～1千克，pH控制在7～7.8。一般以当天水清澈透明、呈浅蓝色为宜。

⑥ 必须在每天开放前和停止开放后，用自来水冲洗泳池地面。在开放过程中，如发现有客人遗弃的纸巾、烟盒、火柴盒、食物包装纸或其他杂物，要随时捡起放在垃圾桶里集中处理，以保持泳池的环境卫生，使其整洁美观。

⑦ 将泳池四周的咖啡台、椅、躺椅、花几等抹擦干净，整理整齐，若是露天泳池，有遮阳伞的，要马上收起来，集中存放在器具室。

3. 桑拿岗位职责及操作细则

(1) 服务员职责

① 搞好服务工作，做到有迎有送。

② 熟悉各种设施器材的使用方法，注意加强对设备、器材的检查和保养，及早发现问题尽快处理。

③ 在客人使用各种设备、器材时要勤巡视，并做好记录。桑拿部门要保证休息室有人值班，保证客人安全。

④ 认真搞好墙壁、池面、浴池等各项设施的卫生，做好浴池、浴缸、地面无水锈、水迹，按时换水消毒。

(2) 按摩员职责

① 按摩工作要做到轻重适度，松肌活络，达到使客人轻松舒服的效果，让客人高兴而来，满意而归。

② 服从班长的工作安排，自觉按编排顺序进行工作，不得挑肥拣瘦，一切以方便客人为原则。

③ 按操作规程做好按摩工作，要替客人带路、开灯、挂衣服等，做完按摩要送客，保持房间整洁。

④ 搞好环境卫生及个人卫生。

(3) 桑拿浴室操作细则

① 接待客人前，服务员必须检查桑拿室的温度是否达到标准；冷水池、热水池的水质情况；冷热水龙头水流及水掣是否正常。总之，要做好迎接客人的一切准备。

② 客人来到时要热情接待，递给客人三巾和浴衣，请客人自己到更衣室更衣，交给客人更衣柜的钥匙，提醒客人保管好自己的衣物和其他物品。

③ 客人桑拿完后，请客人到休息室休息一会儿，请客人喝一杯咖啡、清茶或其他饮料，然后请需要按摩的客人轮流等候进行按摩。

④ 按摩人员为客人按摩时，要注意自己的手势，要轻重适度，同时要不停地征求客人的意见，是酸还是疼痛。客人感到疼痛时，要及时地改变手势，拿准筋络进行按摩，达到舒筋活络、消除疲劳、舒服轻松的效果。

⑤ 客人离开时要表示欢送，感谢客人的友好合作，并提醒客人带齐自己的东西。

⑥ 浴室停止服务后，要搞好卫生，关好水掣，清洁浴池和场地，收拾客人用过的三巾、浴衣，并送洗涤部清洗。

⑦ 写好工作日志，做好交接班准备工作。

4. 美容岗位职责及操作细则

(1) 美容岗岗位职责

① 热情待客，礼貌、周到地为客人服务。

② 理发美容用具摆放有序、卫生，按规定进行清洗消毒，严防传染性疾病。

③ 地面保持卫生干净，每次操作完毕后，要清理地面，停止营业时要彻底打扫。

④ 对客人的询问，要耐心礼貌地解释，对咨询的问题不清楚时要及时请示。

(2) 操作细则

美容岗位的操作细则，此处仅就客人美发展开叙述。

① 客人来美发中心美发，要热情接待，表示欢迎。客人非常多时，要按先后次序安排客人美容。

② 进入美容室时，如果客人需宽衣，要帮助客人宽衣，并用衣架托好挂在衣柜里，然后给客人穿上理发衣或围上布罩，请客人入座（理发布罩可待客人坐定后再给客人系上）。

③ 客人无论是理发、洗发、电发还是美发等，都要事先给客人洗头，然后再开展其他程序。在工作开始前，先征求客人的意见，然后再按客人的要求进行美发。

④ 给客人洗发一般由理发师的副手来做，先调好水温，然后才为客人洗发。第一、二次用洗发液洗，第三次用护发素洗。为客人洗发时，手要轻重适度，防止洗发液流到客人的眼、耳、颈里。洗完发后，要尽量用干毛巾将客人的头发擦干，然后请理发师为客人剪发。

⑤ 为客人剪发时，要按客人的要求进行修剪。剪发时神情要专注，动作要轻快、熟练，使客人感到轻松愉快。

⑥ 美发过程中，客人的头发上要施上药水电发或因其他原因需等候时，要告诉客人等候的时间，并请客人饮一杯咖啡或热茶。

⑦ 为客人美发时，要按客人头发的疏密、客人的脸形等进行造型。根据客人的要求认真细致地整理出客人理想的发型，落发油、喷香水要适度，做到令客人满意为止。

⑧ 美完发后要告诉客人，并多谢客人的合作。副手要为客人清理剪下的发毛，解下理发衣、围布，帮客人穿上衣服，带客人到收款台付账。客人付完账，要表示感谢，客人离开时要送客，欢迎他（她）下次光临。

⑨ 美发是由理发师、副手、杂工合作来做的，因此合作要默契。杂工主要负责递毛巾、整理理发用具、准备美发药液剂、清理发毛、搞好卫生等工作。

5. 音乐厅及酒吧岗位职责及操作细则

（1）岗位职责

① 音乐厅、酒吧因灯光暗（一般点蜡烛或酒精灯），服务员要勤巡视、勤观察，勤为客人服务，多推销各类饮品。

② 音乐厅、酒吧的客人较复杂，要细心注意客人和设备的安全，若发生意外情况，要沉着冷静，妥善处理。自己处理不了的，要及时报告给值班经理和保安部来处理。

③ 准备好各种酒水、炸薯片、炸花生米、炸腰果仁或虾片等小食和饮料，为客人周到地服务。

④ 保持空气清新，使音乐厅、音乐茶座有一个舒适幽雅的环境。

（2）操作细则

① 引领客人入厅，拉椅请坐，征询客人要何种饮品，并向客人介绍当天供应的饮品种类。若同一台有多人时，要记清每个人点的饮品。

② 酒吧凭客人票的尾单领取饮品、纸巾、花生或其他小食，上饮品时先放杯垫，后放饮品，然后放小食。

③ 客人需购买饮品时，要热情主动地上前站在客人的右边，问清客人需购饮品的名称、数量，然后到酒吧帮客人买。上饮品的程序同上。

④ 上饮品、食品从客人的右边上，从左边撤。

⑤ 音乐会、酒吧舞会结束时要即刻开灯，客人走后要及时清场。要注意检查有无烟头，收好杯具、食品盛器，整理好酒吧，搞好卫生，待经理或班长检查合格后，关好灯掣方可离开。

6. 收款员职责及操作细则

① 掌握业务知识，做好客人的咨询工作，服务要快捷、周到。

② 每班要填写好报表，做到账款清楚，严禁公私款混放和私换外币。

③ 做好收款台的安全及卫生工作，无关人员不得进入收款台，人离要锁抽屉。

④ 密切与各娱乐室的联系，掌握好娱乐设施的使用情况，准确及时地登记好，避免不必要的差错和事故。

7. 康乐部员工仪容仪表、语言及业务能力与技能要求

（1）员工仪容仪表要求

① 康乐部员工要着工装、佩戴工牌上岗，仪容仪表端庄、大方、整洁。

②员工在服务过程中表情要自然、亲切,热情适度,提倡微笑服务。

(2) 遵守酒店的仪容仪表规范

① 言行举止要符合岗位的规范与要求,言行得体,服务周到。

② 站、坐、行姿符合岗位的规范与要求,主动服务,有职业风范。

③ 以协调适宜的自然语言和身体语言为客人服务,让客人感到受尊重,有舒适感。

(3) 语言要求

① 语言文明、简明、清晰、符合礼仪规范。

② 对客人提出的问题暂时无法解答时,要耐心解释,在事后设法解决,不推脱应付。

(4) 业务能力与技能要求

服务员应掌握相应的业务知识和技能,并能熟练运用到实际工作中去,以便为客人提供周到的服务。

实训项目

服务程序

1. 礼貌热情迎宾

① 按规定站位,注意仪容仪表、精神状态。

② 迎接客人时要说:"早上(晚上)好,欢迎光临。"

③ 迅速打开房门,请客人入内,并说"先生/小姐,里面请",然后轻轻关上房门。

2. 客人开房卡后服务

① 客人进入房间后,服务员开始2分钟服务(开电视,将灯光调至到客状态),倒礼貌茶(如果房间有看房DJ,由看房DJ完成)等确认开房卡道,如果是听音乐,要问客人喜欢听什么音乐,调好后问客人:"请问××先生/××小姐,音量合适吗?"

② 按半跪式规范双手将酒水牌递给客人,同时使用礼貌用语:"晚上好!这是我们的酒水牌,请您看一下今晚点用什么酒水?"

③ 积极推销介绍公司酒水及小食。介绍公司酒类要从高价位、高价格的酒介绍起,根据宾客的要求再进行促销,如客人点洋酒,要用迅速而准确的方式给宾客介绍有××洋酒,等客人点完酒后,应询问客人是混饮还是净饮,加七喜要加几罐等,都要问清楚。

④ 等客人点完酒水,要重复打单,并询问客人是否需要精美小食下酒等。然后将所点小食的名称及数量输入电脑,并礼貌地告诉客人:"请稍等,马上为您送上。"

⑤ 站在门口一侧等候物品的到来,每次进房必须敲门三下(一轻两重),并礼貌地说:"打扰一下,对不起!让您久等了。"并按标准的半跪姿势进行服务,上洋酒时必须先请客人验酒,然后才开酒、调酒、品酒。

⑥ 上任何物品时,都要打出请的手势(五指并拢指向物品),并礼貌地请客人慢用。

⑦ 检查房间台面、地面卫生是否符合公司要求，用品用具是否准备齐全及设施设备、灯光是否能正常运作，如发现问题及时上报经理跟进处理。

3. 中途服务

① 中途服务过程中应不断清整台面、地面卫生，点歌、加酒，帮助客人将酒具、香烟等物品归位，将长时间离开的客人的杯具收到工作台上，送到洗涤间清洗，及时准备好适量的机动杯具，以备新到客人之用。

② 服务员在服务时一定要与DJ小姐密切配合，多为公司推销酒水、食品。随时注意客人的进食程度及房间动向。做到四勤（眼勤、手勤、嘴勤、腿勤），准确判断客人的要求，做到有问必答，有求必应。每次进房第一时间看DJ的右手边是否有垃圾，及时端、擦、收、送，使客人在玩乐的同时，也能欣赏到殷勤礼貌的优质服务。

③ 随时提醒客人消费多少，还差多少消费。

④ 每个新来的客人或经理进房，应起身欢迎致辞、倒酒，每位客人离开时，应起身欢送。

⑤ 客人叫买单时，应先问客人是否还需要什么，如遇客人消费不够，要提醒客人点够消费，介绍可以打包带走的物品。若客人现金结账，随时通知主管拿消费账单前来现金买单（客人买单时，用眼睛的余光检查厅房的一切物品、设施是否损坏或遗失不见）。

4. 欢送

① 客人起身要走时，要提醒客人带好随身物品，并恭送，说："多谢光临，请慢走，欢迎下次光临！"

② 客人离去之后，及时打扫房间卫生，然后打电话给咨客台报空房。站在房间位置，等候第二批客人或填写工作报告。

1. 康乐部的地位与作用表现为哪些？
2. 康乐部的组织结构有哪些？
3. 游泳池岗位的操作细节有哪些？

案例一　空调效果不佳

按摩房客人向技师反映房间空调效果不好，吹的是自然风，不制热或者不制冷，服务人员应该怎么处理？

（1）处理：立即到房间检查，看是设备有问题还是因为客人未能掌握设备正确的使用方法而引起的误解。检查发现设备是正常的，因此我们很巧妙地向客人解释："刚刚设备出现一点小问题，现已帮您调试好"。同时向客人介绍空调开关如何使用及温度如何调试。

（2）分析及预防：我们应该在客人进入前将房间各种设备调试到最佳状态，当客人进房后提出异议时，应有技巧地向客人介绍本酒店设备、设施正确的使用方法。即使是顾客错了，也要让顾客觉得不失面子，同时为顾客介绍正确的使用方法，这也是延长设备设施使用寿命的一种有效途径。

案例二 水果不新鲜

康乐部酒吧，在冬季12月份时，接到几位常客投诉水果拼盘不新鲜。康乐部工作人员怎么处理？

（1）处理：不论情况真实与否，都要向客人道歉，同时征询客人意见：最喜欢吃什么水果？然后请酒水部门骨干员工重新为客人做一份质量上等、做工精美的水果拼盘。

（2）分析及预防：水果不新鲜主要是冬季水果质量不高，供应商送货时员工没有严把进货关，酒水员在出品水果拼盘时也没有严把出品关造成的。只要认真操作，保证卫生质量并严格把关，这类投诉是可以杜绝的。

下一篇

酒店服务与酒店集团

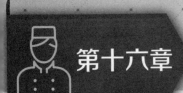

第十六章 酒店服务

【学习目标】

1. 了解酒店服务的概念。
2. 熟悉酒店服务的理念。
3. 掌握酒店矛盾处理的要领。

第一节 酒店服务概述

一、酒店服务的概念

酒店服务是指酒店为满足顾客的需要而付出的智能和必要的劳动,是酒店的无形和无价商品。酒店服务主要包括为客人提供餐饮服务和住宿服务等生活服务以及设施服务。

服务的英语单词是SERVICE,其中S可作为Smile和Sincere的缩写,表示微笑和诚恳;E可以作为Excellent和Efficient的缩写,表示出色优秀和效率,细微的服务快而准、快而好、敏捷迅速,妥善的;R可以作为Ready的缩写,表示准备好,随时为客人服务;V可以作为Viewing和VIP的缩写,表示看待、可见的设施和有价值的服务;I可以作为Inviting和Informative的缩写,表示邀请,服务结束后,邀请客人再次光临,提供信息资料;C可以作为Creating和Courteous的缩写,表示创造、礼貌礼仪待人,营造服务客人的气氛;E可以作为Eye和Excellent的缩写,表示眼光和优秀。

酒店服务的内容包含服务人员的仪容、仪表、仪态;服务态度和服务技能;交际能力、知识视野、应变能力;服务的效率、效果;服务中的礼貌、礼节、礼仪。优质的酒店服务就要求酒店在服务的基础上,提供更加周到、热情、细微的规范化服务。

二、酒店服务的基本要求

酒店服务是酒店的生命和灵魂,是酒店市场竞争之本。酒店员工要有服务的意识和理念。酒店的每位员工都要树立宾客至上、服务第一的服务方针，避免工作中的单调和呆板的思想。不论在任何情况下，酒店的每位员工都要做到宾客至上，无论何时何处何事都不能与客人争吵顶撞。酒店的一切要服务于客人，一切服从于客人。酒店要不定期对员工进行全员培训，提供规范化、程序化、标准化的服务。酒店要提供感情服务，使客人有宾至如归、家外之家的感觉。酒店要培养全体员工的敬业专业精神，明确工作内容，认识自我价值，礼貌待客。酒店员工要意识到酒店所有的工作都针对的是客人。酒店每一位员工都要牢记服务行为宗旨：眼看客人，心想客人，随时准备为客人服务。

酒店工作方针：下级服从上级，后勤服从前台，前台服从客人，一切使客人满意。

酒店服务的基本要求如下。

① 要有良好的规范服务作为前提和基础。个性化服务必须以规范的服务为前提和依托，如果只停留在满足于规范服务，不向个性服务发展，酒店的管理和质量水准就难以迈上一个新台阶。

② 服务员除了有较高的专业技能和职业道德外，还要有很强的心理承受能力、分析判断能力、应急处置能力等，特别是要站在客人的立场上进行换位思考，做到善解人意，了解、理解、体贴客人。

③ 逐步建立适应个性服务要求的规范。

三、酒店服务理念

每个酒店集团的服务理念都不一样，都是由酒店的档次及酒店创始人的观念决定的。18世纪，世界最著名的饭店当属里兹的了，他的观点是：客人永远不会错。后来有有人提出：客人永远都是正确的。希尔顿经营旅馆业的座右铭是："你今天对客人微笑了吗？"这也是他所著的《宾至如归》一书的核心内容。喜来登饭店为休闲度假旅游者提供着宾至如归（home-away-from-home）的服务。万豪酒店管理集团最基本的理念是"人服务于人"，万豪认为只有公司对员工好，员工才会对客人好。杭州华美达酒店始终秉承着"Leave the rest to us"（将余下的交给我们）的服务理念。

在酒店业有一种服务理念——金钥匙服务理念。金钥匙是一个国际的服务品牌，拥有一种先进的服务理念和标准；是一位服务的专家、服务的榜样；也是一个服务的网络。

1. 金钥匙的起源与发展

金钥匙（Concierge）是一个非常法国化的单词，原型是19世纪初期欧洲酒店的"委托代办"，通常被译为酒店里的"礼宾司"。古代的Concierge是指宫廷、城堡的"钥匙保管人"。1929年10月6日，11位来自巴黎各大酒店的礼宾司聚集在一起，建立友谊和协作，这就是金钥匙组织的雏形。1952年4月25日，欧洲金钥匙组织成立，1972年该组织发展成为一个国际性的组织，目前，金钥匙组织共有34个国家和地区参加，约有会员3500人。

金钥匙组织的国际性标志为垂直交叉的两把金钥匙，代表两种主要的职能：一把金钥匙用于开启饭店综合服务的大门；另一把金钥匙用于开启城市综合服务的大门。也就是说，饭店金钥匙成为饭店内外综合服务的总代理。

"金钥匙"的口号是："在客人的惊喜中，找到富有乐趣的人生。"对中外商务旅游者而言，"金钥匙"是酒店内外综合服务的总代理，一个在旅途中可以信赖的人，一个忠实的朋友，一个能解决麻烦和问题的人，一个能提供个性化服务的专家。

"金钥匙"的服务很广泛，可以向客人提供市内最新的流行信息、时事信息和举办各种活动的信息，并为客人代购歌剧院或足球赛的入场券；为团体会议制订计划，满足客人的各种个性化需求，包括安排正式晚宴；为一些大公司设计旅程；照顾好客人的子女；甚至可以为客人把金鱼送到地球另一边的朋友手中。

2. 中国酒店金钥匙的发展

"金钥匙"自1995年被正式引入中国以来，在中国已发展15年，并覆盖到190个城市，1200多家高星级酒店和高档物业，有2000多名金钥匙会员，金钥匙服务已被列入国家星级饭店标准。

现在，在中国的酒店里，出现了这样一群年轻人：他们身着一身考究的西装或燕尾服，衣领上别着一对交叉的"金钥匙"徽号，永远地彬彬有礼，永远地笑容满面，永远地机敏缜密。他们是国际金钥匙组织（U.I.C.H）的成员——中国酒店金钥匙。

酒店金钥匙的服务哲学，是在不违反法律的前提下，使客人获得满意加惊喜的服务。特别是目前中国的旅游服务必须要考虑到客人的吃、住、行、娱、游、购六方面内容。

让客人从接触到酒店开始，一直到离开酒店，自始至终都感受到一种无微不至的关怀。由此，人们不难想象酒店金钥匙对城市旅游服务体系、酒店本身和旅游者产生的影响。

酒店金钥匙在中国的逐渐兴起，是我国经济形势的发展，以及旅游总体水平发展的需要。它将成为中国各大城市旅游体系里的一个品牌，即代表着热情好客独具酒店特色的一种服务文化，并将成为城市酒店业的一个传统。

因为中国酒店金钥匙是由一群富有服务经验，对中国旅游业发展和饭店发展负有历史使命感和责任感的人组成的，他们共同的任务是使中国旅游业、酒店业能够和国际接轨，同时能够在国际上竖起一块牌子——"中国的旅游酒店服务是不错的"。这样，中国能吸引更多客人的光顾，企业就有效益，行业就有发展。它不仅给各城市的旅游酒店业创新服务注进了新的活力，而且对各城市旅游服务业的健康良性互动发展来说也是一种动力。

3. 酒店金钥匙服务理念

酒店金钥匙的一条龙服务正是围绕着宾客的需要开展的。例如，接受客人订房，安排车到机场、车站、码头接客人；根据客人的要求介绍各特色餐厅，并为其预订座位；联系旅行社为客人安排好导游；当客人需要购买礼品时，帮客人在地图上标明各购物点，等等。最后当客人要离开时，在酒店里帮助客人买好车、船、机票，并帮客人托运行李物品；如果客人需要的话，还可以预订好下一站的酒店并与下一城市酒店的金钥匙落实好客人所需的相应服务。

① 酒店金钥匙的服务宗旨：在不违反法律和道德的前提下，为客人解决一切困难。

② 酒店金钥匙为客排忧解难，"尽管不是无所不能，但是也是竭尽所能"，要有强烈的为客服务意识和奉献精神。

③ 为客人提供满意加惊喜的个性化服务。

④ 酒店金钥匙组织的工作口号是"友谊、协作、服务"。

⑤ 酒店金钥匙的人生哲学：在客人的惊喜中找到富有乐趣的人生。

酒店金钥匙服务对高星级酒店而言，是管理水平和服务水平一种成熟的标志。它是在酒店具有高水平的设施、设备以及完善的操作流程基础上，更高层次酒店经营管理艺术的体现。

对城市或地区旅游业而言，酒店金钥匙服务将对其服务体系的形象产生深远的影响。

第二节 酒店服务质量

一、酒店服务要领

做好酒店服务，知识是基础，能力是关键，态度最重要。要做到"四勤、三轻、一快"，即眼勤、手勤、口勤、腿勤，操作轻、走路轻、说话轻，动作敏捷、服务要快。

1. 做好服务

酒店员工本着顾客就是朋友的思想理念，保持微笑，态度真诚、诚实、友好。酒店要提供快速便捷的服务，酒店服务员至少要经常使用两句具有魔术般魅力的语言。酒店工作人员要佩戴好自己的铭牌。酒店每一位服务员要以自己经过修饰的容貌为骄傲，要有与他人合作的团队工作精神。在客人问候之前，先用尊称向客人问好。酒店每一位服务员要都熟悉自己的工作，熟悉自己的酒店和有关的信息。

2. 提高素质

思维敏捷，办事灵活；主动热情，微笑服务。
耐心细致，一丝不苟；举止大方，讲究礼貌。
谈吐高雅，不卑不亢；注意仪容，讲究卫生。
研究业务，积极向上；性格开朗，团结同事。
风格高尚，品德优良；服从上司，遵纪守法。

3. 摆正态度

① 要尊重客人，承认客人的到来和存在。服务始终要热情、周到。

② 服务员要有令人愉快的衣饰。

③ 保证客人的安全（要掌握专业知识）。

④ 每位服务员都应是客人的向导。

⑤ 服务中出现差错，不要为自己辩解，要承认客人永远是对的。

二、酒店个性化服务

1. 酒店个性化服务的内涵

酒店个性化服务的概念源自西方发达国家,它有两层含义:一是指以标准化服务为基础,但不囿于标准化,而是以宾客需要为中心去提供各种有针对性的差异化服务及超常规的特殊服务,以便让接受服务的宾客有一种自豪感和满足感,并赢得他们的忠诚,是一种在宾客服务需求基础上的、极具消费性质的"导向式服务";二是鉴于酒店自身的能力,根据客人所表现出来的服务需求趋势或未能准确表达的意向,提供能够引发客人潜在消费行为的服务。

酒店个性化服务的要求如下。

① 要求有更为主动的服务。

② 要求有更为灵活的服务。

③ 要求有超常服务(即用超出常规的方式满足宾客偶然的、个别的特殊需要)。

④ 要求有更具体、更细微的服务:宾客到达饭店消费,要求的不仅是各种物质产品,更重要的是希望享受到轻松的氛围、体贴的服务,有美好的回忆。

⑤ 要求具有更好的情感投入,员工只有把自己的感情投入到一言一行、一人一事的服务中去,才能使自己的服务达到更高的水准。

2. 酒店个性化服务的意义

(1) 有利于酒店培养忠诚顾客,赢得竞争优势

酒店实施个性化服务的目标就是提高对客服务质量,从而提高客人的满意度。顾客在购买一家企业的产品以后是否再次购买,取决于顾客对所购买产品消费结果是否满意。只有当客人具有较高的满意度时,才会选择重复购买,成为酒店的忠诚顾客,从而提高酒店的竞争优势。

(2) 有利于酒店树立企业的良好形象

想客人之所想,急客人之所急,往往是企业树立良好形象的关键。恰到好处的个性化服务能使顾客真切感受到酒店的关怀,体会到酒店以顾客利益为重,这样友好、周到的酒店形象便可深入人心。

(3) 有利于酒店提高经济利益

如果酒店的个性化服务能满足消费者不同的个性化需求,必定能够提高顾客的满意度和忠诚度,最终也将提升酒店的知名度,这样就会吸引更多的忠诚顾客,通过回头客和良好的声誉来使酒店赢得更多的利润,占有更大的市场份额。

3. 酒店个性化服务的实施

(1) 建立客史档案,把握顾客需求

市场营销理论告诉我们,只有真正把握顾客的需求,才能提供令顾客满意的服务,才

能提高酒店的竞争力。因此，酒店必须要建立起独一无二的客史档案。那么酒店该从哪些方面建立客史档案呢？第一，酒店要从收集顾客资料着手，全程跟踪，完整准确地建立常客档案；第二，要应用计算机进行数据技术开发，建立详尽而细致的顾客需求档案，最终建立顾客信息库。

（2）树立内部营销与全员营销观念

当然，要想做好酒店管理工作，只会自己埋头苦干是绝对不够的，还需要其他部门的合作与支持，那就要做好内部营销工作。做好内部营销工作要做到"三个坚持"，即坚持后台为前台服务、坚持上道工序为下道工序服务、坚持管理者为员工服务。这是因为：第一，酒店是一个大团体，员工彼此之间应该如同一家。提供高质量的产品和服务，赢得顾客满意，应该是酒店全体员工的目标。所以，当前台员工遇到困难时，后台员工要能够及时地提供必要的帮助。第二，酒店的服务工作是连贯的，对顾客而言，无论是哪个服务环节都代表着酒店的整体服务水平，这就要求酒店各部门的员工之间应该紧密合作，避免不必要的组织内耗，把最美的形象展现在顾客面前。第三，一线员工肩负着直接对客服务的重任，他的一言一行直接都影响着宾客的感受。正所谓没有满意的员工就没有满意的顾客，没有满意的顾客就没有满意的收益。酒店要想赢得更大的收益，就应该尽可能满足员工的需求，管理者要尊重和关心每一位员工，要为每一位员工创造良好的工作环境，要帮助员工解决困难，让员工感受到酒店这个大家庭的温暖。所谓酒店的全员营销观念就是要求所有员工都明确自己的岗位职责，从而在各自的工作岗位上各司其职、各守其责，也可以理解为人人营销，人人把酒店当成是自己的家。当全体员工的认识达到高度统一时，也是内部营销的最高境界。像日本索尼公司的员工，如果他们在自己朋友家里发现朋友家的电视不是索尼品牌时，就会问朋友"难道我们索尼公司的产品不好吗？"这就是典型的全员营销。试想一下，如果我们酒店的全体员工能在工作中甚至是在生活中有这种营销意识的话，我们的酒店能办不好吗？

（3）运用情感服务

酒店的情感服务就是要求服务员在对客服务过程中要用心服务，要让宾客感觉到员工的每一个微笑、每一句问候、每一次服务都是真诚的，是发自内心深处的，设身处地为宾客着想，体现一种亲情。西方的酒店业界曾对消费者做过一项调查，当他们被问及"希望酒店把自己当作什么"时，大约有70%的人选择了"亲人"而非"上帝"。所以，希望我们的员工在服务过程中能够把顾客当成是自己的亲人来对待和服务。比如，为住客的房间送水果，并不是简单地要求服务员把每天配备的水果送到客人的房间就了事，更关键的是要求服务员在第二天整理房间的时候根据水果盘里客人食用和吃剩下水果的情况，来判断客人真正喜欢的是哪种水果，然后在第二天补充水果的时候，按照客人的喜好来补充，这样客人在食用的时候就能感受到你的真诚体贴，让客人真正体会到"宾至如归"的家的温馨，真正为客人提供"满意＋惊喜"的服务。

（4）把握细节服务

俗话说"事无巨细"，高质量的酒店服务都非常关注细节，因为细节到位往往能给客人留下深刻的印象，为客人口口相传打下较好的基础。细心服务是在服务中关注细节，在细节中寻找服务时机，使宾客感到细致入微的服务。细心服务也体现了对宾客服务的广度和深度，宾客想到的，能够为宾客做好；宾客没有想到的，也要替宾客想到并做到。实践证明，当今酒店在这方面做得不是很到位，比如在住客房客人在房间休息的时候，服务员敲门问客人的房间是否需要清扫，希望酒店今后在细节方面更进一步地加强。在越来越趋个性化的消费市场，热情、真诚地为顾客利益着想的服务，往往会给顾客带来更大的满足。发达国家的酒店业提出一个口号：Breaking the rules for better service（打破规范去创造更好的服务）。个性化服务正是顺应世界酒店业的这种潮流而被提出的。当然，酒店实行个性化服务必须以服务的规范化、标准化为基础，如果在规范化缺乏基础的前提下去奢谈个性化服务，那只能是舍本求末，缘木求鱼。

三、酒店优质服务

酒店服务可以分为基本服务、满意服务、超值服务和难忘服务四个层次。基本服务只是顾客的基本物质价值利益得到满足；满意服务是提供服务的酒店态度友善，使得顾客得到精神方面的满足；超值服务是指具有附加值的服务，指那些可提供可不提供，但是提供之后能使顾客更加满意，觉得有更大的收获；难忘服务是顾客根本没有想到的，远远超过他们的预料的服务。因为优质的酒店服务不但要满足顾客物质上的需求，还要满足顾客精神上的需求，所以酒店服务的水准线应该是满意的服务。

酒店优质服务是指快速而准确的服务，其要求服务动作要快速敏捷，服务程序要准确无误。

1.酒店优质服务的内容

（1）真诚与微笑

真诚待客，微笑服务。

（2）讲效率

例如，希尔顿酒店要求总台服务员填写住宿登记表的所有时间为2分钟，客房服务员的要求是每天负责整理16～18间客房，对餐厅服务员的要求是每小时服务20位客人，每3分钟服务一位客人。

（3）随时做好服务的准备

① 做好心理方面的准备。

② 做好物质方面的准备。

（4）做好可见服务

把自己的工作置于客人的监督之下，使客人能感觉到自己的工作成果，如整齐清洁的客房；色、香、味、形俱全的食品等。

（5）树立全员销售意识

教育员工懂得如何在为客人提供服务的同时，向客人销售或推荐酒店内其他产品。

(6) 讲礼貌

讲究仪容仪表，讲究待人接物。

(7) 服务优良

各类服务要做到位。

2. 对待客人的意识

酒店服务人员不能只是将服务简单化，而是应将服务做到更深的层次——优质服务，让客人感到满足基本要求的同时，还要让其感到高兴和愉快。

(1) 客人就是上帝

客人就是上帝，其含义是客人在酒店中享有至高无上的地位。时代在变，"上帝"的需求也在不断变化，"上帝"对酒店的左右力量也变得越来越强大。酒店只有在对"上帝"进行深入调查研究的基础上，深深把握客人的需求规律，并辅之以独到的营销策略，才能吸引"上帝"，使"上帝"满意。

(2) 客人永远是对的

在酒店服务中强调"客人永远是对的"，强调的是当客人对酒店的服务方式、服务内容发生误会或对酒店员工服务提出意见时，酒店员工首应先站在客人的立场看问题，从理解客人、尽量让客人满意的角度来解决问题。另外，强调客人总是对的，主要是指酒店员工处理问题的态度要委婉，富有艺术性，当错误确实是在客人一方，或客人确实是对酒店员工的服务发生了误会时，酒店员工应当通过巧妙的处理，使客人的自尊心得到维护，特别是有其他客人在场时则更要如此，不能让其他客人觉得某一位客人判断力有误或是非不明。当然，如果客人出现严重越轨或违法行为，这一原则就不适用了。

3. 服务客人方程式

在酒店服务中，有几个简单的方程式能够帮助员工理解自己所处地位和对待客人态度的重要性。酒店员工应当认识到自己在酒店所扮演的重要角色，而不能简单地把自己当作一个普通的员工。

(1) 每个员工的良好形象＝酒店整体良好形象，即 $1＝100$

这一方程式表示酒店的任何一个员工都是酒店形象的代表，酒店员工对待客人的一言一行都代表着酒店的管理水平、酒店全体员工的素质、酒店的整体服务水平。

(2) 酒店整体良好形象＝一个员工的恶劣表现，即 $100－1＝0$

这一方程式的含义是酒店的服务形象是由一个个员工共同来决定的，即使其他员工表现出色，但只要其中任何一个员工表现恶劣，都会使酒店形象受到严重损害。

(3) 客人满意＝各个服务员工表现的乘积

在这一方程式中，酒店员工表现出色，服务优质，其得分为100；表现恶劣，态度极差，得分则为零。酒店的形象并不是每个员工的表现简单相加的结果，而是一个乘积。

第三节 酒店服务矛盾处理

一、酒店服务矛盾处理概述

酒店服务矛盾表现为酒店客人主观上对酒店不满的情绪和行为，从而对酒店进行投诉。客人主观上认为消费中由于酒店员工工作上的失误，损害了他们的利益，而向有关人员或者部门进行反映或要求处理，表现为书面或口头上的异议、抗议、索赔和要求解决问题等。酒店处理好客人的投诉，既能帮助酒店发现问题，不断完善自身，又能争取更多更忠诚的顾客。因此，酒店应该重视投诉处理。

酒店服务失误发生后，顾客往往会采取以下三种相应的措施。

第一，他们会直接投诉或者抱怨，一般由酒店相应的顾客服务部门进行处理。这种情况对酒店比较有利，因为它是一种良性循环，至少让酒店知道自己有些地方做得不够，可以采取相应的措施进行改进，并使之进一步完善。如果顾客不告诉酒店，继续保持沉默，或者由于不满意，进而自认为酒店已无药可救，一声不吭地径直去了竞争对手那里，那结果将会更加可怕，酒店甚至于不知道自己哪里错了，因为顾客跑了，把错误全带走了，酒店将一直被蒙在鼓里，连改过自新、亡羊补牢的机会都没有了，甚至直到被挤出市场也不知道原因。

第二，顾客向他们的家庭成员、邻居、亲戚、好友甚至他们熟悉的一切人抱怨，向他们传播关于酒店的不良信息，这种负面宣传非常有害，往往会将问题扩大化。将这种负面影响传递给别人，唯一的结果是酒店会失去更多的潜在顾客甚至准顾客。

第三，直接向消协等管理部门投诉，表达不满，争取利益。如果间接引起媒体的报道，那么局面将难以控制。

由此可见，如果酒店没能及时消解客人的不满情绪，就可能给酒店带来负面效应。所以，为了维护企业的利益，也为了提高顾客的忠诚度，酒店必须在这些关键时刻处理好顾客的抱怨甚至投诉。

必须明白，酒店这样做的目的是和顾客建立起长期的伙伴关系，而不是短期的成本节约。针对顾客的投诉或者抱怨，酒店的补救措施应该着眼于顾客的忠诚度，而不仅仅认为是在处理顾客的一次抱怨。酒店应该把自己的服务失误当作一次强化客户关系的机会。专家认为，那些不满意顾客在经历了高水平的出色的服务补救后，最终会比第一次就获得满意的顾客具有更高的满意度，并可能再次光顾。而且顾客满意与企业利润存在着线性因果关系，实践证明：有90%的厂商利润来源，1/10由一般顾客带来，3/10由满意顾客带来，6/10由忠诚顾客带来。

二、酒店服务矛盾处理原则

酒店客人的投诉可以使酒店及时发现并修正酒店产品、服务或者管理中的失误，改善服务质量，提升管理水平，开创新的商机，有利于酒店的生存和发展。如果对客人的投诉处理妥善，就可以使酒店获得再次赢得客人的机会，并使其成为回头客，酒店再继续跟进关怀顾客，客人就会成为酒店的忠诚顾客，甚至成为酒店的"免费宣传员"，帮助酒店塑造良好的口碑和社会形象。因此，酒店对投诉应持欢迎的态度，做好投诉事件的预防、应对和善后工作。

1. 以预防为主

酒店从领导到基层员工都应该树立忧患意识，居安思危，时刻提高警惕，掌握工作的落实度，不断提升酒店的竞争力，并保证随时应对客人投诉的心理，做好物质和人员的准备。积极和员工沟通，制定标准的作业程序，控制服务质量，明确质量标准和严格质量监督制度，加强员工培训，增强员工服务意识。加强酒店服务设备的维护与管理。酒店要针对以往发生的投诉问题记录投诉档案，针对可能引起客人不满的情况，制订一套应对方案，明确客人投诉时，员工该怎么说，怎么做。通过自学与实践训练、游戏或竞赛等方式，员工掌握相关原则。

员工服务顾客时要做到如下几点。

① 加强与宾客沟通。

② 控制服务质量。

③ 加强对设备的管理与维护。

④ 建立宾客档案及投诉档案。

2. 具体处理投诉的原则

（1）充分理解宾客

① 站在顾客的角度，充分理解顾客，不能与顾客争执。这样做的目的是倾听事实，进而寻求解决之道。争论只会妨碍我们聆听顾客的观点，不利于缓和顾客的不良情绪。权威人士指出："98%～99%的顾客都确信自己的批评是正确的。"因此，争论谁对谁错毫无意义，其结果只会激化矛盾，让已经不满意的顾客更加不满，而我们的职责是拉回那些已经产生不满的顾客。专家统计分析得出：寻求顾客的满意甚至对顾客进行必要赔偿所带来的收益将是补偿成本的数倍。

② 尊重顾客的感觉。顾客进行了投诉，说明我们有什么地方肯定做得不对或者不好。所以我们必须强调对顾客的理解，我们要让他们觉得是在自己的店里购物，他们享有充分的自由，他们是主人，而我们只是为他们服务的人。特别是当他们在购物中受到了来自经济的、心理的、时间的，等压力时，我们要尽量认同顾客的感觉，这种默许的方式有助于缓和顾客的烦躁和不满，为我们下一步圆满地处理好问题打下良好的感情基础。

（2）快速处理

面对宾客的投诉，处理时间越早，效果越好。服务失误发生后，应该在第一时间处理，时间越长，对顾客的伤害就越大，顾客的忠诚度就会受到严峻的考验。所以我们必须制定相应的制度，以加强我们的管理。在这方面，一家国外餐饮企业的"四制"办事原则给我们树立了榜样，即"提倡一般性问题，必须三天内答复制；复杂性问题，必须一星期内答复制；未予解决的书面答复制；延误日期的20元一天罚款制"。事实证明，这样做的好处是很大的。曾获美国服务企业质量管理奖的瑞兹酒店，其总裁创造了所谓的"1-10-100"服务法则，意思是服务失误出现后，当场解决只需使企业支出1美元，但到第二天处理费用是10美元，再以后则会增加到100美元。

另外，要培养一支训练有素的职工队伍。企业运作始于"人"，也终于"人"，人的问题占企业问题的80%以上，我们要树立员工第一的观念，第一线员工是服务的化身，员工与顾客接触频率最高，员工的行为会直接影响到顾客所感受到的服务品质，进而影响整个酒店的信誉。我们要善待员工，以善待顾客，服务卓越的公司有一句警语：那些不直接为顾客提供服务的人最好为做这种事的人提供服务，以此凝聚全体员工，推动顾客服务。因此员工的教育培训就处在核心地位，教育的内容不在于机械的理论说教，而在于员工的心理建设，而训练应重于实践，两者缺一不可。只有这样，才能慢慢培养起广大顾客的忠诚度，使他们认同我们的服务理念：顾客第一，顾客至上。那么，在未来的竞争中，我们将有备无患，无往不胜。

三、酒店服务矛盾处理程序

1. 理智型投诉

① 认真聆听并记录，表示同情理解。
② 听取宾客建议，采取行动，解决问题。
③ 落实、监督、检查处理情况，并将相关信息通知宾客。
④ 总结，并将投诉的详细情况记录存档。

2. 冲动型投诉

此类宾客情绪激动，投诉地点往往在公众场所。
① 隔离处理。当投诉宾客情绪激动的时候，将其请到专门的会客厅，不在大庭广众之下处理，以免陷入困境。
② 在宾客恢复理智前，尽量安抚。首先通过给其递毛巾、饮料、茶水等方式，平息宾客的情绪。
③ 当宾客情绪缓和后，认真聆听并记录，表示同情理解。听取宾客建议，采取行动，解决问题。落实、监督、检查处理情况，并将相关信息通知宾客。
④ 总结，并将投诉的详细情况记录存档。

思考题

1. 简述酒店服务的理念。
2. 简述酒店矛盾处理的程序。

非典型投诉

1237房间的客人在咖啡厅用餐后对服务员说:"小姐,今天的菜挺好,就是餐厅温度高了些。"

这位客人的上述讲话不太像是告状,但我们仍然应该把它视为投诉。因为客人毕竟向我们传达了一种批评的信息。尽管他可能是随口一说,且并无怒气。次日,当他又一次来到餐厅时,经理走上前来对他说:"先生,我们已把您对温度的意见转达给了工程部,他们及时处理过了,您觉得今天的温度怎么样?"尽管客人只是说了声"谢谢,很好",但他对这家酒店的信心已大为提高。

在当今酒店业,更大的一种可能性是:客人又一次来到餐厅,包括温度在内的一切都是老样子,也没人向他解释什么。餐厅的员工不记得他昨天说了什么,即使记得也不会认为那是在投诉,因为他没有发脾气,也没说要找经理,只不过随口说说,况且他还夸过餐厅的菜不错呢。

一般情况下,无论对哪种结果,客人都不会做出强烈的反应,但这些所闻所见却会形成一种积累,最终决定他们是否仍选择这家酒店。他还可能把这愉快的感觉或愉快的经历告诉他的朋友、亲属和同事。

【扩展阅读】

酒店服务理念10条

1. 你就代表酒店,因为你是帮助客人满足其需求的人。

   You are the hotel, because you are the person who is going to help fill his or her needs.

2. 每一次接触客人都是今天的第一次。

   Every call is the first call of the day.

3. 客人对与错并不重要,重要的是他们的感觉。

   It doesn't matter whether the customer is right or wrong. It matters how they feel.

4. 客人也许并不总是正确的,但是他们应该得到正确的对待。

   The customer may not always be right, but they should be treated right.

5. 小事会影响客人的感受。

   It's the little things that matters.

6. 在英文中生气与危险仅差一个字母。

   Anger is one letter away from danger.

7. 好的感受来自好的态度。

   A happy experence begins with attitude.

8. 所提供的服务要比所承诺的好。

   Under promise but over deliver.

9. 苛刻的客人比没有客人强。

   No customer can be worse than hard customer.

10. 要改变,就要先改变自己。

    For things to change,I must change first.

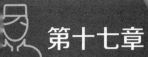

第十七章

酒店集团

【学习目标】

1. 了解国际大型的酒店集团。
2. 了解我国大型的酒店品牌。

第一节 国际酒店集团

国际酒店集团,也称国际酒店连锁公司,是依靠其丰富的酒店管理经验、独特的企业管理理念和先进的经营管理手段而活跃于国际酒店行业的酒店管理公司。国际酒店及餐饮业协会会刊《酒店》(Hotels)每年都要按照客房总数评出全球酒店业300强,按照管理酒店的总数评出10大酒店管理集团。

一、洲际酒店集团

洲际酒店集团的成立时间是1946年,其品牌发源地是英国。

1. 集团简介

洲际酒店旗下拥有9个酒店品牌,是一个全球性的公司,在全世界近100个国家和地区拥有4700多家酒店,洲际酒店坐拥城市中的最佳位置。在世界上一些最美丽的地方,纯粹的幽静与豪华定义出自带光环的洲际度假村目的地。

洲际酒店集团的前身是英国巴斯酒店集团。

1777年,英国巴斯(BASS)集团成立。成立之初,巴斯集团主要以饮料和啤酒的生产和销售为主。至20世纪80年代末,巴斯集团转入酒店行业。巴斯集团是英国第一家独立注册商标的集团,后来发展成为英国顶级酿造者之一。20世纪60年代,巴斯集团收购了几家知名的酿酒公司,成为英国最大的酿酒商,拥有最多的酒馆。

1988年,巴斯集团收购假日酒店,开始进军酒店业;1989年,由于禁酒,巴斯集团开始减少酒吧数量,将其余的资金用于发展宾馆;1990年购入北美假日酒店,酒店开始进入国际化；1991年推出智选假日酒店，补充服务细分中的不足；1994年推出皇冠假日，迎合高层次消费者。同年拥有的小酒吧转化成小旅馆，迎合英国日益增长的外出就餐市场；1997年推出Staybridge Suites，迎合高消费长住市场，发展迅速，在美国已有50多家；1998年巴斯集团收购洲际酒店品牌，增加了另一个高消费品牌。

1952年，美国人凯蒙斯·威尔逊（Kernmons Wilson）创设假日饭店集团；1998年，巴斯集团全盘接收假日饭店；2000年，巴斯饭店集团更名为六洲饭店集团；2003年4月，六洲酒店集团正式更名为洲际饭店集团。

2. 旗下品牌

（1）洲际酒店及度假村

1998年3月，巴斯集团以29亿美元从日本Saison集团手上收购了洲际饭店及度假饭店，这项交易使得巴斯集团的饭店数目一下增加了187家。

在满足国际商务旅客及消闲旅客的独特需求方面，洲际酒店已建立了一定的声誉，它亦善于将全球性的服务标准巧妙地与当地的传统相结合。多年来，洲际酒店远近驰名，一直是各国商界人士所喜爱入住的酒店。此外，洲际酒店具有的独特文化特色及其在顶级酒店市场的地位，使集团的酒店品牌日趋多元化。

（2）皇冠假日酒店

皇冠假日品牌的前身是由假日饭店于1983年衍生出来的饭店品牌，1994年发展成为独立的饭店品牌，以突出其高品位、高消费的市场形象及以商务旅客为主的特色。

皇冠假日酒店以合理的价格提供高档的饭店住宿设施。它为专为满足今日精明的旅客的需求而设，并以提供更优质的服务及设施来迎合那些追求物有所值的商务旅客。超过140家皇冠假日酒店分布于全球40多个国家，每家皇冠假日酒店均提供先进的会议设施、专职负责会议的专业员工及完善的商业服务；同时，还配备有设备齐全的健美中心、餐饮设施。

（3）假日酒店

假日酒店以超值的价格为今日的商务及休闲旅客提供可靠友善的服务以及现代化的设施。无论在大小城镇、寂静的公路沿线，还是在熙来攘往的机场附近，均可看到假日酒店的踪影，因为提供全面服务的假日酒店都是位于交通方便的地区。假日酒店在全球已开设了1600多家，其不仅保持着全球最具规模的单一酒店品牌的地位，同时也是世界上广为人知的酒店品牌之一。

（4）快捷假日酒店

洲际酒店集团的前身六洲酒店集团于1991年推出快捷假日酒店，这一举动成为酒店业史上最成功的事件之一。该集团通过创造这一品牌，迅速地划分出一类中档酒店市场，这类酒店只提供有限的酒店服务而不包含餐饮设施。在不到十年的时间里，快捷假日酒店品牌在世界各地的酒店数目已增至1000多家。

清新、简洁是快捷假日酒店的特色，它为商务及休闲旅客提供的收费价格也极具竞争力。至于快捷假日酒店推出的 Guest Stay Smart SM 优惠计划，除可让宾客免费享用包括新鲜水果、麦片及糕点在内的早餐外，还可免费使用当地电话服务（只限美国）。此外，宾客还可在美国及加拿大的各家快捷假日酒店阅读一本曾获奖的饭店专有杂志 Navigator。快捷假日酒店以几乎每三天便开设一家新酒店的惊人速度继续扩展。

（5）英迪格酒店

这一品牌创建于2004年，通过全新的理念使客人享受高档的入住体验。

二、希尔顿酒店集团

1925年，康莱德·希尔顿成立希尔顿酒店公司，负责美国境内的酒店运营管理。

1. 集团简介

希尔顿国际酒店集团（HI）为总部设于英国的希尔顿集团公司旗下分支，拥有除美国外全球范围内"希尔顿"商标的使用权。美国境内的希尔顿酒店则由希尔顿酒店管理公司（HHC）拥有并管理。希尔顿国际酒店集团经营管理着403家酒店，包括261家希尔顿酒店，142家面向中端市场的"斯堪的克"酒店，以及与总部设在北美的希尔顿酒店管理公司合资经营的、分布在12个国家的18家"康拉德"（亦称"港丽"）酒店。它与希尔顿酒店管理公司组合的全球营销联盟，使世界范围内双方旗下酒店总数超过了2700家，其中500多家酒店共同使用希尔顿的品牌。希尔顿的经营理念是"你今天对客人微笑了吗？"希尔顿全球酒店集团是全球最大、发展速度最快的酒店企业之一。

1907年，美国发生经济大恐慌。那年圣诞节，一个名叫康莱德·希尔顿的20岁的孩子在美国新墨西哥州圣安东尼奥镇堆满杂货的土坯房里开办了家庭式旅馆以应付生计并庆祝自己的生日，他还对母亲说："我要集资100万美元，盖一座以我命名的新旅馆。"又指着报纸上一大堆地名说："我要在这些地方都建起旅馆，一年开一家。"

后来，希尔顿的所有梦想都一一实现了，并且速度大大超过预期。在达拉斯、阿比林、韦科、马林、普莱恩维尤、圣安吉诺和拉伯克都相继建起了以他的名字命名的饭店——希尔顿饭店。

2. 旗下品牌

（1）希尔顿酒店

希尔顿酒店（Hilton Hotels）是希尔顿酒店集团引以为自豪的旗舰酒店品牌，在全球酒店业极负盛名。该品牌拥有酒店超过500多家，客房总数在147 667间以上。

（2）康莱德酒店

康莱德酒店（香港称港丽酒店，Conrad Hotel）致力于提供给客人极具特色的顶级设施与服务。作为希尔顿酒店集团旗下最高级别的超豪华酒店，康莱德酒店不仅是希尔顿酒店集团的集大成者，更是世界上最奢华酒店的代名词。

其以希尔顿创始人——康莱德·希尔顿（Conrad Hilton）的名字命名，目前在全球仅20家，其高端性溢于言表。康莱德酒店的核心旨在向高品位人士提供独特的体验，打造高品位人士首选的奢华酒店，创造极致个性天地。

（3）华尔道夫酒店

华尔道夫酒店（Waldorf Astoria Hotel）是希尔顿酒店集团中的奢华品牌，它秉承源自纽约华尔道夫酒店的开业精神，致力于使每一家华尔道夫酒店都是"所有酒店中最伟大的"。

（4）希尔顿逸林酒店

希尔顿逸林酒店（DOUBLE TREE）从体贴入微的关怀、友好诚挚的服务到迎宾巧克力香脆曲奇，体现了对每一细节予以全心关注的服务品质。

三、凯悦酒店集团

1957年9月27日，凯悦酒店集团（Hyatt Hotels Corporation）第一家酒店开业，其品牌发源地是美国。

1. 集团简介

凯悦酒店集团，总部位于美国芝加哥，是一家世界知名酒店集团。凯悦酒店集团拥有50多年的历史。凯悦酒店集团在世界各地管理、特许经营、拥有和开发凯悦品牌酒店、度假村、住宅和度假性产业，这是一家世界知名的跨国酒店集团。凯悦酒店集团旗下有柏悦、安达仕、君悦、凯悦、凯悦嘉轩以及凯悦嘉寓等酒店品牌。1986年凯悦正式进入中国，一直至今，在中国的名气也很大。

凯悦的创始人是Jay Pritzker，第一家酒店是他于1957年在洛杉矶国际机场附近购买的凯悦旅馆。随后十年间，Jay Pritzker和弟弟Donald Pritzker及其他的Pritzker家族企业利益集团，共同将公司培育成北美地区的管理和酒店私有公司，并于1962年成为上市公司。1968年，凯悦国际酒店集团成立并在后来发展成为独立上市公司。凯悦酒店集团和凯悦国际酒店集团分别在1979和1982年被Pritzker家族企业利益集团收归私有。2004年12月31日，Pritzker家族企业利益集团拥有的全部酒店资产——包括凯悦集团和凯悦国际集团——均被整合至凯悦酒店集团。集团在20世纪60年代发展迅速，1969年，美国已有13家凯悦酒店，同年在海外开设首家酒店——香港凯悦酒店。Hyatt Regency是集团主要酒店品牌，1980年，引入君悦及柏悦两个豪华酒店品牌。

2. 旗下品牌

（1）柏悦酒店

柏悦是酒店专为追求私密性、个性化及高质量服务的旅行者设计的世界级豪华精品酒店品牌。

（2）君悦酒店

君悦是酒店专为商务和休闲旅行者以及大规模会议活动服务的豪华酒店品牌，以其规模宏大、设施先进而著称。至2013年，在中国的君悦酒店有北京东方君悦大酒店、上海金茂君悦酒店、深圳君悦酒店、广州富力君悦酒店等。

（3）凯悦酒店

凯悦酒店是集团的高档旗舰品牌，数量最多，是小型的豪华酒店。

四、万豪酒店集团

成立时间：1927年

品牌发源地：美国

1. 集团简介

万豪国际酒店集团公司，即万豪国际集团是全球首屈一指的国际酒店管理公司，万豪拥有遍布全球130个国家和地区的超过6500家酒店和30个品牌。万豪国际集团的总部位于美国马里兰州贝塞斯达，雇用约300 000名员工。

万豪国际集团的发展起源于1927年，由已故的威拉德·玛里奥特先生在美国华盛顿创办了公司初期的一个小规模的啤酒店，起名为"热卖店"，以后很快发展成为服务迅速、周到，价格公平，产品质量持之以恒的知名连锁餐厅。其成功的关键是自公司成立之日起，就以员工和顾客作为企业经营的重心。

威拉德·玛里奥特先生创立的经营思想是：你如能使员工树立工作的自豪感，他们就会为顾客提供出色的服务。在此基础上，连锁"热卖店"的成功经营为威拉德·玛里奥特涉足于后来酒店业的发展提供了先天的条件。

首家万豪酒店于1957年在美国华盛顿开业，在公司的核心经营思想的指导下，加之早期成功经营的经验，万豪酒店很快得以迅速成长，并取得了长足的发展。新加盟的酒店从一开始就能以其设施豪华而闻名，并以其稳定的产品质量和出色的服务在酒店业享有盛誉。到1981年，万豪酒店的数量已超过100家，并拥有40 000多间高标准的客房，创下了当年高达20亿美元的年销售额。

20世纪80年代，万豪根据市场的发展和特定需求，精心设计并创立了万怡酒店。1983年，第一家万怡酒店在美国正式开业。由于万怡酒店是在广泛听取商务客人的意见，经过精心设计而推出的中等价位客房并保持高水准服务的酒店，万怡酒店一问世，即获成功，很快，便成为其他同业中的佼佼者。1984年，以公司创办者的名字命名的J. W. 万豪（J. W. Marriott）酒店在美国华盛顿开业。J. W. 万豪酒店品牌是在万豪酒店标准的基础上升级后的超豪华酒店品牌，向客人提供更为华贵舒适的设施和极有特色的高水准的服务。此后，在

1987年万豪公司收购了"旅居"连锁酒店,其特点是:酒店房间全部为套房设施,主要为长住客人提供方便实用的套房及相应服务。同年,万豪又推出了经济型的和万豪套房酒店两个新品牌酒店。至1989年末,万豪已发展到拥有539家酒店和134 000间客房的大型酒店集团。

万豪国际集团在持续快速发展中,又于1995年收购了全球首屈一指的顶级豪华连锁酒店公司——丽嘉酒店。这一举措使万豪成为首家拥有各类不同档次优质品牌的酒店集团。此后在1997年,相继完成了对万丽连锁酒店公司及其下属的新世界连锁酒店,以及华美达国际连锁酒店的收购。此举使万豪国际集团在全球的酒店数量实现了大幅增长,特别是在亚太地区,一跃成为规模领先的酒店集团。

2. 旗下品牌

(1) 万豪酒店及度假酒店

万豪酒店及度假酒店乃享誉全球的万豪国际旗下之旗舰品牌,拥有逾70年的历史,酒店数量超过450家,遍布全球多个旅游热点,为各地旅客带来极其难忘的住宿体验。殷勤亲切的服务和完备周全的设施,赢得了每位旅客的掌声。

(2) 北京JW万豪酒店

踏进JW万豪酒店,自可体会更上一层的旅游住宿感受。优越地段、上乘佳肴、亲切服务……令每位住客目眩神迷。酒店当中的悠闲气息,宁谧,纯朴,渗透着蓝岛豪华瑰丽的况味,使旅客从此对尊贵享受有了新的定义。

(3) 万丽酒店及度假酒店

独一无二的风格,有着难以言喻的吸引力。万丽酒店及度假酒店坐落于世界各大著名城市的中心位置,毗邻旅游景点,加上各式各样的美食相伴,为旅客带来一次毕生难忘的旅游体验。

(4) 万怡酒店

万怡酒店深切了解商务人士的需要,度身定设称心服务。酒店内的每项设施均经过细心的挑选,务求能迎合旅客的要求。部分酒店更提供免费宽带上网服务,随时化身成为旅客的流动办公室。酒店更提供丰富的自助早餐,让旅客以最佳状态迎接新的一天。

(5) 万豪行政公寓

每逢外出公干一个月或以上,必须选择一家合适的酒店,才能迎合日常需要。为了给住客营造家的感觉,位处世界各大城市的13家万豪行政公寓,着力于每个微细地方,例如摆设时尚家具、设置独立厨房和提供先进的娱乐配套,另外专设工作间,让旅客仿佛在家一样,既可尽情享乐,亦可专心工作。

(6) Residence Inn

每当旅客来到Residence Inn的时候,无论是入住一个月、一星期甚或者一晚,都可以领略到万豪国际享誉全球的专业服务。惬意舒适的住宿环境,令旅客犹如置身家中,忘却一切工作压力。酒店内的每间客房早已增设宽带上网服务，同时备有独立厨房，想亲自烹调家乡美食，一样方便简易。酒店设有住客欢聚时间，每星期提供烧烤晚会，如此丰富的节目安排，让旅客在家以外，亦可找到家的暖意。

（7）万枫酒店

每家万枫酒店均代表着洁净环境加上光线充足的客房，而亲切友善的服务态度，屡获海内外多项殊荣，加上相宜的房价，更是赢尽住客的赞赏。

（8）Marriott Conference Centers

要把商务会议办得有声有色，酒店的选址非常重要。Marriott Conference Centers 毗邻各大城市的机场，尽得交通优势。配合万豪国际一贯的亲切服务和专业经验，加上先进设施与器材，必定能够满足每位商务旅客的要求。

（9）万豪唐普雷斯

经常长时间外出工作的人士，拣选酒店的条件特别多，而且要求也会特别高，正因如此，万豪唐普雷斯便能符合大家的需要。欢愉的氛围，亲切的服务，齐全的设施，让每位住客在工作过后，亦可投进家的怀抱。

（10）万豪春丘

想远离喧嚣的都市，投进宁静假期，万豪春丘酒店是旅客的完美之选。偌大的套房较其他传统客房面积多出25%，无论是休息、工作或享乐的空间亦更为宽裕，让旅客的体验更佳。无论何时何地，同样令旅客的旅程怡然自得。

（11）万豪度假村

万豪度假村在世界各旅游热点提供分时度假酒店，旅客在全球多个地区旅游的时候，都可以入住周全完善的万豪度假村，任何时候都可享受毕生难忘的旅游体验，实现写意人生的梦想。

五、香格里拉酒店集团

成立时间：1971年

品牌发源地：新加坡

1.集团简介

香格里拉在中国有着较大的名气，"香格里拉"这个名字源自英国作家詹姆斯·希尔顿1933年发表的传奇小说《消失的地平线》，它所寓意的是"恬静、祥和、殷勤的服务"。从1971年新加坡第一家香格里拉酒店开始，香格里拉酒店集团便不断向国际迈进；以中国香港为大本营，今日香格里拉已是亚洲地区最大的豪华酒店集团，且被视为世界最佳的酒店管理集团之一，在无数公众和业内的投选中，均获得一致的美誉。无论在任何一个城市或度假胜地，全亚洲33家香格里拉酒店及5家商贸饭店都会提供无微不至的服务。

2.旗下品牌

（1）香格里拉

香格里拉品牌主要为五星级豪华城市酒店和度假酒店。多数城市酒店的客房量都超过

500间，而度假酒店的规模则相对略小。

（2）盛贸饭店

1989年设立的盛贸饭店为四星级的品牌，价格定位适中。

六、雅高国际酒店集团

成立时间：1967年

品牌发源地：法国

1. 集团简介

雅高（ACCOR）在法文中的意思是"和谐"，雅高是一家全球著名的酒店集团，前身是法国第一家"老沃特尔"酒店，此后以此为基础，衍生成为现今的模样。雅高集团总部设在巴黎，成立于1967年，是欧洲最大的酒店集团。雅高在世界范围内约有4000家酒店，从经济型酒店到豪华酒店，提供了全系列不同档次的酒店服务，满足了不同层次顾客的需要。法国雅高酒店集团在全世界拥有4000家酒店和17万员工，遍布五大洲的90个国家，有约500 000个房间。

2. 旗下品牌

（1）索菲特酒店

索菲特是法式"生活艺术"的代表。在全球，索菲特酒店以满足独特要求的特权方式再次赋予了豪华酒店食宿招待的新定义。在世界最优异的豪华酒店里体验法式风格、精致高雅的魅力所在。无论旅客是否计划去巴黎、纽约、伦敦或者曼谷旅行，在任何一家四星或者五星级酒店进行预订，都能享受其口碑载道的室内环境、美食餐馆、水疗和高尔夫设施。

（2）铂尔曼酒店

轻松入住，优越尽享。铂尔曼，是一个服务于国际及国内商务旅行者和会议的高档酒店连锁品牌，是位于市中心的亲切友好的酒店。旅客的期望并不会受到国界或时区的限制，因此铂尔曼重新倡导令旅客宾至如归的服务艺术。请试着想象一种全新的高档服务风格，重新诠释热情款待的真谛，再次发掘旅行和结交新朋友的乐趣。

（3）美爵

美爵隶属雅高集团，专为中国量身打造。美爵，拥有一双善于发现的锐眼和一颗乐于感悟的心。其能捕捉到旅客对一切新鲜和未知的渴望，感悟到旅客对一次与众不同的旅宿的期待，特将法式浪漫情愫与中国地域文化完美融合，相辅相成，为旅客提供全新的住宿体验，愿旅客在中法融合带来的享受中，发现更多乐趣、惊喜和灵感，由心感悟生活的各种美好与精彩。

（4）诺富特

诺富特品牌分布于主要城市以及旅游胜地，为商务散客和商务团体以及度假客人提供达到国际标准的住宿及服务，让客人充分体验物有所值。

（5）美居酒店

为旅客承诺一次无与伦比的入住体验。无论旅客是商务出差还是休闲旅游，美居都能为其提供难忘的住宿体验，这一切都得益于其独特的品牌特征：全球超过700家酒店，专业严谨的质量监控，深得当地特色的独特酒店风格以及最具热情的管理团队。无论是在城市中心、海边或山中，每一家美居酒店都扎根于当地的风土人情中，让客人充分享受其独特产品和服务带来的愉悦。

（6）宜必思酒店

总有你喜欢的理由。遍布全球的900多家宜必思酒店，在极具竞争力的价格的基础上提供高质住宿与服务。它有精心设计的全装修卧室套间、7天24小时全天候的主要酒店服务以及现场饮食选择。自1997年起，宜必思的酒店质量获得了ISO 9001国际标准质量体系认证。同时宜必思致力于环境保护，是第一家通过ISO 14001国际环境管理体系认证的连锁酒店，品牌旗下有接近1/3的酒店获得了该认证。

（7）美憬阁

美憬阁现已聘请魅力大使克里斯汀·斯科特·托马斯代言，这位国际知名的女演员出演过丰富多样的影片角色，她担任了美憬阁的第一个导游。通过她的游记，克里斯汀·斯科特·托马斯告诉读者她的许多回忆。在这里发现特色，品味生活中值得分享的时刻。

七、温德姆酒店集团

成立时间：1628年

品牌源地：美国

1.集团简介

温德姆酒店集团是现时全球最大且业务最多元化的酒店集团企业，公司的品牌线全面覆盖高档、中端、经济型酒店，可满足日常旅客的各类需求。其总部设于美国新泽西州帕斯帕尼，目前在六大洲100多个国家经营15个品牌，拥有7485家酒店和645 423间客房。

2.旗下品牌

（1）温德姆酒店和度假村

温德姆酒店和度假村是温德姆环球公司旗下子公司之一，为宾客提供高品质酒店及度假酒店住宿体验，旗下酒店遍布北美洲北部、北美洲中部及南部地区、加勒比海地区、欧洲、中东及东亚。所有温德姆酒店或为特许经营，或由温德姆酒店集团附属公司管理运营，或通过合作投资伙伴管理运营。

（2）温德姆至尊酒店精选

温德姆至尊酒店精选是温德姆品牌大家庭中的一颗耀眼明星。旗下酒店均坐落于世界知名的旅游胜地，并以精妙优雅的设计、细致入微的服务、悠闲轻松的氛围，为客人带来独一无二的体验。

（3）华美达酒店

温德姆酒店集团旗下品牌华美达酒店在全球范围内拥有近830家中高档酒店，为宾客提供免费欧陆式早餐、免费高速上网服务，并且客人还可以通过温德姆奖赏计划获取或兑换积分。部分华美达酒店设有店内餐厅服务、酒廊、房间订餐服务，礼宾服务，会议、宴会及商务中心服务。

（4）华美达安可

作为华美达品牌的一个分层，华美达安可致力于为宾客提供符合人体工程学的现代住宿体验，所有客房均以极富时代感的木质地板装饰，而革新性的浴室更配备步入式淋浴装置及生机盎然的公共空间。

（5）豪生酒店

豪生酒店为温德姆酒店集团旗下具有代表性的连锁酒店品牌，在全球拥有近450家酒店。大部分豪生酒店都提供多种免费设施及服务，包括免费无线高速上网、免费Rise & Dine®欧陆早餐等。许多酒店还设有会议和健身设施，以及游泳池。

（6）戴斯酒店

戴斯目前在全球拥有超过1800家经济型及中高档型的酒店。所有戴斯酒店均提供无线高速上网服务，大部分酒店还提供免费DayBreak®欧陆早餐，并配备会议室、宴会设施、健身中心，以及提供复印及传真服务等。

（7）速8酒店

温德姆酒店集团旗下品牌速8酒店为全球知名连锁酒店之一，在全球范围内拥有逾2300家酒店，数量位居经济型酒店品牌之首。大部分速8酒店为旅客提供一系列免费的基础服务与设施。

（8）迈达温德姆酒店

迈达温德姆酒店在全球范围内拥有逾300家酒店。其致力于为宾客提供更为优质的住宿体验，每家酒店均为新建酒店，提供诸多免费服务与设施，如无线上网服务、欧陆式早餐等。大多数酒店还拥有会议场地、健身中心和游泳池。

（9）蔚景温德姆酒店

蔚景温德姆酒店是一个为旅客们提供所需的服务及设施、价格适中的连锁酒店品牌，包括热早餐、二十四小时商务中心，为客人提供免费影印、打印服务，免费高速上网服务，会议场地以及健身设备。超大的客房既可用作卧室，也可用作办公室，配有宽大明亮的写字台、房内微波炉、冰箱、双垫层睡床等设施。

（10）栢茂酒店

中档规模连锁酒店——栢茂酒店在美国拥有近320家。所有栢茂酒店均免费提供一系列设施与服务，包括无线高速上网以及Baymont Breakfast Corner^{SM}欧陆早餐。大部分酒店还设有游泳池、健身中心、从酒店到机场的巴士。

(11) 灏沣温德姆酒店

灏沣温德姆酒店为长住型酒店连锁品牌，为长住客人提供理想的居家氛围。酒店提供宽敞的单间、单卧室或双卧室套房，均配备有厨房，并提供无线高速上网服务、洗衣服务、商务服务、免费热早餐、晚间欢乐时光等。部分酒店还允许携带宠物，并设有会议和健身设施、游泳池、便利店等。长期住宿客人可享受特别优惠，以减少开支。

(12) 爵怡温德姆酒店

爵怡温德姆酒店是温德姆酒店集团及其母公司温德姆环球公司旗下提供精选服务的酒店品牌，已开业的100多家酒店，超过15 000间客房分布于欧洲及美洲城市。酒店所提供的精选服务以及中等价位满足了来自西班牙的马德里和巴塞罗那、巴黎、葡萄牙的里斯本、德国的法兰克福和柏林、阿根廷的布宜诺斯艾利斯、巴西的圣保罗及纽约等地区的商务和休闲人士的需求。

(13) Travelodge®

Travelodge®为温德姆酒店集团旗下品牌经济型连锁酒店，在美国及加拿大拥有逾440家酒店，以亲民的价格吸引旅客前往不同的旅游目的地。所有酒店均提供免费高速上网服务以及免费Bear Bites欧陆式早餐。大部分酒店设有健身中心、游泳池。

(14) Knights Inn®

温德姆酒店集团旗下的Knights Inn®是遍布美国各地的经济型酒店品牌，为客人提供单人、双人及套房住宿。所有酒店均免费供应欧陆式早餐以及选择多样的有线电视频道。部分酒店还允许携带宠物，或提供房内冰箱、传真及影印服务等。18岁以下少儿可与父母一方免费入住。

八、四季酒店

成立时间：1960年

品牌发源地：加拿大

四季酒店是一家国际性奢华酒店管理集团，总部设于加拿大多伦多，1960年由伊萨多·夏普（Isadore Sharp）先生创办，如今已在近40个国家拥有超过90家酒店及度假酒店，并有超过60项酒店发展计划正在酝酿中。四季酒店被*Travel and Leisure*杂志及*Zagat*指南评为世界最佳酒店集团之一。除创始人伊萨多·夏普先生之外，比尔·盖茨（Bill Gates）和阿尔瓦利德·本·塔拉尔王子（Prince Alwaleed Bin Talal）也是四季酒店集团的大股东。

1960年，四季酒店集团在加拿大多伦多市中心创办了第一家汽车旅馆，并以当时新一代的国际商务旅客为服务对象。四季在欧洲经营的第一家酒店——公园旅馆，即伦敦柏丽大道四季酒店。伊萨多·夏普先生为集团奠定的未来发展方向是以适中的规模、宽敞的客房、亲切友善的员工和无微不至的服务，来管理专门提供优质服务的中型酒店。

九、凯宾斯基国际酒店集团

成立时间：1897年

品牌发源地：德国

1. 集团简介

凯宾斯基酒店称得上是世界上最古老的豪华酒店，凯宾斯基酒店在世界许多重要城市都设有著名的连锁机构，以及在诸多著名城市拥有45处以上的私人酒店和特色酒店，每家酒店都提供优良的服务，且将酒店的特色和当地风格融入其中。每个凯宾斯基酒店或度假村都与众不同，有着享誉全球的完美的私人服务和独具匠心的设施。

2. 旗下品牌

凯宾斯基国际酒店集团的旗下品牌有莱宾斯基大酒店和国宾斯基大酒店。

十、卡尔森国际酒店集团

成立时间：1938年

品牌发源地：美国

1. 集团简介

卡尔森国际酒店集团是美国较大的私营公司之一，是全球规模较大、较具发展活力的酒店集团之一。卡尔森环球酒店公司在82个国家拥有逾1700家酒店、度假村、餐厅及游轮业务，为美国较大的私营公司之一。

2. 旗下品牌

（1）丽笙酒店及度假村

经营理念：真诚待客。坚定、敏锐、贯通。

（2）公园广场酒店及度假村

品牌定位：自豪、宁静美丽、城市化。体现时尚愉悦服务。

（3）丽柏酒店

品牌定位：明亮、醒目、宜人。充满朝气、有趣、友好、不烦琐。

第二节　国内酒店集团

一、锦江国际酒店集团

1. 集团简介

锦江国际酒店集团的全称是"上海锦江国际酒店（集团）股份有限公司"，主要从事酒店营运、管理与特许经营、餐厅营运、客运物流和旅行社等业务。酒店是其核心产业，经营管理着从豪华五星级酒店到经济实惠的锦江之星旅游等酒店品牌。

2. 旗下品牌

（1）维也纳精品连锁酒店

该酒店以"舒适典雅、顶尖美食、品质豪华、安全环保、音乐艺术、引领健康"为产品核心价值。

（2）七天酒店

七天酒店，属经济型酒店，包括定位于商务时尚的高端经济型酒店产品"七天优品"和定位于都市时尚的经济型酒店产品"七天阳光"。酒店倡导员工实践"用心创造感动"的快乐服务，用发自内心的快乐去服务酒店的客户。

（3）锦江之星

锦江之星是国内知名的快捷酒店品牌，提供便捷的酒店快速预订、会员特价预订、地图查询预订等特色服务。

二、首旅如家酒店集团

1. 集团简介

首旅如家酒店集团是国内大型综合性旅游上市公司，主要从事酒店运营管理及景区等经营活动。该公司于1999年2月成立，2000年6月在上海证券交易所上市。首旅如家酒店集团拥有首旅建国、首旅南苑、首旅京伦、欣燕都和雅客e家级首旅寒舍等酒店管理公司，管理着自五星级到经济型的各类酒店200余家，形成了高档、中档、经济型的酒店品牌运营管理体系和覆盖全国的酒店经营网络。

如家酒店集团成立于2002年，2006年10月在美国纳斯达克上市。作为中国酒店业海外上市第一股，如家酒店集团始终以顾客满意为基础。

首旅如家酒店集团由原首旅酒店集团与如家季度集团合并后成立。合并后的首旅和如家实现优势互补、资源整合，达成了产品全系列、信息全覆盖、会员全流通、价值全方位的整合效果。首旅如家酒店集团旗下拥有以住宿为核心的近20个品牌系列，近40个产品。

2. 旗下品牌

（1）高端商旅/度假型酒店

① 建国饭店。都市绿洲，自在建国。建国饭店是奉献给广大商务人士的精品商务酒店品牌，是繁华都市中的宁静栖息地，为热爱生活和讲求生活品质的客人准备旅途居所。

② 首旅南苑。首旅南苑致力于打造中国优秀民族品牌，践行中国服务，引领品质生活。

③ 京伦饭店。京伦饭店以提供住房、会议产品为核心，经营模式致力于目标客户群的核心需求，为宾客提供便捷、舒适和物超所值的住宿感受。

(2) 中高端商旅型酒店

① 和颐酒店。和颐酒店为全感官人文商旅连锁酒店品牌。独具文化底蕴的艺术气息融合在酒店设计之中，并倡导旅途中视觉、听觉、味觉、嗅觉、触觉等五感全方位体验，将人文关怀融入产品和服务之中。

② 如家精选。如家精选为全感官创意商旅酒店连锁品牌，新型中端商旅连锁季度品牌。除了一如既往的温馨如家的休息环境，还为商务洽谈空间和公共休息区域提供更为专业化、人性化和社交化的服务元素。

(3) 商旅型酒店

① 如家酒店。如家酒店为温馨舒适的商旅型连锁酒店品牌，满足大众化多元化的住宿需求和引领未来趋势，为宾客提供工作和旅途中温馨舒适的"家"。

② 莫泰酒店。莫泰酒店是时尚简约的商旅型连锁酒店品牌。它以设计时尚、设施完善、舒适方便为理念，焕发新颜的莫泰酒店高度契合了当代消费者个性化的住宿需求。

(4) 休闲度假酒店
① 诗柏·云酒店。该酒店为写意舒适的度假连锁酒店品牌。

② 如家小镇乡野趣乐部。它是乡野间新奇有趣的落脚点和目的地。全新的乡野休闲度假体验，以度假住宿体验为基础，同时为宾客创造多样的乡野娱乐与教育活动。

(5) 长租公寓

① 逗号公寓。逗号公寓是为年轻一代联合打造的长租式青年公寓，提供更专业的日常管理，让年轻人住得安心、舒心。

② 青巢公寓。青巢公寓是酒店与公寓完美结合的模式，提供时尚、温馨、质优价廉、整洁贴心的酒店公寓产品，为勤奋工作、快乐生活、怀揣梦想、憧憬未来的人士量身打造一个在外的家园。

三、华住酒店集团

1. 集团简介

华住酒店集团是一家多品牌酒店集团。"华住"是中华住宿的简写，这简单的两个字蕴含了公司的伟大愿景：成为代言中华住宿业的世界级酒店集团。华住以"成为世界住宿业领先品牌集团"为愿景，在创始人季琦的带领下，在中国超过200个城市里已经拥有2100多家酒店和30 000多名员工，在全国为宾客提供从高端到平价、从商务差旅到休闲度假的住宿体验。

2. 旗下品牌

① 全季酒店。全季酒店是华住旗下针对中档酒店市场的有限服务酒店，以简约而富有品质的设计风格，深受客户喜爱的酒店设施，恰到好处的优质服务，致力于为智慧、练达的精英型商旅客人提供最优质的选择。

② 汉庭酒店。汉庭酒店定位为标准化的经济型酒店，前身为"汉庭快捷"，致力于为商旅客人提供便捷的住宿体验。汉庭安心的睡眠系统、现代的卫浴系统、便捷的商旅配套和轻松的酒店氛围，为五湖四海的旅客创造了家一般的归属感。

③ 海友酒店。海友酒店是汉庭连锁酒店旗下品牌，致力于为休闲旅游客人提供干净、低价的住宿选择。其内部设计紧凑，致力于为客人提供性价比最高的住宿体验。酒店内部所有的设施均能满足客人的基本需求，为客人最大限度地节省出行预算。

四、格美酒店集团

1. 集团简介

格美酒店集团（Kosmos Group）是一家以酒店管理为主，涵盖酒店、餐饮、旅游休闲、互联网科技等不同业务领域的多元化管理集团，在中国400多个城市拥有2600多家酒店、500多家餐饮和近8万名员工，为8000多万会员及商旅客人提供从高端到平价，从商务差旅、日常餐饮到休闲度假的多种个性化服务。

2.旗下品牌

（1）格美酒店

格美酒店成立于2017年，是格美集团旗下中高端商务酒店，大多数房间价格在280～350元，旨在为商务旅客提供一个独有情调的静享空间。"Go with Me"，旅客能在充满文化气息与优雅设计的格美酒店，体验专属自己的商务空间。

（2）格林豪泰酒店

格林豪泰酒店作为超大型中高端商务型连锁酒店，为客人提供低价超值的专业化品质服务，大多数房间价格在180～400元，是全外资、高品位、高性价比的商务型连锁酒店。酒店配备早餐厅、会议室、商务中心、健身房、书吧等，部分酒店被旅游部门评定为三星级酒店。格林豪泰，只需感受！

（3）格林东方酒店

格林东方酒店作为格林酒店集团旗下的精品中高端酒店，设计独具东方王气之美，风格独特。其地处繁华商圈或成熟高新园区，地理位置优越，交通便利；酒店设置多种房型，配备商务中心、健康餐饮等设施，倡导绿色、健康、高品质生活，大多数房间价格在300～600元。目前太原、常州、衢州、西双版纳、淮南、马鞍山、日照、郑州等地均有开业或筹建中的格林东方酒店。

（4）青皮树酒店

青皮树酒店是格林酒店集团旗下的"年轻时尚"酒店产品，倡导绿色、环保、低碳的生活方式，让年轻白领身处城市之中，也能感受到大自然一般的清新入住体验。青皮树酒店大多数房间价格在130～300元，配备独立卫生间、书桌、床头柜、24小时免费光纤上网、冷热水、独立冷暖空调等，设施齐全，服务周到。目前，在全国15个省近40个城市均有开业或筹建中的青皮树酒店。

（5）贝壳酒店

贝壳酒店是背包客、白领、大学生的最佳选择。酒店设计时尚，步入走廊即刻拥有梦幻、抽象的时尚体验，客房更是采用不同颜色主题尽现个性化。酒店实现智能化入住，直接线上APP预订、储值返现，更有机会享受手机开门、智能遥控客房设备、通信设备无线充电、蓝牙音乐等最"潮"体验。

五、海航酒店集团

1. 集团简介

海航酒店集团成立于1997年，是海航旅业旗下酒店业务投资、管理平台，专注于全球化的中高端酒店业务投资和管理，以及分时度假等业务。海航酒店集团拥有全球性网络，是中国最大的民营酒店集团和中国最佳酒店管理集团公司。截至2017年6月底，海航酒店集团在国内外直接运营及投资项目所涉及酒店8000余家，客房总量逾120万间。海航酒店平台拥有Radisson等全球性知名品牌及以唐拉雅秀为代表的东方元素高端品牌。

2. 旗下品牌

（1）唐拉雅秀品牌系列

①"博唐"（超豪华奢华酒店）。博唐酒店定位为超豪华的奢华酒店，致力于向客人提供量身打造的优雅、时尚、富于现代感的奢华专属服务。

唐拉雅秀·博唐酒店

②"唐拉雅秀"（豪华五星级酒店）。唐拉雅秀酒店定位为豪华五星级酒店。其主要位于国内外一线及区域中心城市的核心地段和富有特色的旅游度假区。酒店一般为当地的地标性建筑，提供豪华五星级酒店的全套服务设施和服务项目。

唐拉雅秀酒店

③"珺唐"（文化精品酒店）。珺唐酒店定位为文化型的精品酒店，立足于东方文化，将设计理念深深根植于中国悠久的历史文化之中，主要设立在国内知名的历史文化名城或文化旅游景区。

唐拉雅秀·珺唐酒店

④"逸唐"（高端商务酒店）。逸唐酒店定位为高端商务酒店。酒店的标志是一片绿色的三叶草，寓意为勃勃生机和宁静花园中随处可享的悠然静逸，象征了逸唐酒店所执着追求的闹中取静，打造繁华都市中舒适驿站的理念。

唐拉雅秀·逸唐酒店

（2）海航酒店品牌系列

①"海航大酒店"（高档城市商务及休闲度假酒店）。海航大酒店是海航酒店集团旨在为顶级成功人士打造的专属的城市商务及休闲度假场所，它定位为奢华城市商务及休闲度假品牌，吸引的是顶级成功的国内外商务人士。

HNA Grand Hotel
海航大酒店

②"海航商务酒店"（中高端商务酒店）。海航商务酒店为商务人士提供基于交通、商务办公室会议等全方位的服务，旨在为商务人士以及举办商务活动提供一个舒适、高效的场所。

HNA Business Hotel
海航商务酒店

③"海航快捷酒店"(机场快捷酒店及商务经济型酒店)。海航快捷酒店是海航酒店集团打造的经济快捷型酒店,提供有限服务,包括以旅游团为主要客源市场的旅游快捷酒店、机场快捷酒店及商务经济型酒店。

(3) NH品牌系列

① 诺翰酒店。诺翰酒店是2016年进入中国市场的酒店品牌,定位为三星、四星级中高档城市商务酒店,为商务出差或休闲旅游客人高性价比的服务。

② 诺翰精选酒店(定位为四星、五星级豪华酒店)。与诺翰酒店品牌同时推出,该品牌原多位于欧洲及南美洲城市与众不同和具有历史性的建筑中,未来将在中国发展特色的精选酒店。

六、中国酒店集团发展规模

2018年中国酒店集团规模10强,如表17-1所示;2018年中国连锁酒店品牌规模20强排行榜,如表17-2所示。

表17-1 2018年中国酒店集团规模10强排行榜

排名	集团名称	总部所在地	客房数	门店数
1	锦江国际酒店集团	上海	680000	6794
2	首旅如家酒店集团	北京	384743	3712
3	华住酒店集团	上海	379675	3746
4	海航酒店集团	北京	218660	1349
5	格美酒店集团	上海	190807	2289
6	尚美生活集团	青岛	97518	1870
7	东呈国际集团	广州	82378	906
8	都市酒店集团	青岛	78504	1368
9	住友酒店集团	香港	34977	139
10	开元酒店集团	杭州	33069	499

表17-2 2018年中国连锁酒店品牌规模20强排行榜

排名	品牌	所属集团	客房数	门店数
1	如家酒店	首旅如家酒店集团	241202	2319
2	汉庭酒店	华住酒店集团	223121	2244
3	7天酒店	锦江国际酒店集团	213729	2468
4	格林豪泰	格美酒店集团	151154	1733

续表

排名	品牌	所属集团	客房数	门店数
5	锦江之星	锦江国际酒店集团	127570	1075
6	维也纳酒店	锦江国际酒店集团	113493	749
7	都市118	都市酒店集团	78504	1368
8	尚客优	尚美生活集团	68179	1280
9	城市便捷	东呈酒店集团	66943	746
10	全季酒店	华住酒店集团	53054	390
11	莫泰酒店	首旅如家酒店集团	44200	371
12	布丁酒店	住友酒店集团	30139	454
13	锦江酒店	锦江国际酒店集团	30000	100
14	99旅馆	上海恭胜酒店管理有限公司	27063	509
15	海友酒店	华住酒店集团	26063	396
16	麓枫酒店	锦江国际酒店集团	25706	277
17	易佰连锁	逸柏酒店集团	20566	403
18	格林联盟	格美酒店集团	19887	249
19	首旅建国	首旅如家酒店集团	19005	68
20	维景国际	港中旅酒店有限公司	18861	47

资料来源：根据上市公司财报、酒店官网和盈蝶咨询数据整理，统一以2018年1月1日已开业酒店的客房数为标准，不含筹建数。

1. 列举世界著名的酒店品牌。
2. 列举我国著名的酒店品牌。

从交谈到贺礼

夏日，南京某饭店大堂，两位外国客人向大堂副理值班台走来。大堂倪副理立即起身，面带微笑地以敬语问候，让座后两位客人忧虑地讲述起他们心中的苦闷："我们从英国来，在这里负责一项工程，大约要三个月，可是离开了翻译我们就成了睁眼瞎，有什么方法能让我们尽快解除这种陌生感？"小倪微笑地用英语答道："感谢两位先生光临指导我店，这座历史悠久的都市同样欢迎两位先生的光临，你们在街头散步的英国绅士风度也一定会博得市民的赞赏。"

倪副理用熟练的英语所表达的亲切的情谊，一下子拉近了彼此间的距离，气氛变得活跃起来。于是两位外国客人更加广泛地询问了当地的生活环境、城市景观和风土人情。从长江大桥到六朝古迹，从秦淮风情到地方风味，小倪无不一一细说。外宾中一位马斯先生还兴致勃勃地谈道："早就听说中国的生肖十分有趣，我是1918年8月4日出生的，参加过两次世界大战，大难不死，一定是命中属相助佑。"

说者无心，听者有意，两天之后就是8月4日，谈话结束之后，倪副理立即在备忘录上做记录。8月4日那天一早，小倪就买了鲜花，并代表饭店在早就预备好的生日卡上填好英语贺词，请服务员将鲜花和生日贺卡送到马斯先生的房间。马斯先生从珍贵的生日贺礼中获得了意外的惊喜，激动不已，连声说道："谢谢，谢谢贵店对我的关心，我深深体会到这贺卡和鲜花之中隐含着的许多难以用语言表达的情意。我们在南京逗留期间再也不会感到寂寞了。"

本案例中大堂倪副理对待两位外国客人的做法，是站在客人的立场上，把客人当作上帝的出色范例。

第一，设身处地，仔细揣摩客人的心理状态。两位英国客人由于在异国他乡逗留时间较长，语言不通，深感寂寞。小倪深入观察，准确抓住了外国客人对乡音的心理需求，充分发挥他的英语专长，热情欢迎外国客人的光临，还特别称赞了他们的绅士风度，进而自然而然地向客人介绍了当地的风土人情等，使身居异乡的外国客人获得了一份浓浓的乡情。

第二，富有职业敏感性，善于抓住客人的有关信息。客人在交谈中无意中透露生日时间，小倪的可贵之处在于，能及时敏锐地抓住这条重要信息，从而成功地策划了一次为外国客人赠送生日贺卡和鲜花的优质服务和公关活动，把与外国客人的感情交流推向了更深的层次。因此，善于捕捉客人有关信息的职业敏感性，也是饭店管理者和服务人员应该具备的可贵素质。

凯蒙斯·威尔逊（Kemmons Wilson）——假日酒店（Holiday Inn）创始人

1913年1月5日，凯蒙斯·威尔逊出生于美国南方孟菲斯市西北的奥西奥拉小城镇。威尔逊在年幼时就开始干活挣钱了。他的第一份工作是给"奶油面包房"做广告，挣了5美元。凯蒙斯·威尔逊在中央中学读最后一年时，他做出决定：现在应该由自己去找工作挣钱，肩负起养家糊口的重担了。威尔逊先后经营爆玉米花与弹球机，经营电影院，涉足房地产。

☆**一次不愉快的度假，抓住一个异想天开的契机**

1951年夏天的一天，威尔逊带着母亲、妻子和5个孩子，驾驶着汽车，兴致勃勃地前往华盛顿特区，打算在那里过一个愉快的假日。他们一行人进入一家汽车旅馆，旅馆破旧简陋，不堪入目，没有洗澡的地方，没有娱乐场所，租金却贵得惊人。而且，每到一家汽车旅馆，旅馆对同大人合住一间客房的每一个孩子总是要额外收费，每个孩子加收2美元。当时，一间客房的宿费是6～8美元，威尔逊有5个孩子，这样一来，他住8美元的客房变成了要付18美元。威尔逊认为，这是不应该的。旅途中的种种遭遇，使愉快的度假变得不愉快了，因此未等假期届满，威尔逊一家就打道回府。在回家的路上，商人的本能使他的思绪像飞转的车轮那样转个不停。他想：我为什么不开个汽车旅馆呢？

威尔逊想的是要开一家最好的汽车旅馆，这一追求使他突破了原来那些汽车旅馆老板的思想障碍，想象力简直是长了翅膀。他想：在我开设的汽车旅馆里，不但要给旅客提供理想的住宿条件，还要成为旅客获得许多享受和乐趣的场所。在我开设的旅馆里，对孩子绝对不收另外的费用，还要为孩子提供游玩的地方……汽车在继续向前奔驰，威尔逊也继续在想。他想：现在乘坐火车外出的人越来越少，而驾驶汽车的人越来越多，何不开一家汽车旅馆连锁公司，专门经营汽车旅馆，为那些喜欢沿着公路观赏风景、消磨时光的旅客提供方便的食宿？开设这种旅馆肯定大受欢迎，这不是一条生财之道吗？威尔逊越想越多，越设计越得意。

这一次不愉快的度假，竟成为威尔逊开创新事业的契机。

威尔逊在构思其理想的汽车旅馆的过程中，还做了大量的测量工作。早在许多年前，他就开始养成一种长久的习惯，出门无论到什么地方，总是随身带着一把卷尺。因此，他在那次度假旅游开始后，每到一家汽车旅馆，总是对自己住宿的每一间房间的每一个角落进行认真的丈量。经过无数次测量，他已确切地测出，要使客房既能达到高效率使用，又符合舒适的要求，其理想的面积应该是多少。他得出的结论是，汽车旅馆的理想的客房面积（不包括盥洗室）应该是18英尺长、12英尺宽。这样的面积可供摆两张双人床、椅子和一些别的家具，余下的空间仍可供人在房间内方便地走动。他由此而得出的房间公式，在50多年后的今天，仍然是被旅馆业引用得最广泛的公式。

威尔逊很快画出了汽车旅馆的草图，接着请求他的一位专业制图的朋友埃迪·布卢斯坦为他建造汽车旅馆画出工程图纸。一天晚上，大概在上述图纸即将完成之时，布卢斯坦观看电视，恰巧看到电视在播放《假日酒店》。这是一部老影片，由平·克罗斯比和弗雷德·阿斯泰山尔主演。布卢斯坦一时心血来潮，就在其图纸上潦草地写了几个字："假日酒店"。威尔逊看到这个很有吸引力的店名后说："这个名字好极了。我们就用它！"

☆**第一家假日酒店开张**

对于第一家假日酒店建在何处的问题，凯蒙斯·威尔逊决定把它建立在孟菲斯市萨默大街4941号，他所拥有的储木场前面的那块土地上。今天，萨默大街的一条延伸线是一条6车道的大道，穿越繁忙的商业区。但在1952年，当威尔逊在那里开办第一家汽车旅馆时，它还只是一条两车道的高速公路。

在兴办第一家假日酒店时,威尔逊首次采用了一种筹集资金的方法,叫作"取得承诺"。协助威尔逊筹集资金的是孟菲斯的一名经纪人,叫杜克·波因德克斯特。他带着威尔逊的计划,找到国民通用人寿保险公司,这家保险公司同意:在威尔逊的汽车旅馆建成时,该公司贷款给威尔逊32.5万美元。这就是所谓的从他们那里"取得承诺"。威尔逊"取得承诺"后,向第一田纳西银行借32.5万美元。该银行知道能收回贷款,因为他已"取得承诺",就同意贷款。尽管建造第一家假日酒店时借了32.5万美元,但他只花了28万美元就把它建成了。

在建造第一家假日酒店的过程中,竖立在屋外的招牌如同假日酒店的其他任何一种要素那样,也许对威尔逊有着重大的意义。他从经营电影院时起,就懂得招牌的价值,懂得招牌要引人注目,要能亮出一个品牌。他希望假日酒店的招牌能达到:在高速公路上的车辆无论朝哪个方向行驶,即使相距较远,也能看到假日酒店的招牌。于是,威尔逊花了1.3万美元搞了一块大招牌,高50英尺,招牌上的字母能变动,以便欢迎各种人、各个集团来旅馆住宿。这第一块招牌上写着"假日酒店汽车旅馆",没过几年,招牌名称改为"美国假日酒店"。随着假日酒店一家家开起来,这块招牌成了美国特别著名的标志之一。凡是驾驶机动车的人,在很远处就能一眼望到它。即使是不识字的小孩子看到了这块招牌,也会联想到这是一个有趣的地方。

1952年8月1日,也就是在威尔逊那次去华盛顿旅游度假后仅仅一年,威尔逊的第一家假日酒店正式开张了。假日酒店开张后,住宿费价格最初定为:单人房一天4美元,双人房一天6美元。而且,正如威尔逊所承诺的,跟父母同住一室的孩子不额外收费。威尔逊说:"要是说我从未在世界上做过其他事情的话,那么,我在这方面使人们做了改变。今天,每一家汽车旅馆对跟父母同住的孩子都是不收费的。"

☆ 假日酒店遍地开花

自1952年创建第一家假日酒店,在不到20年的时间里,他就把假日酒店开到了1000家,遍布全美国高速公路可以通过的地方,并走向全世界,从而使假日酒店集团成为第一家达到10亿美元规模的酒店集团。

参 考 文 献

[1] 方伟群.酒店财务管理操作实务.北京：中国旅游出版社，2008.
[2] 张树坤.酒店经营与管理.北京：对外经济贸易大学出版社，2006.
[3] 赵英林，李梦娟.酒店财务管理实务.广州：广东经济出版社，2006.
[4] 贾永海.饭店财务管理.北京：高等教育出版社，2003.
[5] 李道明.财务管理.北京：中国财政经济出版社，2001.
[6] 刘俊敏.酒店康乐部精细化管理与服务规范.北京：人民邮电出版社，2009.
[7] 蔡万坤.新编酒店商品和康乐设施管理.广州：广东旅游出版社，2005.
[8] 朱瑞明.康乐服务实训.北京：中国劳动社会保障出版社，2006.
[9] 张满林，周广鹏.旅游企业人力资源管理.北京：中国旅游出版社，2009.
[10] 张四成，王兰英.现代饭店人力资源管理.广州：广东旅游出版社，1998.
[11] 宋耘，傅惠，李美云.旅行社人力资源管理.广州：广东旅游出版社，2000.
[12] 贾天骥.美国现代酒店管理实务.广州：广东旅游出版社，1999.
[13] 王振，王伟杰.人力资源管理师.北京：中国劳动社会保障出版社，2006.
[14] 朱红根.顶级人力资源主管.北京：中国致公出版社，2007.
[15] 鲍立刚，覃扬彬，覃学强.人力资源管理综合实训演练.沈阳：东北财经大学出版社，2008.
[16] 周三多.管理学.北京：高等教育出版社，2005.
[17] 徐文苑，严金明.饭店前厅管理与服务.北京：清华大学出版社，北京交通大学出版社，2004.
[18] 李雯.酒店前厅与客房业务管理.大连：大连理工大学出版社，2005.
[19] 韦明体.前厅服务学习手册.北京：旅游教育出版社，2006.
[20] 朱坤莉.酒店管理600问.北京：中国物资出版社，2007.
[21] 尹杰.酒店管理必备全书 现代酒店管理实务指南.呼和浩特：远方出版社，2008.
[22] 黄震方.饭店管理概论.北京：高等教育出版社，2001.
[23] 蔡万坤.餐饮管理.北京：高等教育出版社，2002.
[24] 胡自山.中国饮食文化.北京：时事出版社，2006.
[25] 杨杰，王天佑.餐饮概论.北京：北京交通大学出版社，2010.
[26] 王天佑.西餐概论.北京：旅游教育出版社，2005.
[27] 张敏.酒店的内部营销.今日财富，2008，(第12期).
[28] 范运铭.客房服务与管理案例选析.北京：旅游教育出版社，2000.

[29]　黄英，林红梅.饭店客房管理实务.北京：清华大学出版社，2008.

[30]　叶红.客房实训.北京：北京大学出版社，2007.

[31]　李雯.酒店客房部精细化管理与服务规范.北京：人民邮电出版社，2009.

[32]　人物传记.恺撒里兹酒店管理大学中文官网，2012-12-13.

[33]　（美）迈克尔·J.奥法伦，丹尼·G·拉瑟福德.酒店管理与经营.大连：东北财经出版社，2013.

[34]　刘伟.酒店管理.北京：中国人民大学出版社，2018.

[35]　胡新桥.酒店管理经营全案.北京：化学工业出版社，2019.

[36]　田彩云.酒店管理概论.北京：机械工业出版社，2016.

[37]　周丽颖.现代酒店管理.北京：机械工业出版社，2018.

[38]　陈文生.酒店管理经典案例.福州：福建人民出版社，2017.